BARRON'S

HOW TO PREPARE FOR THE

SAT* II

SPANISH

José M. Díaz
Teacher of Spanish
Hunter College High School
New York, NY

BARRON'S

*SAT is a registered trademark of the College Entrance Examination Board, which does not endorse this book and compact disc.

Dedication

For Fatima, Jasmine, Jennifer, and Lestie with love

J. M. D.

Acknowledgments

I am indebted to Morgan J. Clark, an excellent student of Spanish at Hunter College High School, for her review of the introduction and insight as a past test taker of the Spanish SAT II. Many of her excellent ideas appear in the introduction to this book. Gilda Nissenberg deserves special thanks, first for being a friend, and for her encouragement and ideas about the presentation of the material. Vincent Chen and Nan Gu, both students at Hunter, created the scale for students to judge their performance on the practice tests. I am very grateful for their assistance as well as to David Tomes for introducing me to them.

J. M. D.

All inquiries should be addressed to:
Barron's Educational Series, Inc.
250 Wireless Boulevard
Hauppauge, New York 11788
http://www.barronseduc.com

International Standard Book No. 0-7641-1709-2 (book)
International Standard Book No. 0-7641-7460-6 (pkg.)

Library of Congress Catalog Card No. 2001035973

Library of Congress Cataloging-in-Publication Data

Díaz, José M.
  How to prapare for the SAT II Spanish / José M. Díaz.
    p.   cm.
  Includes index.
  ISBN 0-7641-1709-2
    1. Spanish language—Examinations—Study guides.   2. Scholastic Assessment
Test—Study guides.   I. Title.
  PC4119 .D53 2001
  468'.0076—dc21

                                                      2001035973

PRINTED IN THE UNITED STATES OF AMERICA
9 8 7 6 5 4 3 2 1

CREDITS

TEST 1

Cuando Mariana . . . from "Asesino silencioso", *Latina*, January 2001, Volume 5, Number 7, p. 78–79.

Inclinado estaba . . . from *El vaso de leche* by Manuel Rojas.

Miré por la ventana . . . from "Primer viernes", *Latina*, March 2001 Volume 5, Number 9, p. 129.

Debo confesar . . . from "Padre primerizo", *Latina*, January 2001, Volume 5, Number 7, p. 93.

A las doce y media de la noche . . . from *Historia de hospital* by Manuel Rojas.

TEST 2

Fue un día de febrero . . . from *La lluvia amarilla* by Julio Llamazares.

Por las tardes . . . from *Mi hermano mayor* by María Luisa Puga.

Yo vivía . . . from *Más allá* by Horacio Quiroga.

Cuando me entró apetito . . . from *Lo que queda enterrado* by Carmen Martín Gaite.

Cuando su marido . . . from *La tablas crujientes* by Marco Tulio Aguilera Garramuño.

El dolor me obligó . . . from *Soprano* by Julio Alberto Paredes Castro.

TEST 3

El padre de Nené . . . from *La edad de oro* by José Martí.

Sentado a la cabecera . . . from *La ciudad de los Césares* by Manuel Rojas.

Rovira se dirigió a su casa . . . from *La celebración* by Eduardo Mallea.

Apenas llegamos a la habitación 92 . . . from *El balneario* by Carmen Martín Gaite.

Quizá lo que más se envidiaba . . . from *El árbol de oro* by Ana María Matute.

En julio de 1936 . . . from *Los espías invisibles* by Roberto Ruiz.

Severina movió la cabeza . . . from *La casa junto al río* by Elena Garro.

TEST 4

Las bandas musicales . . . from *Latina*, October 2000, Volume 5, Number 4, p. 35.

Durante las vacaciones . . . from *Cómo ayudar a su hijo a aprender las matemáticas* by Patsy F. Kanter with Linda B. Darby.

Al día siguiente . . . from *El hombre de los ojos azules* by Manuel Rojas.

Muchos actores jóvenes . . . from "La marca de Tessie", *Latina*, January 2001, Volume 5, Number 7, p. 59.

Hace ya bastantes años . . . from *El trampolín* by Manuel Rojas.

Diana Ramos tuvo que trabajar . . . from *¿Sabes cuál es tu trabajo?*, *Latina*, March 2001, Volume 5, Number 9, p. 81.

TEST 5

Hoy en día . . . from *Cómo ayudar a su hijo a aprender las matemáticas* by Patsy F. Kanter with Linda B. Darby.

Amanecía cuando . . . from *La lluvia amarilla* by Julio Llamazares.

¿Usted busca a alguien? . . . from *Mi padre, humo disperso despidiéndose* by Arturo Alape.

El proceso de rescatar . . . from "El retorno de los balcones de Lima" by Catherine Elton, *Américas*, September/October, 2000, Volume 52, Number 5, p. 16.

En el comedor . . . from *La casa junto al río* by Elena Garro.

TEST 6

¡Qué buena idea! . . . from "Di mucho y gasté poco", *Buen hogar*, January 2001.

Durante años . . . from "La diversidad de la madre patria", *Latina*, March 2001, Volume 5, Number 9, p. 125.

La empleada del gobierno . . . from "Liliana Olivares, que descanse en paz", *Latina*, January 2001, Volume 5, Number 7, p. 91.

Llegó hasta las primeras calles . . . from *El vaso de leche* by Manuel Rojas.

TEST 7

Oí el ruido seco . . . from *La casa de azúcar* by Silvina Ocampo.

Nacida en Los Ángeles . . . from *Latina*, December 2000, Volume 5, Number 6, p. 88.

Carretera . . . from *Lindas vacaciones* by Ethel Krauze.

En casa mama . . . from *Un accidente a la orilla del río* by Gerardo de la Torre.

Aquella noche . . . from *La lluvia amarilla* by Julio Llamazares.

TEST 8

La señorita Mercedes . . . from *La patria* by Gregorio López y Fuentes.

Esperaba que Sonia . . . from *Soprano* by Julio Alberto Paredes Castro.

Me hubiera gustado . . . from *El balneario* by Carmen Martín Gaite.

En el barco . . . from *La ciudad de los Césares* by Manuel Rojas.

TEST 9

Benjamín se despertó . . . from *Las ataduras* by Carmen Martín Gaite.

La noche del 2 de octubre . . . from *Molokai* by Mario Mendoza.

Este mensaje quizá . . . from *A los trece años de viaje* by Alejandro Núñez Alonso.

Viste [Paquito] modestamente . . . from *Mundo adolescente* by Luis Romero.

TEST 10

Ya sea que estés haciendo ejercicio . . . from "Alimentos que dan energía", *Latina*, January 2001, Volume 5, Number 7, p. 38.

Hubo un instante . . . from *Lanchas en la bahía* by Manuel Rojas.

Estaba sofocado por el calor . . . from *La cama vacía* by Nicolás Suescún.

Algunos años mayor que yo . . . from *El humor de la melancolia* by R. H. Moreno Durán.

Consuelo recordó a Severina . . . from *La casa junto al río* by Elena Garro.

CONTENTS

INTRODUCTION

THE SAT II: SPANISH TESTS

The *SAT II: Spanish* has been designed to assess your knowledge of Spanish. Although the Spanish program in each school is different, students usually take the SAT II after at least three years of study.

There are two different types of Spanish SAT II tests to choose from: Spanish and Spanish with Listening. Each test lasts one hour. If you decide to take the test with listening, you should be aware that it is administered only in November; you should check with your school counselor for dates and centers. You may also want to visit the College Board site on-line (*www.collegeboard.org*). Remember that you must take your own cassette player to the test center. If you are not sure which test you should take, check with the colleges you plan to attend. You may also want to discuss it with your high school Spanish teacher.

The date you choose to take the test will depend on your preparation and your needs. You should take the test when you feel you are ready for it. In general, students take the Spanish SAT II test just before they finish their junior year or at the beginning of their senior year.

SAT II: Spanish

The following is an overview of the SAT II test *without* the listening comprehension component.

Part A—Vocabulary and Structure	(Approximately 20 vocabulary and 12 structure questions)
Part B—Paragraph Completion	(2 to 3 passages with approximately 26 questions)
Part C—Reading Comprehension	(4 to 5 passages and/or authentic documents. Approximately 27 questions)
Total number of multiple-choice questions: 85	

Preparing for the test

The best way to prepare for the test is to review what you have learned in your Spanish courses. This book offers you a complete review of Spanish grammar. Some topics are very basic and you may just go over them quickly. Other topics may be new to you and you may have to spend more time studying and learning them.

For some of you, this may be the first test of this type you take in a foreign language. Thus, you may find the first test you take in this book more challenging than expected. Do not be discouraged. With practice and review you will build your confidence and do well on the test. Some questions in this book may be more challenging than the questions on the actual test. This was done intentionally so that once you go through the practice test, you will be prepared for almost any question you encounter on the actual test.

Familiarize yourself with the test. Know the number and types of questions you will have to answer. In this book you will be exposed to all the different types of questions that currently appear on the test. Become familiar with the directions. This way, you will not have to waste time reading them again at the test center.

Taking the test

It may be a good idea to answer first all the questions you find easier and those you are certain you can answer. It may be to your disadvantage to work on the test in the same order as the questions. If you spend too much time on a difficult question, you are taking away time that could have been spent answering a question you know how to answer. If you spend too much time on those questions you find hard, you may become discouraged and give up too soon. Remember that within the hour you have to complete the test, you can go back to questions in any section that you did not answer. (If you take the listening test, you are advised not to stop or replay any part of the cassette.)

When in doubt, eliminate the wrong choices. If you take the context of the sentence or the paragraph into consideration, you will have a good idea of the meaning of the sentence. Then, by eliminating the answers you definitely know are wrong, you should be able to narrow down the choices.

If you are sure that you have found a choice that is absolutely wrong, you should guess. But if you can't do this, you should leave the question blank, because you lose one-third of a point for each incorrect answer. You do not lose any points by leaving a question blank. Remember, you do not have to finish the entire test. Work with those questions you know how to answer first, and then, if time permits, go back and tackle those for which you have been able to eliminate one or more choices.

Do not forget to compare the number of the question you are answering with the number on the answer sheet, especially if you decide to leave a question or questions blank. Many times students get nervous and lose their place.

It may be a good idea to get the College Board's *Real SAT II: Subject Tests*. Although this book contains tests for different subjects, it is limited in that it contains only one test for each subject. Still, it will allow you to become familiar with the instructions so that when you actually take the test, you do not have to waste time reading them again.

Part A: Vocabulary and structure
In this part you will answer a series of multiple-choice questions dealing with vocabulary and structure (grammar).

Vocabulary questions

You can prepare for the vocabulary section by reading as much as possible in Spanish. Although vocabulary lists help a little, you will remember more vocabulary when you see it used in context. You may consider preparing some index cards with the Spanish word on the front and its English equivalent on the back. You may also want to add words of the same family, antonyms, synonyms, idiomatic expressions, etc. and even a sentence that helps you remember the word's meaning. For example:

cuidar—to take care of, look after
cuidado—care
descuidar—to neglect, overlook
descuidarse—to be careless
tener cuidado—to be careful, etc.
Cuando mis padres salen por la noche, yo cuido a mis hermanos.
—When my parents go out at night, I take care of my brothers.

When answering a vocabulary question, try to get a general sense of the meaning of the sentence, and then begin eliminating those choices that have nothing to do with it. Don't forget to use your knowledge of English, as some words may be cognates. But be careful: In the Appendix (in Words and Expressions Worth Noting) you will find a list of "false" cognates; make sure you become familiar with them. Also, try to see if the word resembles another word you know in Spanish. It may be a derivative, which could help you choose the correct answer or understand the meaning of the sentence or passage.

Again, it is a good idea to answer first all the questions that you find easier and those that you are certain you can answer. Make sure you mark the questions you find difficult so that if you have time at the end and want to go back, you can easily identify them. The wisest thing you can do while taking the test is to skip those questions with vocabulary you do not know or for which you do not recognize any cognates. If you recognize one or two words, but find they are not enough to help you understand the context, skip the question and then go back. If you are sure that you have found a choice that is absolutely wrong, you should guess. But if you can't do this, you should leave the question blank, because you lose one-third of a point for each incorrect answer. You do not lose any points by leaving a question blank. Again, it is to your disadvantage to work on the test in the same order as the questions appear.

Let's go over a vocabulary question:

Mónica, te voy a enviar el regalo por . . . pues no podré visitarte hasta el mes próximo.

(A) correo
(B) edificio
(C) sello
(D) cuadro

The key word in this sentence is *enviar* (to send), and the preposition *por* (by, through) can also help you eliminate some of the choices. These two words should give you a good idea of what the correct answer may be. You can easily eliminate *edificio* (building), and *cuadro* (picture) because they have little to do with "sending by." Then, the choice is between *sello* (stamp) and *correo* (mail). If you have followed these steps, and you know the meaning of *sello* and *correo*, you will choose the correct answer: *correo*. Even if you don't know the meaning of these two words, you may be able take a chance and guess.

At times, vocabulary questions have choices that belong to the same category (i.e., *correo*, *sello*), but other times the four choices have nothing to do with one another. Keep this in mind. Be careful! Sometimes, if the four choices are within a particular category, it may be harder to come up with the right answer because the context becomes more crucial. You may also need to understand the subtleties between the meanings of the four choices. Keep in mind that sometimes the four choices are very similar in sound. Again, use the context to help you choose the right answer. As you study new vocabulary words, it may be a good idea to group them by categories. That way, if you recognize a word in the exam, you may be able to put it in a category, which will help you with the overall meaning of the sentence.

Structure (Grammar) questions

A question dealing with structure (grammar) is best approached by trying to get a general sense of its meaning. Again, if you have no idea what the sentence is about, mark it and go back if you have time at the end.

Find the subject of the sentence. Then, note the tense of the verb(s) and begin analyzing the options. If you find one or more answers that you are sure are incorrect, eliminate them and concentrate on those about which you have some knowledge.

If the options deal with object pronouns, decide who is receiving the action of the verb. Is the subject of the verb doing something to someone or for someone? If the answer is yes, then you can eliminate any direct object pronoun and concentrate on the indirect. If the word before the blank is a preposition, then you will need an infinitive (e.g., *dormir, caminar, salir*) or a prepositional pronoun (*mí, ti*, etc.). Remember to keep in mind those verbs of persuasion, desire, order, wish, impersonal expressions, and so on that take the subjunctive, as well as the conjunctions that require the subjunctive. You should also do a thorough review of those verbs that require a preposition (see the Appendix). These are just a few of the grammar points you may want to check as you try to answer the questions. As you work through the practice test, you may want to write down other points you need to keep in mind as you approach this section.

In this section you do not have to be as careful with options that sound alike. Many times the options are different forms of a particular verb. If the answer sounds "right," it may help you eliminate some of the other choices.

Again, the same rule applies here: Answer first all the questions that you find easier and that you are certain you can answer. Make sure you mark those questions you find difficult so that if you have time at the end and want to go back, you can easily identify them.

Part B: Paragraph completion

In this part of the test you will complete a series of paragraphs in which some words have been omitted. Some of these blanks deal with vocabulary, others with grammar. Read the entire passage very quickly. This will give you a general idea of the topic. Keep in mind that at times the choice you make at the beginning of the paragraph may be affected by something that happens later on. Therefore, it is to your advantage to have a general idea of what happens in the entire passage. Pay attention to the tense of the verbs. Is the narration in the present? Is it in the past? Many of the suggestions you use to deal with the previous types of questions (vocabulary and structure) apply here, so use them to your advantage. Once you have selected the correct answer, read the sentence to yourself, keeping in mind the meaning of the sentence.

Although it may seem more difficult to skip some questions in this part, you should do it if you have no idea what the sentence means. Once you have finished the passage, you can go back. Having completed those sentences you found easy may give you a better understanding of the passage and therefore a better chance of answering a few more questions. Remember, you do not have to answer every single question in this section. Concentrate on those you know!

Once again, you can still eliminate an entire passage that you find difficult and come back to it later. If you do a quick read of the passage and realize that you don't know what the content means, it is a good idea to skip it and go back to it later if you have time.

Part C: Reading comprehension

In this part of the exam you are asked to read several passages and answer questions about their content. The more you read in Spanish (newspaper articles, magazine articles, ads, short stories, etc.), the better you will do in this section. When you read an article or story in Spanish, it is a good idea to write a few sentences summarizing, in your own words, what you have read.

In the test, you may want to answer questions about those passages of which you have a good understanding and then do those you find difficult. Do not be concerned if there are words in the passage you do not understand. Concentrate on the words you do know. Actually, some of the passages that appear in the practice tests are quite challenging. This was done intentionally, so that you get enough practice in deciphering the meaning of sentences and the overall content of the passage when you do not know every single word. This way, you will be better prepared for the actual test. Try to understand the main ideas of the passage, its audience, the tone, and the general structure. Don't be afraid to underline or mark words and parts of the sentences as you read, because this will help you go back and find the information you need to answer the questions.

You can save time by reading the questions first. This way, you know what to look for. Look for key words; many times the correct answer is paraphrasing the information you find in the passage. If you can't find the right answer, try to eliminate answers you are sure are incorrect. Finally, remember that you do not have to answer every single question in each passage. It may be better to leave blank those questions and even passages that you are not comfortable in answering and concentrate on those you know.

SAT II: Spanish with Listening

The following is an overview of the SAT II test *with* the listening comprehension component.

Section I—Listening Comprehension

Part A—Pictures	(Approximately 10 questions)
Part B—Rejoinders	(Approximately 10 questions)
Part C—Selections	(Approximately 7 selections with approximately 13 questions)

Section II—Reading

Part A—Vocabulary and Structure	(Approximately 8 vocabulary/9 structure questions)
Part B—Paragraph Completion	(2 passages with approximately 18 vocabulary and structure questions)
Part C—Reading Comprehension	(4 passages with approximately 16 questions)

Total number of multiple-choice questions: 85

In addition to the listening comprehension components, all the suggestions and techniques you developed for the test without listening comprehension apply to this test also.

With regard to the listening comprehension part of the test, keep the following in mind:

- A few days before the test, check the cassette player and headphones you will be using. Become familiar with its operation and make sure that you have a set of fresh batteries. A set of extra batteries would not hurt! You may also want to play a tape of someone talking to learn how to adjust the volume.
- The best way to practice for the listening part of the test is to listen to Spanish as much as possible. Most textbook series are accompanied by listening comprehension cassettes. If your teacher does not use them in the classroom, you may want to borrow them from him or her. Listen to the radio or watch television. The best programs are the news and soap operas. If it is your first time listening to the radio or watching television, you may want to start gradually, a few minutes at a time, to avoid frustration if you do not understand everything. As time passes, you should increase the amount of time you listen.
- All the instructions you hear from the cassette are also printed in your test booklet.
- You will be instructed not to stop or rewind the cassette during the test.
- Read the options before you begin to listen. This will give you a general idea of the selection's theme.
- You may not understand everything you hear. Try to get the general gist of the passage. If you do enough practice, you will know what works best for you (e.g., reading the question and options before the selection begins, taking notes, etc.)

HOW TO USE THIS BOOK

It will be best if you try to imitate the circumstances in which you will be taking the test. Find a quiet place at home and time yourself. Give yourself an hour to complete the test.

The book is divided into four units.

Unit I contains ten practice tests (three with a listening section) and explanations for all the answers. You will also have an answer sheet for each test and a section to analyze your results. You should take Test 1 first. Once you have taken it, analyze the results and find any weaknesses. Go to the grammar review section and then continue with the other tests.

Unit II is a general review of Spanish grammar. The explanations in this section go from very basic structures to advanced. As you do your practice test you will become familiar with the structures that are emphasized. This section appears for reference purposes and is a way for you to review and learn new material.

Unit III has been designed to give you practice in those areas that are tested more often on the actual test and those areas in which students usually have difficulties. Note that these questions are for practice purposes and that not all of them reflect the type of questions that appear on the actual test. For example, to review the articles, you have a section in which each question has only two choices. If you find that you are having difficulties with a particular grammar point, you should find this section helpful, because the questions have been designed to do as practice before moving on to the actual test.

Unit IV contains further practice for the Spanish test with listening. It contains a complete script of all the passages that appear on the compact disc. You should use this script for reference only after you have listened to the CD and need to check or verify an answer. You may want to do this part before you do the actual test or if you need further practice.

The Appendix is organized as follows:

Synonyms
Antonyms
Words and Expressions Worth Noting—In this part you will find a list of words that you should learn to differentiate. You will also find a list of false cognates—words that are spelled almost the same as English words, but whose meanings are quite different in Spanish.
Idiomatic Expressions—A list of the most common idiomatic expressions you should know before taking the test.
Spanish–English Vocabulary—A glossary of Spanish words and their English equivalents.

Scoring Your Practice Tests

This book offers you an overall guide as to how well you are doing on the practice tests (see page 183). Because the population taking the test varies from year to year, there is not a fixed set of guidelines to convert your raw score into a scaled score. Remember that the test is scored on a scale between 200 and 800.

UNIT I

PRACTICE TESTS

TEST 1

Part A

Directions: Read the following statements and the four suggested completions. Then choose the most appropriate completion and fill in the corresponding oval on the answer sheet.

1. ¡Qué raro que Humberto no haya llegado . . . ! Él siempre llega a tiempo.

   (A) nada
   (B) también
   (C) todavía
   (D) siempre

2. Gerardo no podía creer lo que le dije, por eso seguía repitiendo . . .

   (A) ¿De veras?
   (B) ¿Qué tal?
   (C) ¡Salud!
   (D) ¡Bienvenido!

3. Tengo que llevar el coche al mecánico pues el motor está haciendo mucho . . .

   (A) viento
   (B) sudor
   (C) ruido
   (D) camino

4. Cuando era pequeña, mi abuela siempre me . . . cuentos de hadas.

   (A) repasaba
   (B) contaba
   (C) respondía
   (D) charlaba

5. Finalmente anteayer . . . el paquete que me había enviado Diego.

   (A) llegó
   (B) llegaba
   (C) llegará
   (D) llegara

6. En esa clase es necesario prestar mucha atención y hacer . . .

   (A) apuntes
   (B) notas
   (C) escritos
   (D) letras

7. Me sorprendió . . . viejo que estaba Ignacio.

   (A) el
   (B) uno
   (C) lo
   (D) un

8. Esa camisa parece demasiado grande. ¿Por qué no te la . . . antes de comprarla?

   (A) sacas
   (B) llevas
   (C) pruebas
   (D) tratas

9. Señora Robles, no . . . Ud. los zapatos. El piso está muy sucio.

   (A) se quita
   (B) se quitara
   (C) se quitaba
   (D) se quite

10. El policía prohibió a los chicos . . . el puente.

    (A) cruzar
    (B) cruzaron
    (C) cruzarían
    (D) cruzaran

continued . . .

11. Hay que terminar el trabajo inmediatamente. Pienso que Caridad debe hacerlo
porque ella es muy . . .

   (A) profunda
   (B) lenta
   (C) antigua
   (D) capaz

12. Yo no me puedo comer esa carne,
parece . . .

   (A) cruda
   (B) hecha
   (C) mojada
   (D) tostada

13. Uy, Alfredo, mamá no quiere que yo
hable tanto por teléfono; tengo que . . .

   (A) colgar
   (B) dejar
   (C) seguir
   (D) buscar

14. ¿Ves . . . en el horizonte? Es un barco.

   (A) aquel
   (B) aquello
   (C) ese
   (D) este

15. Yo no creía que él . . . tanto a su tío.

   (A) odiaría
   (B) odió
   (C) odiara
   (D) odiaba

16. No pudimos comprar la casa porque nos
. . . falta diez mil dólares.

   (A) hacía
   (B) hacíamos
   (C) hacían
   (D) hicieran

17. En la entrevista yo respondí a las
preguntas del director con mucha . . .

   (A) tranquilamente
   (B) tranquilidad
   (C) tranquila
   (D) tranquilo

18. Ha habido muchos robos y no han
encontrado a los . . . que cometieron el
crimen.

   (A) enfermeros
   (B) deportistas
   (C) periodistas
   (D) ladrones

19. ¿Cuánto . . . por limpiar la chimenea?

   (A) fijan
   (B) cargan
   (C) cobran
   (D) rompen

20. Si no estás contento con el servicio,
debes ir al departamento de . . .

   (A) quejas
   (B) mentiras
   (C) propina
   (D) lástima

21. Hoy tuvimos una gran sorpresa. . . . a
quién encontramos en la calle.

   (A) Saluda
   (B) Adivina
   (C) Sigue
   (D) Pide

22. Dolores sé que vas a tener mucho trabajo
la semana próxima. . . . conmigo; yo te
ayudaré.

   (A) Piensa
   (B) Cuenta
   (C) Comienza
   (D) Reúne

23. El campesino no permitió que ellos . . .
las manzanas.

   (A) recogieron
   (B) recogieran
   (C) recogerían
   (D) recogerán

go on to the next page . . .

24. Vamos a cenar con ellos aunque no . . . ganas.

    (A) tengamos
    (B) tuviéramos
    (C) tuvimos
    (D) teníamos

25. Ésa es la única tienda donde yo . . . vegetales frescos.

    (A) consigo
    (B) consiga
    (C) consiguiera
    (D) haya conseguido

26. Si haces lo que te dije, tú no . . . ningún problema con las autoridades.

    (A) tuvieras
    (B) tendrás
    (C) tenías
    (D) tuviste

27. Orlando ya estaba llegando al final del maratón pero . . . se cayó y no pudo terminarlo.

    (A) desafortunadamente
    (B) igualmente
    (C) cuidadosamente
    (D) naturalmente

28. ¿Por qué estabas tan seguro de que yo . . . la respuesta?

    (A) supiera
    (B) sabía
    (C) sabré
    (D) sepa

continued . . . ➡

Part B

Directions: In the following passages some words or phrases are missing. For each blank, four possible completions are given. Read the entire passage to get an idea of its content, then select the most appropriate completion, taking into consideration the overall meaning of the passage. Fill in the corresponding oval on the answer sheet.

Cuando Mariana se mira en _____ (29) _____ ve a una mujer atractiva y saludable. Nada indica que tiene el virus que causa el SIDA. A los tres años de ser diagnosticada, esto todavía la sorprende. Mariana, 39, _____ (30) _____ vive en Filadelfia, _____ (31) _____ pensar que el SIDA sólo le daba a otras personas. Pero eso fue antes de que su hermano y su cuñada _____ (32) _____ de la enfermedad y antes de ella participar en un grupo de latinos con VIH y SIDA, donde encontró gente de todo tipo. Hoy sabe que el SIDA le puede dar a _____ (33) _____ y que cada vez más afecta a mujeres como ella.

Según las estadísticas, los latinos con SIDA son el grupo de la población estadounidense que está _____ (34) _____ con más rapidez. Aunque _____ (35) _____ somos el 13 por ciento de la población, somos el 20 por ciento de los nuevos casos de VIH. _____ (36) _____ 110,000 y 170,000 latinos están infectados con VIH y más de 58,000 de ellos padecen de SIDA.

Para retrasar el inicio del SIDA e impedir la transmisión del virus, es esencial detectarlo a tiempo. Pero muchos latinos con alto riesgo de infección no se hacen examinar _____ (37) _____ y muchos de los que tienen el virus no están recibiendo el tratamiento médico adecuado. Las estadísticas muestran que las tasas del SIDA entre los latinos con VIH sigue en crecimiento, cosa que indica que no _____ (38) _____ diagnostica hasta que ya padecen de SIDA. Como consecuencia, muchos _____ (39) _____. Algunos que _____ (40) _____ que están infectados, no buscan ayuda médica por ser indocumentados y por _____ (41) _____ a las represalias de los funcionarios de inmigración. Otros simplemente ocultan esta realidad porque se sienten _____ (42) _____.

29. (A) el espejo
    (B) el billete
    (C) la cara
    (D) la pared

30. (A) quien
    (B) cual
    (C) cuyo
    (D) donde

31. (A) solía
    (B) decía
    (C) conseguía
    (D) usaba

32. (A) morirán
    (B) murieran
    (C) morirían
    (D) han muerto

33. (A) cualquier
    (B) cualquiera
    (C) algún
    (D) algo

34. (A) crecido
    (B) crecimiento
    (C) crecer
    (D) creciendo

35. (A) sólo
    (B) solos
    (C) solo
    (D) sola

36. (A) Además
    (B) Desde
    (C) Entre
    (D) Con

37. (A) adelantado
    (B) transitorio
    (C) temprano
    (D) atrasado

38. (A) se les
    (B) se los
    (C) se las
    (D) se lo

39. (A) caen
    (B) mueren
    (C) valen
    (D) reparten

40. (A) conocen
    (B) conocían
    (C) saben
    (D) supieran

41. (A) sabor
    (B) temor
    (C) calor
    (D) favor

42. (A) liberados
    (B) interesados
    (C) felicitados
    (D) avergonzados

go on to the next page . . . →

Inclinado estaba y llorando, cuando sintió que una mano ____ (43) ____ acariciaba la cansada cabeza y que una ____ (44) ____ de mujer, con un dulce acento español, le decía:

—Llore, hijo, llore.

Una nueva ola de llanto le arrasó los ojos y lloró con ____ (45) ____ fuerza como la primera vez, pero ahora no ____ (46) ____, ____ (47) ____ con alegría, sintiendo que una gran frescura lo penetraba, apagando eso caliente que le había estrangulado la garganta. Mientras lloraba parecióle que su vida y sus sentimientos se limpiaban como un vaso bajo un chorro de agua, recobrando la claridad y firmeza de otros días.

Cuando pasó el acceso de llanto ____ (48) ____ limpió con su ____ (49) ____ los ojos y la ____ (50) ____, ya tranquilo. Levantó ____ (51) ____ y miró a la señora, pero ésta no le miraba ____ (52) ____, miraba ____ (53) ____ la calle, a un punto lejano, y su rostro estaba triste.

En la mesita, ante él, había un nuevo vaso ____ (54) ____ de leche y otro platillo colmado de vainillas; comió lentamente, sin ____ (55) ____ en nada, como si nada le ____ (56) ____, como si estuviera en su casa y su madre fuera esa mujer que estaba ____ (57) ____ del mostrador.

43. (A) lo
    (B) le
    (C) se
    (D) la

44. (A) voz
    (B) lengua
    (C) palabra
    (D) mirada

45. (A) menor
    (B) tanta
    (C) muy
    (D) mejor

46. (A) angustiosa
    (B) angustia
    (C) angustiosamente
    (D) angustioso

47. (A) pero
    (B) sino
    (C) sino que
    (D) sin que

48. (A) les
    (B) se
    (C) los
    (D) lo

49. (A) pañuelo
    (B) bolsillo
    (C) anillo
    (D) cartera

50. (A) la cara
    (B) la lengua
    (C) el corazón
    (D) el hueso

51. (A) la cabeza
    (B) la uña
    (C) la sonrisa
    (D) la madera

52. (A) ya
    (B) también
    (C) pronto
    (D) algo

53. (A) entre
    (B) en
    (C) sin
    (D) hacia

54. (A) completo
    (B) roto
    (C) pesado
    (D) lleno

55. (A) pensado
    (B) pensando
    (C) pensar
    (D) pensada

56. (A) ha pasado
    (B) había pasado
    (C) habría pasado
    (D) hubiera pasado

57. (A) antes
    (B) adentro
    (C) detrás
    (D) desde

continued . . .

Part C

Directions: In this part you will read several passages that will test your comprehension. After each passage, a number of questions or incomplete statements appear. Choose the most appropriate answer or completion, taking into consideration the overall meaning of the passage. Fill in the corresponding oval on the answer sheet.

Miré por la ventana y no pude ver nada. Era una de esas noches de invierno con vientos fuertes y nieve en las que nadie se atreve a salir a la calle, a menos que tenga que hacerlo. Mi madre era una de esas personas. Tenía que ir a su trabajo de limpiar oficinas en el centro
Line de Chicago. La vi por la ventana con sus ojos cansados junto a mi hermano César.
5   A los empleados les permitían llevar a sus hijos al trabajo el primer viernes de cada mes. En aquél entonces yo tenía unos 12 años y César, 10. Ella trabajaba de lunes a sábado de 11 P.M. a 6 A.M. Y todos los primeros viernes, César iba con ella. Mas yo siempre tenía alguna excusa para no ir. No me veía pasando la noche despierto limpiando oficinas.
Esos sábados siguientes, César regresaba entusiasmado y me contaba cómo había
10 ayudado a mamá y jugado al escondite con los hijos de los otros empleados. Sin embargo, más que nuestra compañía, mi mamá deseaba que viéramos cómo se ganaba la vida. Pero yo no fui ni una vez a ver qué era lo que hacía. Estando en la escuela secundaria, le pregunté a mi hermano por qué le gustaba tanto ir a esas oficinas. Su respuesta no fue precisamente la que yo esperaba. Me dijo que no era que le gustase limpiar, sino que disfrutaba estar con
15 mamá. Me sentí avergonzado.
Años más tarde, luego de graduarse de la universidad en contabilidad, César obtuvo un empleo en el mismo edificio donde mamá y él limpiaban oficinas. El primer día de trabajo, mamá lo despidió con un beso. Él la abrazó y los dos se echaron a llorar.
Al verlos me di cuenta del enorme sacrificio de mi madre, y de la calidez y amor de mi
20 hermano. Él supo desde niño lo que a mí me tomó años aprender: hay oportunidades que se dan sólo una vez en la vida. Mamá murió hace dos años y no pasa un sólo día en el que no piense en ella. Cómo me gustaría haber limpiado esas oficinas.

58. ¿Por qué no pudo ver nada el narrador al mirar por la ventana?

(A) Porque había mucha gente en la calle
(B) Porque hacía mal tiempo
(C) Porque no había luces en las calles
(D) Porque habían cubierto las ventanas

59. ¿Quién tenía que salir a la calle esa noche?

(A) Su madre
(B) Él mismo
(C) Su jefe
(D) Su primo

60. ¿Por qué tenía que salir a la calle esta persona?

(A) Porque tenía que ir a su empleo
(B) Porque César no se sentía bien
(C) Porque quería regresar a su casa
(D) Porque el narrador se lo pidió

61. ¿Cuándo podían los trabajadores llevar a los hijos al trabajo?

(A) Cualquier día menos el viernes
(B) Cualquier día de la semana
(C) Una vez al mes
(D) Una vez por semana

go on to the next page . . .

62. Según el narrador, parece que él no acompañaba a su madre y a su hermano porque . . .

    (A) no le gustaba trabajar
    (B) no le gustaba su hermano
    (C) lo invitaban a último momento
    (D) tenía que limpiar su oficina

63. ¿Cómo se sentía César al regresar los sábados?

    (A) Muy cansado
    (B) Muy animado
    (C) Muy enojado
    (D) Muy tranquilo

64. A la madre le gustaba que sus hijos fueran con ella para que ellos . . .

    (A) la entretuvieran un poco
    (B) ganaran dinero también
    (C) vieran el trabajo que hacía
    (D) no estuvieran solos en la casa

65. El narrador se sentía avergonzado porque nunca . . .

    (A) ganaba suficiente dinero
    (B) hablaba con su hermano
    (C) acompañó a su madre
    (D) terminó sus estudios

66. ¿Cómo parece ser la relación entre la madre y César?

    (A) Muy unida
    (B) Muy problemática
    (C) Llena de celos
    (D) Totalmente artificial

67. ¿Cómo parece sentirse el narrador al final de la selección?

    (A) Arrepentido
    (B) Exitoso
    (C) Satisfecho
    (D) Agotado

continued . . . ⟶

¡Proteja su casa!

¡Proteja a los miembros de su familia!

Nuestro sistema de alarmas le dará la seguridad que Ud. y su familia necesitan. Conexión directa con la policía nos permite responder a una crisis en minutos.

¡No se deje engañar por compañías que le prometen más de lo que pueden hacer!

Llame hoy y le daremos nombres y direcciones de clientes satisfechos y ellos le dirán cómo es nuestro servicio.
89-65-32

¡Seguridad dentro y fuera de su hogar!

68. ¿Quiénes estarían interesados en este anuncio?

(A) Las personas que son dueñas de casa
(B) Las personas que necesitan seguro médico
(C) Las personas que trabajan para la policía
(D) Las personas que se pierden fácilmente

69. ¿Qué dice el anuncio sobre otras compañías?

(A) Que no colaboran con la policía
(B) Que no le dan el servicio que prometen
(C) Que sus clientes están muy satisfechos
(D) Que tardan más en responder a una crisis

70. Si una persona llama a esta compañía, podría . . .

(A) visitar la oficina más cercana
(B) ahorrar mucho dinero
(C) hablar con personas que usan sus servicios
(D) recibir información de la policía

go on to the next page . . .

Debo confesar que no soy de los que les gusta hacerles gracias a los bebés y mucho menos cambiar pañales. Pero todo el mundo me estaba felicitando porque muy pronto iba a darme cuenta de las responsabilidades que trae el ser padre.

Line
5   Sin embargo, realmente no caí en cuenta de que sería papá de una criatura hasta que Sandra y yo fuimos a que le hicieran su primer sonograma. Mientras el doctor pasaba el aparato por encima del vientre de Sandra, miré en el monitor y vi algo que se asemejaba a un frijolito con un corazón latiendo. Me enamoré ahí mismo. Nos fuimos a casa con las fotos del examen y enseguida comencé a mostrárselas lleno de orgullo a todo el mundo.

Pronto me encontré hojeando revistas sobre cómo criar hijos en vez de las de deportes
10 que me atraían antes. Hasta me puse a ver programas sobre embarazos en vez de los de arreglos de la casa. E incluso cambiaron mis conversaciones cuando empecé a hablar sobre chupones y cosas por el estilo.

A los tres meses de embarazo, mis anhelos se hicieron realidad cuando nos enteramos del sexo de nuestro bebé. Íbamos a tener una niña. Y ahí si que comencé a darle rienda suelta
15 a mi imaginación. ¿Terminaría con una colección de Barbies o le gustaría hacer cosas de varones? ¿Se pasaría el día entero en la biblioteca leyendo o en el teléfono chismeando con sus amiguitas?

Me puse a pensar también en qué tipo de padre sería yo. ¿Sería estricto como mi papá o más flexible como mi madre?
20   Cuando al fin llegó el día esperado, me sentí como un niño impaciente por abrir sus regalos de Navidad. Llegué a la sala de partos con una cámara de video, una fotográfica, baterías extras y seis rollos de película (en colores y en blanco y negro) esperando ansiosamente la llegada de ese hermoso regalo.

Tras 32 horas de parto, el 3 de agosto de 2000, nació nuestra hijita Isabella. En el
25 momento que oí su primer llanto se me empañaron los lentes y se me derritió el corazón. Era tan radiante como su madre. Nada me podría haber preparado para este momento. Se me desbordaba el orgullo paternal. De más está decir que ya quería oír su primera palabra: papá.

71. Al principio de la selección el narrador dice que todo el mundo . . .

  (A) se sentía contento por él
  (B) se reía de él
  (C) lo trataba como un niño
  (D) lo saludaba afectuosamente

72. La frase "un frijolito con un corazón latiendo" se refiere . . .

  (A) al doctor que examina a Sandra
  (B) al hijo que va a tener
  (C) a una enfermedad que describe
  (D) a la persona que va a tener un hijo

73. Después de recibir cierta noticia, el narrador se empieza a interesar en . . .

  (A) la medicina
  (B) la crianza de niños
  (C) los programas de deportes
  (D) la decoración de su casa

74. ¿Qué empezó a imaginar el narrador de la selección?

  (A) Cómo podría comprar tantos juguetes
  (B) Cómo podría cambiar los deseos de su hija
  (C) Cómo reaccionarían sus padres ante la noticia
  (D) Cómo sería la vida de su hija

continued . . .

75. Podemos decir que para grabar la llegada de su "hermoso regalo", el narrador . . .

    (A) estaba muy bien preparado
    (B) se puso demasiado nervioso
    (C) no sintió ninguna ansiedad
    (D) parecía enloquecido

76. ¿A qué se refiere la frase "hermoso regalo"?

    (A) A Sandra
    (B) A sus padres
    (C) A su nueva hija
    (D) A sus amigos

77. ¿Cómo parece sentirse el narrador al final de la selección?

    (A) Muy cansado
    (B) Muy enojado
    (C) Muy feliz
    (D) Muy aburrido

78. ¿Quién parece ser el narrador de esta selección?

    (A) Un doctor que no quiere tener hijos
    (B) Un chico que espera muchos regalos
    (C) Un hombre enfermo del corazón
    (D) Un hombre que va a ser padre

79. A través de la selección podemos apreciar . . .

    (A) el cambio en la actitud del narrador
    (B) el amor que le tiene el narrador a su padre
    (C) la influencia que tienen los amigos en un padre
    (D) el proceso de crecimiento de un adolescente

go on to the next page . . .

A las doce y media de la noche, Raúl González, que dormía en su pieza de interno del Hospital San Rafael, despertó violentamente. Se sentó en la cama y balbuceó, medio dormido:

—¡Qué! ¡Qué pasa!

Line

Nadie respondió . . . Esperó un momento, volvió a repetir la pregunta y obtuvo el mismo
5 resultado. ¡Qué raro! En medio de su sueño había sentido claramente que alguien golpeaba la puerta llamándole por su nombre.

"¿Habré soñado?", se preguntó.

Echó una mirada a su alrededor. La habitación estaba débilmente alumbrada por el reflejo de la bombilla eléctrica del pasillo; el tragaluz, abierto; la puerta cerrada; las sillas, el ve-
10 lador y la mesa guardaban la misma posición que tenían cuando él se acostó; enfrente, entre la puerta y el rincón, se veía el ropero, juntas las sueltas hojas de su puerta, con su mismo aspecto de viejo asmático.

—¡Bueno!—murmuró Raúl González—. ¿Qué le vamos a hacer? Seguiremos durmiendo. Parece que he soñado.

15 Se acostó de nuevo; se acomodó bien en la cama, buscando su postura favorita para conciliar el sueño, y ya cerraba los ojos cuando oyó distintamente tres golpes que parecían dados con los nudillos de la mano sobre la pared.

—¡Esto sí que no es sueño, pues! —exclamé, sentándose de nuevo—. ¿Quién llama?—gritó con una voz fuerte, tan fuerte que él mismo se asustó.

80. Al principio de la selección cuando Raúl González se despertó parece estar . . .

    (A) contento
    (B) asustado
    (C) escondido
    (D) parado

81. ¿Qué encontró raro Raúl González?

    (A) Que nadie le contestara
    (B) Que la puerta estuviera abierta
    (C) Que se sintiera agotado
    (D) Que hubiera tanta luz

82. Al mirar alrededor del cuarto Raúl González vio que . . .

    (A) le habían robado la ropa
    (B) la mesa ya no estaba allí
    (C) nada había cambiado de lugar
    (D) un viejo había entrado

83. ¿Qué decide hacer Raúl González?

    (A) Acostarse otra vez
    (B) Salir del cuarto
    (C) Quedarse sentado en la cama
    (D) Cambiar la posición de la cama

84. ¿Qué sucedió cuando Raúl González cerraba los ojos?

    (A) La pared comenzó a moverse
    (B) Sintió una mano que lo tocaba
    (C) Alguien gritó su nombre
    (D) Oyó otro ruido de nuevo

85. ¿De qué se dio cuenta Raúl González al final de la selección?

    (A) De que alguien lo golpeaba
    (B) De que no soñaba
    (C) De que alguien gritaba
    (D) De que no podía hablar

STOP

TEST 2

Part A

Directions: Read the following statements and the four suggested completions. Then choose the most appropriate completion and fill in the corresponding oval on the answer sheet.

1. ¿Has perdido peso? Esa camisa te queda muy . . .

   (A) ancha
   (B) soltera
   (C) entera
   (D) sucia

2. ¡Ay qué pena! No puedo pagar la cuenta, se me . . . la cartera.

   (A) peinó
   (B) perdió
   (C) paseó
   (D) paró

3. Ya verás . . . bien que Uds. saldrán en el examen.

   (A) uno
   (B) un
   (C) el
   (D) lo

4. Ellos no tuvieron ningún problema en Lima. Podían caminar . . . por las calles.

   (A) librado
   (B) libres
   (C) libertad
   (D) libremente

5. No cabe . . . , Joaquín es culpable.

   (A) duda
   (B) cabeza
   (C) razón
   (D) lugar

6. Si lavas esos suéteres en agua caliente, . . .

   (A) se escogen
   (B) se encogen
   (C) se extinguen
   (D) se parecen

7. El tren tardó mucho . . . llegar a la estación.

   (A) por
   (B) en
   (C) con
   (D) desde

8. Quisiera comprar un coche pero me hace . . . demasiado dinero.

   (A) poco
   (B) falta
   (C) tiempo
   (D) mucho

9. Lorenzo tiene que ir a la corte pues fue . . . de un horroroso accidente.

   (A) testigo
   (B) conductor
   (C) abogado
   (D) mesero

10. No te olvides de . . . bien la comida, así comes menos.

    (A) masticar
    (B) suplicar
    (C) equivocar
    (D) pescar

continued . . .

11. El profesor mandó . . . tres capítulos para mañana.

    (A) leamos
    (B) leyéramos
    (C) leer
    (D) leeríamos

12. Cristina siempre llega a las diez . . .

    (A) en cambio
    (B) en seguida
    (C) en punto
    (D) en cuanto

13. Cuando aprendí a conducir yo sólo . . . catorce años.

    (A) tenía
    (B) tuviera
    (C) tengo
    (D) tuve

14. Corriendo por la playa se me llenaron de . . . los zapatos.

    (A) olas
    (B) arena
    (C) carteras
    (D) calcetines

15. Ese joven es muy guapo. Él . . . a un actor famoso.

    (A) se parece
    (B) se mira
    (C) se prueba
    (D) se despide

16. ¡Qué fría tengo las manos! Se me olvidaron los . . .

    (A) espejuelos
    (B) guantes
    (C) bolsillos
    (D) cinturones

17. El micrófono no funciona, yo no . . . nada.

    (A) oigo
    (B) oiría
    (C) oyera
    (D) oiga

18. Le echamos . . . agua a las plantas para que no se murieran.

    (A) bastante
    (B) antes
    (C) acaso
    (D) temprano

19. Cuando ellos caminaban por la plaza, . . . perdieron los pasaportes.

    (A) se lo
    (B) se los
    (C) se le
    (D) se les

20. ¿Cuántos billetes te . . . ? Necesito dos para mis primos.

    (A) queda
    (B) quedas
    (C) quedo
    (D) quedan

21. Siempre hemos deseado que Roberto . . . con Susana.

    (A) se case
    (B) se casó
    (C) se casa
    (D) se casará

22. Ayer le dijimos a Jorge que . . . de limpiar antes de las dos.

    (A) terminará
    (B) termina
    (C) terminara
    (D) terminaría

23. Me fui temprano porque había . . . gente.

    (A) demasiado
    (B) demasiada
    (C) demasiados
    (D) demasiadas

24. Por favor, Miguel, te ruego que le . . . la verdad a Consuelo.

    (A) dices
    (B) dirías
    (C) dirás
    (D) digas

go on to the next page . . .

25. Era curioso que su familia no lo . . . en el hospital.

    (A) visitara
    (B) visitó
    (C) visitaba
    (D) había visitado

26. Queríamos llevar el coche al mecánico . . . no tuvimos tiempo.

    (A) pero
    (B) sino
    (C) sino que
    (D) pero que

27. Tomás fue a la corte . . . hablar con el abogado.

    (A) con
    (B) de
    (C) para
    (D) por

28. Mientras caminaba por la calle, su abuela . . . dos veces.

    (A) se caerá
    (B) se cayera
    (C) se cae
    (D) se cayó

29. Esperábamos que Elisa . . . a visitarnos antes de salir para Madrid.

    (A) vino
    (B) viniera
    (C) venía
    (D) vendría

30. Cuando tú llegaste, ya Hugo . . . a su casa.

    (A) había regresado
    (B) ha regresado
    (C) hubiera regresado
    (D) habrá regresado

31. Dime cuáles son . . . temas que discutieron.

    (A) las
    (B) unas
    (C) los
    (D) algunas

32. ¿Qué hora . . . cuando ocurrió el accidente?

    (A) fuera
    (B) era
    (C) fue
    (D) será

33. . . . lavamanos que compraste no cabe en el cuarto de baño.

    (A) Esas
    (B) Ese
    (C) Esos
    (D) Éste

34. Dolores fue a la escuela a pesar de que no . . . bien.

    (A) se sintiera
    (B) se sentía
    (C) se sienta
    (D) se sentirá

35. Si terminas todo lo que tienes que hacer, ¿ . . . tú a cenar con nosotros?

    (A) vayas
    (B) irás
    (C) has ido
    (D) fueras

36. No hay duda de que nosotros . . . la respuesta.

    (A) sepamos
    (B) supiéramos
    (C) sabemos
    (D) hayamos sabido

continued . . .

Part B

> Directions: In the following passages some words or phrases are missing. For each blank, four possible completions are given. Read the entire passage to get an idea of its content, then select the most appropriate completion, taking into consideration the overall meaning of the passage. Fill in the corresponding oval on the answer sheet.

Fue un día de febrero, en el cuarenta y nueve, un día gris y frío que ni Sabina ____ (37) ____ yo jamás ____ (38) ____. La mañana anterior, Andrés nos lo había dicho. En realidad, lo había dicho varias ____ (39) ____ a lo largo de aquel último año. Pero aquella mañana, una extraña ____ (40) ____ en su mirada y en su voz nos advirtió que al fin había tomado la decisión definuitiva. Ni su madre ni yo le respondimos. Sabina ____ (41) ____ a llorar en algún cuarto y yo seguí ____ (42) ____ junto al fuego, inmóvil, sin mirarle, como si no le ____ (43) ____. Él ya sabía ____ (44) ____ yo pensaba. Se lo había dicho ____ (45) ____ el primer día. Si ____ (46) ____ de Ainieile, si nos abandonaba y abandonaba a su destino la casa ____ (47) ____ su abuelo había levantado con tantos sacrificios, nunca más volvería a entrar en ____ (48) ____, nunca más volvería a ser mirado ____ (49) ____ un hijo.

37. (A) ni
    (B) no
    (C) y
    (D) o

38. (A) olvidáramos
    (B) olvidaríamos
    (C) olvidó
    (D) olvida

39. (A) veces
    (B) horas
    (C) décadas
    (D) ocasiones

40. (A) ventaja
    (B) tristeza
    (C) brisa
    (D) guerra

41. (A) se despertó
    (B) se cayó
    (C) se arregló
    (D) se escondió

42. (A) sentando
    (B) sentado
    (C) sentar
    (D) sentarse

43. (A) hubiera oído
    (B) haya oído
    (C) había oído
    (D) he oído

44. (A) que
    (B) lo que
    (C) cual
    (D) lo cual

45. (A) clara
    (B) claro
    (C) claridad
    (D) claramente

46. (A) se asustaba
    (B) se tiraba
    (C) se marchaba
    (D) se enteraba

47. (A) quien
    (B) cual
    (C) que
    (D) cuyo

48. (A) ella
    (B) la
    (C) él
    (D) le

49. (A) pues
    (B) aun
    (C) así
    (D) como

go on to the next page . . .

Por las tardes el mar nos recibía a todos como si ____ (50) ____ iguales. No veíamos a ____ (51) ____. Éramos nosotros cuatro, solos, y cuando el mayor decía: ____ (52) ____ hay que regresar, todos sabíamos que había que regresar porque ____ (53) ____ la noche.

Y la noche, en un ____ (54) ____ en donde hay mar, es de los pescadores, no de nosotros.

Se trataba ____ (55) ____ llegar antes de que las luces de la casa ____ (56) ____ encendidas, porque si no, a mi hermano mayor le iba mal. Corríamos como locos, como si nos ____ (57) ____ los monstruos de los libros que ____ (58) ____. Conocíamos cada vericueto de la vereda que llevaba del mar a nuestra casa, pero a medida que se iba ____ (59) ____, nos llenábamos de temor. Pensábamos que una culebra podría estar anillada ahí en donde íbamos a ____ (60) ____ nuestros pies ____ (61) ____. Creo que hasta sentíamos frío.

50. (A) seríamos
    (B) seremos
    (C) fuéramos
    (D) somos

51. (A) nadie
    (B) nada
    (C) alguno
    (D) alguien

52. (A) más
    (B) ya
    (C) contra
    (D) hasta

53. (A) se acercaba
    (B) se conseguía
    (C) se paseaba
    (D) se ponía

54. (A) océano
    (B) lugar
    (C) pez
    (D) cuarto

55. (A) a
    (B) por
    (C) con
    (D) de

56. (A) estaban
    (B) estuvieran
    (C) estuvieron
    (D) estarían

57. (A) perseguirían
    (B) perseguían
    (C) persiguieron
    (D) persiguieran

58. (A) leíamos
    (B) medíamos
    (C) arreglábamos
    (D) preguntábamos

59. (A) levantando
    (B) oscureciendo
    (C) sorprendiendo
    (D) aclarando

60. (A) poner
    (B) poniendo
    (C) puesto
    (D) puestos

61. (A) peinados
    (B) enojados
    (C) descalzos
    (D) caminados

continued . . .

Part C

Directions: In this part you will read several passages that will test your comprehension. After each passage, a number of questions or incomplete statements appear. Choose the most appropriate answer or completion, taking into consideration the overall meaning of the passage. Fill in the corresponding oval on the answer sheet.

Yo vivía—sobrevivía—, le he repetido, por el amor y para el amor. Fuera de él, de mi amado, de su presencia, de su recuerdo, todo actuaba para mí en un mundo aparte. Y aun encontrándome inmediata a mi familia, entre ella y yo, se abría un abismo invisible y trans-
Line parente, que nos separaba mil leguas.
5   Salíamos también de noche, Luis y yo, como novios oficiales que éramos. No existe paseo que no hayamos recorrido juntos, ni crepúsculo en que no hayamos deslizado nuestro idilio. De noche, cuando había luna y la temperatura era dulce, gustábamos de extender nuestros paseos hasta las afueras de la ciudad, donde nos sentíamos más libres, más puros y más amantes.

62. Al principio de la selección es claro que la narradora está . . .

(A) locamente enamorada
(B) verdaderamente enloquecida
(C) sobreviviendo una enfermedad
(D) viviendo muy lejos de su familia

63. ¿Cómo parece ser la relación que tiene la narradora con su familia?

(A) Muy cariñosa
(B) Muy distanciada
(C) Muy artificial
(D) Muy violenta

64. ¿Qué hacen Luis y la narradora por las noches?

(A) Discuten el futuro de su relación.
(B) Prefieren no salir de paseo.
(C) Tienen muchas experiencias juntos.
(D) Corren alrededor de la ciudad.

65. Al salir a las afueras de la ciudad, Luis y la narradora parecen sentirse . . .

(A) muy felices
(B) encarcelados
(C) casi inmorales
(D) bastante deprimidos

go on to the next page . . .

Cuando me entró apetito eran más de las cuatro, y en los cafés del pueblo ya no daban comidas calientes. Pedí un bocadillo y un refresco en la terraza de un hotel de media categoría. En una mesa cercana había dos señoras y una chica como de diecisiete años, vestida *Line* de negro. Hablaban las señoras de la muerte del padre de la chica, hermano también de la
5 más sentenciosa de ellas dos, mujer refranera. La otra escuchaba y suspiraba con mucha compasión, mientras que la chica, de la cual hablaban como de un objeto, sin el menor cuidado de herirla, miraba a lo lejos con una mirada tristísima, las manos cruzadas sobre la falda negra, sin intervenir. Supe la situación económica tan precaria en que se había quedado y me enteré de vicios de su padre. Una vez se cruzaron sus ojos con los míos. Yo ya había acabado
10 de comer y pensaba dar un largo paseo. No me hubiera importado llevármela de compañera aquella tarde, y me daba pena levantarme y dejarla con su tía y la otra, condenada a aquella conversación de recuerdos y reflexiones sobre el muerto.

66. La narradora tuvo que pedir un bocadillo porque . . .

(A) no le gustaban las comidas calientes
(B) no había cafés abiertos
(C) era tarde para otro tipo de comida
(D) parecía que no tenía mucho apetito

67. Por la manera que estaba vestida la chica parece que . . .

(A) era muy pobre
(B) llevaba un uniforme
(C) llevaba la última moda
(D) estaba de luto

68. ¿Quién era una de las señoras que hablaba?

(A) La tía de la chica
(B) La tía de la otra señora
(C) La esposa del hombre muerto
(D) La madre de la chica

69. ¿Cómo hablaban de la chica?

(A) Con mucho cariño
(B) Con mucha pasión
(C) Sin prestarle mucha atención
(D) Sin tratar de felicitarla

70. La señora que hablaba sobre el padre de la chica dijo que él . . .

(A) tenía malas costumbres
(B) tenía mucho dinero
(C) era muy generoso
(D) era muy compasivo

71. ¿Qué planeaba hacer la narradora después de comer?

(A) Hablar con las señoras
(B) Caminar por un rato
(C) Visitar a la chica
(D) Ir de compras

72. ¿Qué siente la narradora hacia la chica?

(A) Odio
(B) Lástima
(C) Desprecio
(D) Antipatía

continued . . . ➡

Cuando su marido regresó ahora sí para quedarse en su casa bajo el puente de Xallitic, doña Clemencia supo que no era el mismo. Estaba preparada para eso, pues lo años de ausencia, el sentimiento de que había perdido algo muy importante en su vida, las noches soli-
Line tarias sin ver las estrellas y los días envueltos en bruma cuidando las flores y los pájaros que
5 eran multitud en su patio, le habían dado paciencia y una especie de humor escéptico hacia el mundo y sus desventuras. No existía nada que ha hiciera derramar una lágrima o lanzar un suspiro. Las cosas eran extrañas, el mundo tenía su misterio. Era necesario aceptarlo. Para qué complicarse la vida.

Su marido llegó sin avisar. Tocó a la puerta. No utilizó su llave, acaso porque la había
10 perdido o porque ya no sentía esa casa como su hogar. No miró con cariño de padre las buganvillas que coronaban el arco de la entrada, ni se detuvo a oler las rosas de quince especies y de colores inconcebibles tan hermosos, que aromaban el corredor, ni les susurró palabras incomprensible a los pericos* australianos que antes fueron su debilidad. ¿Qué había sucedido allá? Nada dijo ese día, y nada iba a decir. Simplemente tiró el fardo de sus cosas
15 sobre un sillón y se sentó a esperar. ¿Qué? La muerte, el decantamiento** de la rutina. ¿Había algo más?

*pericos—parakeets
**decantamiento—preference

73. Cuando su marido regresó, Clemencia se dio cuenta de que él . . .

(A) se iría muy pronto
(B) estaba un poco loco
(C) se sentía muy solo
(D) había cambiado

74. Durante la ausencia de su esposo, Clemencia se sentía . . .

(A) sola
(B) perdida
(C) impaciente
(D) enloquecida

75. Clemencia parece ser una persona . . .

(A) bastante misteriosa
(B) demasiado impaciente
(C) resignada a su situación
(D) decidida a buscar aventuras

76. ¿Qué sabemos sobre la llegada de su esposo?

(A) Que antes de llegar él se había perdido
(B) Que él se sentía muy alegre ahora
(C) Que ella no sabía que él regresaba
(D) Que él le había echado mucho de menos

77. Al regresar, el esposo de Clemencia parece no apreciar . . .

(A) las cosas que apreciaba antes
(B) los misterios del mundo
(C) el cariño con el que su esposa lo trataba
(D) las emociones que traían las venturas

go on to the next page . . .

78. Se puede inferir que durante la ausencia de su esposo, Clemencia . . .

    (A) se había mudado a una nueva casa
    (B) había comprado unos pericos australianos
    (C) dejó de cultivar flores en el jardín
    (D) mantuvo la casa en buenas condiciones

79. Por lo que nos dice el narrador sobre los pericos australianos, sabemos que antes de partir . . .

    (A) el esposo no los comprendía
    (B) al esposo le parecía que tenían mal olor
    (C) el esposo los dejaba volar por el corredor
    (D) al esposo le gustaban mucho

80. Al final de la selección sabemos que probablemente . . .

    (A) el esposo pronto se acostumbrará a la rutina
    (B) el esposo se mantendrá inactivo
    (C) Clemencia no quiere decirle nada a su esposo
    (D) Clemencia no se quedará allí por mucho tiempo

continued . . .

El dolor me obligó a doblar el cuerpo sobre la mesa pero cuando Sonia propuso que buscáramos un hospital alegué* de inmediato que no era nada grave. Sin embargo, sólo conseguí dar dos chupadas débiles al cigarrillo que acababa de encender, acosado de nuevo, como *Line* en el carro, por una tos seca.

5   Antes de salir preguntamos a la mujer que nos atendió por la Pensión Fortuna, recomendada por el dueño del último hotel donde dormimos. Encontramos poca gente afuera. No era difícil adivinar que todo el mundo se acostaría antes de las ocho. Madrugarían al día siguiente. Dudé que yo pudiera dormir bien esa noche. Tal vez, pensé, tendría que esperar, sentado contra la cabecera de la cama, a que amaneciera. Caminamos despacio. Sonia se había echado 10 sobre los hombros un suéter de lana. Yo avanzaba unos pasos más atrás, cargando con dificultad las maletas. El esfuerzo me recordó las noches cuando tenía que espantar gente de las puertas del camerino** o cuando después, tarde en la noche, tenía que soportar fatigosas reuniones rodeado de imbéciles con poses eruditas y comentarios siempre interesantes. Tipos que podían llegar a ser aburridos hasta la irritación, pero con ninguno había tenido que entenderme a golpes.

*alegué—I asserted
**camerino—dressing room

81. ¿Qué le dijo el narrador a Sonia al principio de la selección?

  (A) Que deberían ir al hospital
  (B) Que no quería dejar de fumar
  (C) Que le dolía mucho el cuerpo
  (D) Que no estaba muy enfermo

82. El narrador nos dice que en el lugar donde estaban todo el mundo . . .

  (A) se acostaba temprano
  (B) se levantaba muy tarde
  (C) pasaba la noche en las calles
  (D) temía dormir antes de las ocho

83. ¿Qué pensó el narrador esa noche?

  (A) Que pasaría la noche despierto
  (B) Que no encontraría un hotel
  (C) Que pronto se podría acostar
  (D) Que nunca amanecería

84. ¿Qué llevaba el narrador en las manos?

  (A) Un suéter de lana
  (B) El equipaje
  (C) La ropa de cama
  (D) Un despertador

85. ¿Qué nos dice el narrador sobre las personas con quienes se reunía en el pasado?

  (A) Lo ayudaban a no aburrirse
  (B) Aprendía mucho de ellas
  (C) Les molestaban mucho
  (D) Les echaba mucho de menos

STOP

TEST 3

Answer Sheet

1. Ⓐ Ⓑ Ⓒ Ⓓ	23. Ⓐ Ⓑ Ⓒ Ⓓ	45. Ⓐ Ⓑ Ⓒ Ⓓ	67. Ⓐ Ⓑ Ⓒ Ⓓ
2. Ⓐ Ⓑ Ⓒ Ⓓ	24. Ⓐ Ⓑ Ⓒ Ⓓ	46. Ⓐ Ⓑ Ⓒ Ⓓ	68. Ⓐ Ⓑ Ⓒ Ⓓ
3. Ⓐ Ⓑ Ⓒ Ⓓ	25. Ⓐ Ⓑ Ⓒ Ⓓ	47. Ⓐ Ⓑ Ⓒ Ⓓ	69. Ⓐ Ⓑ Ⓒ Ⓓ
4. Ⓐ Ⓑ Ⓒ Ⓓ	26. Ⓐ Ⓑ Ⓒ Ⓓ	48. Ⓐ Ⓑ Ⓒ Ⓓ	70. Ⓐ Ⓑ Ⓒ Ⓓ
5. Ⓐ Ⓑ Ⓒ Ⓓ	27. Ⓐ Ⓑ Ⓒ Ⓓ	49. Ⓐ Ⓑ Ⓒ Ⓓ	71. Ⓐ Ⓑ Ⓒ Ⓓ
6. Ⓐ Ⓑ Ⓒ Ⓓ	28. Ⓐ Ⓑ Ⓒ Ⓓ	50. Ⓐ Ⓑ Ⓒ Ⓓ	72. Ⓐ Ⓑ Ⓒ Ⓓ
7. Ⓐ Ⓑ Ⓒ Ⓓ	29. Ⓐ Ⓑ Ⓒ Ⓓ	51. Ⓐ Ⓑ Ⓒ Ⓓ	73. Ⓐ Ⓑ Ⓒ Ⓓ
8. Ⓐ Ⓑ Ⓒ Ⓓ	30. Ⓐ Ⓑ Ⓒ Ⓓ	52. Ⓐ Ⓑ Ⓒ Ⓓ	74. Ⓐ Ⓑ Ⓒ Ⓓ
9. Ⓐ Ⓑ Ⓒ Ⓓ	31. Ⓐ Ⓑ Ⓒ Ⓓ	53. Ⓐ Ⓑ Ⓒ Ⓓ	75. Ⓐ Ⓑ Ⓒ Ⓓ
10. Ⓐ Ⓑ Ⓒ Ⓓ	32. Ⓐ Ⓑ Ⓒ Ⓓ	54. Ⓐ Ⓑ Ⓒ Ⓓ	76. Ⓐ Ⓑ Ⓒ Ⓓ
11. Ⓐ Ⓑ Ⓒ Ⓓ	33. Ⓐ Ⓑ Ⓒ Ⓓ	55. Ⓐ Ⓑ Ⓒ Ⓓ	77. Ⓐ Ⓑ Ⓒ Ⓓ
12. Ⓐ Ⓑ Ⓒ Ⓓ	34. Ⓐ Ⓑ Ⓒ Ⓓ	56. Ⓐ Ⓑ Ⓒ Ⓓ	78. Ⓐ Ⓑ Ⓒ Ⓓ
13. Ⓐ Ⓑ Ⓒ Ⓓ	35. Ⓐ Ⓑ Ⓒ Ⓓ	57. Ⓐ Ⓑ Ⓒ Ⓓ	79. Ⓐ Ⓑ Ⓒ Ⓓ
14. Ⓐ Ⓑ Ⓒ Ⓓ	36. Ⓐ Ⓑ Ⓒ Ⓓ	58. Ⓐ Ⓑ Ⓒ Ⓓ	80. Ⓐ Ⓑ Ⓒ Ⓓ
15. Ⓐ Ⓑ Ⓒ Ⓓ	37. Ⓐ Ⓑ Ⓒ Ⓓ	59. Ⓐ Ⓑ Ⓒ Ⓓ	81. Ⓐ Ⓑ Ⓒ Ⓓ
16. Ⓐ Ⓑ Ⓒ Ⓓ	38. Ⓐ Ⓑ Ⓒ Ⓓ	60. Ⓐ Ⓑ Ⓒ Ⓓ	82. Ⓐ Ⓑ Ⓒ Ⓓ
17. Ⓐ Ⓑ Ⓒ Ⓓ	39. Ⓐ Ⓑ Ⓒ Ⓓ	61. Ⓐ Ⓑ Ⓒ Ⓓ	83. Ⓐ Ⓑ Ⓒ Ⓓ
18. Ⓐ Ⓑ Ⓒ Ⓓ	40. Ⓐ Ⓑ Ⓒ Ⓓ	62. Ⓐ Ⓑ Ⓒ Ⓓ	84. Ⓐ Ⓑ Ⓒ Ⓓ
19. Ⓐ Ⓑ Ⓒ Ⓓ	41. Ⓐ Ⓑ Ⓒ Ⓓ	63. Ⓐ Ⓑ Ⓒ Ⓓ	85. Ⓐ Ⓑ Ⓒ Ⓓ
20. Ⓐ Ⓑ Ⓒ Ⓓ	42. Ⓐ Ⓑ Ⓒ Ⓓ	64. Ⓐ Ⓑ Ⓒ Ⓓ	
21. Ⓐ Ⓑ Ⓒ Ⓓ	43. Ⓐ Ⓑ Ⓒ Ⓓ	65. Ⓐ Ⓑ Ⓒ Ⓓ	
22. Ⓐ Ⓑ Ⓒ Ⓓ	44. Ⓐ Ⓑ Ⓒ Ⓓ	66. Ⓐ Ⓑ Ⓒ Ⓓ	

To compute your approximate scaled score:

____ (number of correct answers) – ____ (number of incorrect answers) / 3 = ____ (raw score)

Now, go to page 183 to find out your approximate scaled score.

TEST 3

Part A

Directions: Read the following statements and the four suggested completions. Then choose the most appropriate completion and fill in the corresponding oval on the answer sheet.

1. No uses ese . . . Esa carta debe ir por correo aéreo.

   (A) sello
   (B) viaje
   (C) estante
   (D) avión

2. ¡Qué manos tan sucias! Lávatelas con . . .

   (A) jabón
   (B) reloj
   (C) piedra
   (D) tierra

3. En la clase de arte nosotros . . . todos los días.

   (A) apagamos
   (B) dibujamos
   (C) gastamos
   (D) estacionamos

4. . . . una lista de todo lo que necesitas antes de ir de compras.

   (A) Hagas
   (B) Harías
   (C) Haz
   (D) Haga

5. Si quieres llegar al otro lado del río necesitas cruzar . . .

   (A) la alfombra
   (B) la chaqueta
   (C) el premio
   (D) el puente

6. A nosotros no nos . . . llevar sandalias; preferimos llevar zapatos.

   (A) gusta
   (B) gustan
   (C) gustamos
   (D) gustas

7. Ayer corrí demasiado, . . . las piernas.

   (A) me duelen
   (B) me quitan
   (C) me faltan
   (D) me tocan

8. Cuando me encontré con Juan, no pudimos hablar mucho porque él tenía . . .

   (A) éxito
   (B) razón
   (C) prisa
   (D) suerte

9. Como no conocíamos . . . nadie, no nos quedamos mucho tiempo en la fiesta.

   (A) a
   (B) con
   (C) por
   (D) de

10. El autobús estaba lleno y tuve que ir . . . durante el viaje.

    (A) de prisa
    (B) de pronto
    (C) de memoria
    (D) de pie

continued . . .

11. Todos los veranos nosotros . . . en ese río cuando no había mucha gente nadando.

    (A) pescábamos
    (B) recordábamos
    (C) enviábamos
    (D) encontrábamos

12. Es absurdo que el carpintero no . . . nuestra casa.

    (A) ha terminado
    (B) haya terminado
    (C) había terminado
    (D) habrá terminado

13. Si no comprendiste el cuento, léelo . . .

    (A) con adelanto
    (B) tal vez
    (C) de nuevo
    (D) rara vez

14. No salgas ahora, dicen que viene una . . .

    (A) torre
    (B) carretera
    (C) tormenta
    (D) cosecha

15. ¿Por qué no vienes a nadar con nosotros en el . . . ?

    (A) lago
    (B) camino
    (C) traje
    (D) ruido

16. Es extraño que no . . . boletos para el concierto.

    (A) había
    (B) habrá
    (C) habría
    (D) haya

17. Hugo, . . . tu abrigo detrás de la puerta.

    (A) aprende
    (B) cuelga
    (C) envía
    (D) presenta

18. Mañana tengo que . . . a mis primos mientras sus padres van de compras.

    (A) crecer
    (B) cumplir
    (C) cuidar
    (D) cazar

19. No te olvides de escribir la . . . de tu nacimiento.

    (A) mesa
    (B) luna
    (C) tela
    (D) fecha

20. Mi padre siempre pone todos los recibos en un . . .

    (A) repaso
    (B) piso
    (C) pastel
    (D) sobre

21. ¡Mira cómo brillan las estrellas en el . . . !

    (A) cielo
    (B) equipo
    (C) escritorio
    (D) cajón

22. En la clase de física, yo siempre me siento en la primera . . .

    (A) frente
    (B) fila
    (C) fábrica
    (D) falda

23. ¿Estás . . . ? Te estás durmiendo; parece que no te interesa el partido.

    (A) aburrido
    (B) sucio
    (C) lleno
    (D) celoso

24. Fernando se fue antes de que yo lo . . .

    (A) veía
    (B) vería
    (C) vi
    (D) viera

go on to the next page . . .

25. ¿Hay alguien que . . . dónde están los ingredientes para la sopa?

    (A) sabe
    (B) supo
    (C) sabía
    (D) sepa

26. . . . un candidato tan honesto, no recibió muchos votos en las elecciones.

    (A) Por
    (B) De
    (C) Entre
    (D) Para

27. Luis llegó el sábado pero yo no lo . . . hasta ayer.

    (A) sé
    (B) supe
    (C) sabré
    (D) sabría

28. ¿Cuánto tiempo . . . que asistías a la clase de baile?

    (A) hace
    (B) hizo
    (C) hacía
    (D) hará

29. Esperamos que Ignacio . . . ir con nosotros.

    (A) pueda
    (B) pudo
    (C) podía
    (D) puede

30. Cuando me iba, le di . . . mano.

    (A) la
    (B) el
    (C) un
    (D) su

31. Cuando vengo a visitarlos siempre les . . . flores.

    (A) traía
    (B) traje
    (C) traeré
    (D) traigo

32. Si estoy solo, . . . mirando la televisión.

    (A) me entretenía
    (B) me entretengo
    (C) me entretuviera
    (D) me entretuve

33. Es importante no . . . tanto a los amigos.

    (A) criticado
    (B) criticados
    (C) criticando
    (D) criticar

continued . . .

Part B

Directions: In the following passages some words or phrases are missing. For each blank, four possible completions are given. Read the entire passage to get an idea of its content, then select the most appropriate completion, taking into consideration the overall meaning of the passage. Fill in the corresponding oval on the answer sheet.

El padre de Nené la quería mucho. Dicen que no trabajaba bien cuando no ____ (34) ____ por la mañana a "la hijita". Él no le decía Nené, sino "la hijita". Cuando su papá venía del trabajo, siempre ____ (35) ____ ella a recibirlo con los ____ (36) ____ abiertos, como un ____ (37) ____ que abre las alas ____ (38) ____ volar, y su papá la alzaba del suelo, como ____ (39) ____ coge de un rosal una rosa. Ella lo miraba con mucho cariño, como sí ____ (40) ____ preguntase cosas y él la miraba con los ojos tristes, como si quisiese echarse a ____ (41) ____. Pero en seguida ____ (42) ____ contento, se montaba a Nené en el hombro, y entraban ____ (43) ____ en la casa, ____ (44) ____ el himno nacional.

34. (A) veía
    (B) viera
    (C) hubiera visto
    (D) había visto

35. (A) salió
    (B) salía
    (C) salga
    (D) saliera

36. (A) pies
    (B) dedos
    (C) brazos
    (D) hombros

37. (A) perrito
    (B) gatito
    (C) caballito
    (D) pajarito

38. (A) por
    (B) para
    (C) a
    (D) de

39. (A) que
    (B) cual
    (C) quienes
    (D) quien

40. (A) le
    (B) la
    (C) lo
    (D) les

41. (A) traer
    (B) subir
    (C) llorar
    (D) apagar

42. (A) se miraba
    (B) se vestía
    (C) se ponía
    (D) se llevaba

43. (A) juntos
    (B) alejados
    (C) sentados
    (D) acostados

44. (A) cantar
    (B) cantado
    (C) cantando
    (D) cantados

go on to the next page . . .

Sentado a la cabecera de la mesa, Ricardo Hernández ＿＿ (45) ＿＿ pausadamente. La ＿＿ (46) ＿＿ le daba ＿＿ (47) ＿＿, iluminando la parte superior de su cabeza alargada, ＿＿ (48) ＿＿ de ＿＿ (49) ＿＿ castaño, liso y muy corto, que se detenía en la línea larga y precisa de la alta frente. ＿＿ (50) ＿＿ más pequeño que cualquiera de los que allí ＿＿ (51) ＿＿ y tan delgado como Queltehue, aunque elástico y decidido en los movimientos.

45. (A) volaba
    (B) corría
    (C) comía
    (D) caminaba

46. (A) luz
    (B) voz
    (C) cara
    (D) nube

47. (A) de arriba abajo
    (B) de hoy en adelante
    (C) de mala gana
    (D) de ninguna manera

48. (A) cubierto
    (B) cubierta
    (C) cubrió
    (D) cubría

49. (A) piel
    (B) polvo
    (C) pelo
    (D) pecho

50. (A) Fue
    (B) Era
    (C) Estuvo
    (D) Estaba

51. (A) sean
    (B) eran
    (C) estén
    (D) estaban

continued . . .

Rovira se dirigió a su casa. A las siete debía entregar a su mujer el cheque con el que _____ (52) _____ los pasajes para ella y para los dos niños, y debía entregarle también los datos _____ (53) _____ los dos _____ (54) _____ hoteles de la región _____ (55) _____ la señora y los niños tomarían sus baños de azufre. La señora _____ (56) _____ esperando, apoltronada junto al aparato de radio; en el piso de arriba _____ (57) _____ oían los gritos de las criaturas, confundidas en las disputas que _____ (58) _____ ya un rito de la hora, minutos antes de servirse la comida. Rovira colgó de la percha el sobretodo, sacó el diario del _____ (59) _____, y vino a sentarse en la otra butaca que _____ (60) _____ al lado de la radio.

52. (A) pagarían
    (B) pagaran
    (C) hayan pagado
    (D) hubieran pagado

53. (A) para
    (B) sobre
    (C) según
    (D) hacia

54. (A) buen
    (B) buenas
    (C) mejor
    (D) mejores

55. (A) que
    (B) cual
    (C) quien
    (D) donde

56. (A) estaba
    (B) estuviera
    (C) sería
    (D) era

57. (A) le
    (B) lo
    (C) se
    (D) les

58. (A) parecía
    (B) parecían
    (C) pareció
    (D) parecieran

59. (A) cartero
    (B) hombro
    (C) bolsillo
    (D) zapato

60. (A) sentía
    (B) quedaba
    (C) situaba
    (D) sonreía

go on to the next page . . .

Part C

Directions: In this part you will read several passages that will test your comprehension. After each passage, a number of questions or incomplete statements appear. Choose the most appropriate answer or completion, taking into consideration the overall meaning of the passage. Fill in the corresponding oval on the answer sheet.

Apenas llegamos a la habitación 92, cogí la llave y cerré la puerta por dentro. Me apoyé allí mismo, sin avanzar.

Carlos, que había entrado antes que yo y estaba inspeccionando el cuarto, se volvió y me
Line miró con sorpresa. Tenía que contárselo todo de un tirón* para que no me siguiera mirando.
5 Noté que iba a salirme la voz entrecortada:

—Carlos, aquí nos conocen. Te lo aseguro. Sospechan de nosotros.

—¿Qué sospechan? ¿Qué dices? Explícate.

—Nos mira toda la gente. La señora del autobús ha fingido no reconocerme y no me ha querido saludar. Dicen que somos extranjeros—expliqué todo seguido.

10 Y luego me paré porque no me acordaba de más cosas.

Carlos no respondió al principio. Estaba liando un pitillo. Luego levantó los ojos y me miró, como esperando a que siguiera.

—Bueno, ¿y qué?

—Nosotros no somos extranjeros, ¿verdad?, ¿verdad que no? La señora ha dicho que sí.
15 Por favor, déjame ver los pasaportes.

*de un tirón—at once

61. Después de llegar al cuarto y cerrar la puerta, la narradora . . .

(A) tiró las llaves
(B) tocó a la puerta
(C) se quedó en la puerta
(D) se cayó al suelo

62. Al mirar Carlos a la narradora, ella siente la necesidad de . . .

(A) pedirle que se vaya
(B) decirle algo
(C) continuar gritando
(D) salir de allí corriendo

63. Según la narradora, las personas en este lugar . . .

(A) evitan mirarlos
(B) los saludan afectuosamente
(C) los están persiguiendo
(D) desconfían de ellos

64. La manera de actuar de la narradora parece indicar que ella está . . .

(A) satisfecha
(B) preocupada
(C) distraída
(D) feliz

continued . . .

65. Por la respuesta de Carlos, sabemos que él . . .

    (A) está un poco enojado
    (B) tiene mucho miedo
    (C) se siente indeciso
    (D) está muy calmado

66. Al final de la selección, la narradora duda que . . .

    (A) la señora se haya robado los pasaportes
    (B) la señora sea extranjera
    (C) ellos vayan a viajar al extranjero
    (D) ellos sean ciudadanos de ese lugar

go on to the next page . . .

Quizá lo que más se envidiaba de Ivo era la posesión de la codiciada llave de *la tor-recita**. Ésta era, en efecto, una pequeña torre situada en un ángulo de la escuela, en cuyo interior se guardaban los libros de lectura. Allí entraba Ivo a buscarlos, y allí volvía a

Line dejarlos, al terminar la clase. La señorita Leocadia se lo encomendó** a él, nadie sabía en

5 realidad por qué.

Ivo estaba muy orgulloso de esta distinción, y por nada del mundo la hubiera cedido. Un día, Mateo Heredia, el más aplicado y estudioso de la escuela, pidió encargarse*** de la tarea—a todos nos fascinaba el misterioso interior de la torrecita, donde no entramos nunca—, y la señorita Leocadia pareció acceder. Pero Ivo se levantó, y acercándose a la

10 maestra empezó a hablarle en su voz baja, bizqueando los ojos y moviendo mucho las manos, como tenía por costumbre. La maestra dudó un poco, y al fin dijo:

—Quede todo como estaba. Que siga encargándose Ivo de la torrecita.

     ***la torrecita**—small tower
    ****encomendó**—entrusted
   *****encargarse**—take charge

67. ¿Qué sentían otras personas por Ivo?

   (A) Lástima
   (B) Orgullo
   (C) Miedo
   (D) Celos

68. ¿Qué hacía Ivo en la clase de la señorita Leocadia?

   (A) Se encargaba de traer y llevar los libros
   (B) Limpiaba el lugar donde estaban los libros
   (C) Siempre iba a esconder la llave
   (D) Decía quién no hacía la tarea

69. ¿De que estaba muy orgulloso Ivo?

   (A) De ser el mejor estudiante de la clase
   (B) De poder llevarse los libros a su casa
   (C) De ayudar a la señorita Leocadia
   (D) De ser el mejor amigo de Mateo Heredia

70. ¿Qué quería Mateo Heredia?

   (A) Hacer su tarea en la torrecita
   (B) Hacer el trabajo de Ivo
   (C) Destruir la torrecita
   (D) Estudiar con la señorita Leocadia

71. ¿Qué parece decirle Ivo a la señorita Leocadia?

   (A) Que no dejara que Mateo leyera sus libros
   (B) Que no le permitiera a Mateo entrar en la torrecita
   (C) Que fuera a la torrecita con él
   (D) Que le permitiera sentarse cerca de ella

72. Al final de la selección, sabemos que la señorita Leocadia ha decidido . . .

   (A) satisfacer a Ivo
   (B) encargarse ella de la torrecita
   (C) darle a Mateo la llave de la torrecita
   (D) permitir que Ivo haga las tareas de Mateo

continued . . .

En julio de 1936 Pedro Ortiz acababa de cumplir veinticuatro años. Su madre y sus tres hermanas, alarmadísimas, empezaron a ponerle velas[1] a San Julián para que no llevaran a Pedrito al frente de guerra. Su padre, acaudalado[2] comerciante en lanas y algodones,
Line encontró una solución mucho más práctica.

5   Pedrito había hecho mediocres estudios de bachillerato, y se había negado a seguir la carrera de profesor mercantil que su padre le había escogido. Por las mañanas ayudaba un poco en la tienda; por tas tardes se iba con los amigos a beber vino y a jugar at tute. Era lo que tantas veces se ha llamado "un hombre sin fundamento". El padre se desesperaba, pero con tal de no reñir[3] para siempre con su hijo varón, callaba y consentía.

10   Llegó el año de gracia de 1936, y el árido mes de julio, y la inesperada resistencia del gobierno de la República. La madre y las hermanas recorrían la casa dando gritos, haciendo aspavientos y prodigando preces a Nuestro Señor y a la Virgen del Carmen y a San Julián Hospitalario. El padre, más tranquilo, se puso al habla con ciertos caballeros. Uno tenía vara alta[4] en la Falange Española y dio entrada a Pedrito en las gloriosas filas. Otro era director
15   y administrador de "El Correo del Duero" y nombró a Pedrito corresponsal de guerra.

[1]**velas**—candles
[2]**acaudalado**—affluent
[3]**reñir**—quarrel
[4]**vara alta**—powerful connections

73. La madre y las hermanas de Pedro estaban alarmadas porque no querían que Pedro . . .

(A) se hiciera sacerdote
(B) se casara tan joven
(C) fuera a luchar
(D) trabajara para su padre

74. ¿A qué se negó Pedro?

(A) A trabajar en el comercio de su padre
(B) A terminar sus estudios de bachillerato
(C) A seguir los estudios que quería el padre
(D) A ayudar en la tienda de su padre

75. ¿Dónde trabajaba Pedro?

(A) En una escuela
(B) En un bar
(C) En una juguetería
(D) En una tienda

76. ¿Cómo reaccionaba el padre de Pedro a su comportamiento (*behavior*)?

(A) No le decía nada
(B) Le daba muchos consejos
(C) Peleaba con él constantemente
(D) Se negaba a darle un trabajo

77. ¿Cómo actuaban la madre y las hermanas de Pedro cuando llegó el mes de julio?

(A) Muy alegres
(B) Muy agitadas
(C) Muy orgullosas
(D) Muy calladas

78. Por la descripción, sabemos que esta familia se siente . . .

(A) afortunada
(B) sorprendida
(C) agotada
(D) preocupada

go on to the next page . . .

Severina movió la cabeza y se cruzó de brazos: luego los descruzó para dejarlos caer como dos leñas[1] sobre la mesa y su mirada se quedó fija en un punto muy lejano, en donde se materializaban personajes del pasado que la visitaban con frecuencia y la dejaban ate-
Line rrada. Ahora los invocaba y Consuelo esperó sus palabras.
5 —Antonina, la hermana de Pablo, era la doncella[2] de tu tía. ¿Comprendes? La guardaba[3] en casa, aunque no sirviera para nada, porque le daba pena la pobre mujer. Estaba un poco chalada[4] y era tan pobre . . . La señora Adelina le consentía todo y Antonina a veces se vestía de señorita, paseaba por la casa con batas de encaje, desayunaba en la terraza, rezaba mucho y a veces quería meterse de monja y marchaba con las Clarisas. Volvía unos meses más tarde.
10 ¡Pobre Antonina! También ella era muy buena, una inocente, y sus hermanos le tenían envidia y la envidia ¡mata! ¡Mata, te lo digo yo!

[1]**leñas**—logs
[2]**doncella**—maid
[3]**guardaba**—kept
[4]**chalada**—mad

79. ¿Qué hacía Severina al principio de la selección?

(A) Cortaba unos árboles
(B) Caminaba con Consuelo
(C) Jugaba en la mesa
(D) Pensaba en el pasado

80. ¿Qué efecto tienen los personajes en Severina?

(A) La asustaban
(B) La ponían alegre
(C) La volvían loca
(D) La inmovilizaban

81. La tía guardaba a Antonina en su casa porque . . .

(A) le daba lástima
(B) era hermana de ella
(C) trabajaba muy bien
(D) así lo quería Pablo

82. ¿Qué sabemos sobre el trabajo que hacía Antonina?

(A) No hacía un buen trabajo
(B) Nunca lo terminaba a tiempo
(C) Le había permitido ganar mucho dinero
(D) Lo hacía con mucho gusto siempre

83. Por lo que hacía Antonina, podemos inferir que ella era muy . . .

(A) religiosa
(B) respetuosa
(C) antipática
(D) trabajadora

84. ¿Qué sabemos de los hermanos de Antonina?

(A) La visitaban regularmente
(B) La querían matar
(C) Le tenían celos a ella
(D) Le enviaban dinero

85. ¿Qué opina la persona que habla sobre la envidia?

(A) Que entristece
(B) Que da vigor
(C) Que es mortal
(D) Que tranquiliza

STOP

TEST 4

Answer Sheet

1. Ⓐ Ⓑ Ⓒ Ⓓ	23. Ⓐ Ⓑ Ⓒ Ⓓ	45. Ⓐ Ⓑ Ⓒ Ⓓ	67. Ⓐ Ⓑ Ⓒ Ⓓ
2. Ⓐ Ⓑ Ⓒ Ⓓ	24. Ⓐ Ⓑ Ⓒ Ⓓ	46. Ⓐ Ⓑ Ⓒ Ⓓ	68. Ⓐ Ⓑ Ⓒ Ⓓ
3. Ⓐ Ⓑ Ⓒ Ⓓ	25. Ⓐ Ⓑ Ⓒ Ⓓ	47. Ⓐ Ⓑ Ⓒ Ⓓ	69. Ⓐ Ⓑ Ⓒ Ⓓ
4. Ⓐ Ⓑ Ⓒ Ⓓ	26. Ⓐ Ⓑ Ⓒ Ⓓ	48. Ⓐ Ⓑ Ⓒ Ⓓ	70. Ⓐ Ⓑ Ⓒ Ⓓ
5. Ⓐ Ⓑ Ⓒ Ⓓ	27. Ⓐ Ⓑ Ⓒ Ⓓ	49. Ⓐ Ⓑ Ⓒ Ⓓ	71. Ⓐ Ⓑ Ⓒ Ⓓ
6. Ⓐ Ⓑ Ⓒ Ⓓ	28. Ⓐ Ⓑ Ⓒ Ⓓ	50. Ⓐ Ⓑ Ⓒ Ⓓ	72. Ⓐ Ⓑ Ⓒ Ⓓ
7. Ⓐ Ⓑ Ⓒ Ⓓ	29. Ⓐ Ⓑ Ⓒ Ⓓ	51. Ⓐ Ⓑ Ⓒ Ⓓ	73. Ⓐ Ⓑ Ⓒ Ⓓ
8. Ⓐ Ⓑ Ⓒ Ⓓ	30. Ⓐ Ⓑ Ⓒ Ⓓ	52. Ⓐ Ⓑ Ⓒ Ⓓ	74. Ⓐ Ⓑ Ⓒ Ⓓ
9. Ⓐ Ⓑ Ⓒ Ⓓ	31. Ⓐ Ⓑ Ⓒ Ⓓ	53. Ⓐ Ⓑ Ⓒ Ⓓ	75. Ⓐ Ⓑ Ⓒ Ⓓ
10. Ⓐ Ⓑ Ⓒ Ⓓ	32. Ⓐ Ⓑ Ⓒ Ⓓ	54. Ⓐ Ⓑ Ⓒ Ⓓ	76. Ⓐ Ⓑ Ⓒ Ⓓ
11. Ⓐ Ⓑ Ⓒ Ⓓ	33. Ⓐ Ⓑ Ⓒ Ⓓ	55. Ⓐ Ⓑ Ⓒ Ⓓ	77. Ⓐ Ⓑ Ⓒ Ⓓ
12. Ⓐ Ⓑ Ⓒ Ⓓ	34. Ⓐ Ⓑ Ⓒ Ⓓ	56. Ⓐ Ⓑ Ⓒ Ⓓ	78. Ⓐ Ⓑ Ⓒ Ⓓ
13. Ⓐ Ⓑ Ⓒ Ⓓ	35. Ⓐ Ⓑ Ⓒ Ⓓ	57. Ⓐ Ⓑ Ⓒ Ⓓ	79. Ⓐ Ⓑ Ⓒ Ⓓ
14. Ⓐ Ⓑ Ⓒ Ⓓ	36. Ⓐ Ⓑ Ⓒ Ⓓ	58. Ⓐ Ⓑ Ⓒ Ⓓ	80. Ⓐ Ⓑ Ⓒ Ⓓ
15. Ⓐ Ⓑ Ⓒ Ⓓ	37. Ⓐ Ⓑ Ⓒ Ⓓ	59. Ⓐ Ⓑ Ⓒ Ⓓ	81. Ⓐ Ⓑ Ⓒ Ⓓ
16. Ⓐ Ⓑ Ⓒ Ⓓ	38. Ⓐ Ⓑ Ⓒ Ⓓ	60. Ⓐ Ⓑ Ⓒ Ⓓ	82. Ⓐ Ⓑ Ⓒ Ⓓ
17. Ⓐ Ⓑ Ⓒ Ⓓ	39. Ⓐ Ⓑ Ⓒ Ⓓ	61. Ⓐ Ⓑ Ⓒ Ⓓ	83. Ⓐ Ⓑ Ⓒ Ⓓ
18. Ⓐ Ⓑ Ⓒ Ⓓ	40. Ⓐ Ⓑ Ⓒ Ⓓ	62. Ⓐ Ⓑ Ⓒ Ⓓ	84. Ⓐ Ⓑ Ⓒ Ⓓ
19. Ⓐ Ⓑ Ⓒ Ⓓ	41. Ⓐ Ⓑ Ⓒ Ⓓ	63. Ⓐ Ⓑ Ⓒ Ⓓ	85. Ⓐ Ⓑ Ⓒ Ⓓ
20. Ⓐ Ⓑ Ⓒ Ⓓ	42. Ⓐ Ⓑ Ⓒ Ⓓ	64. Ⓐ Ⓑ Ⓒ Ⓓ	
21. Ⓐ Ⓑ Ⓒ Ⓓ	43. Ⓐ Ⓑ Ⓒ Ⓓ	65. Ⓐ Ⓑ Ⓒ Ⓓ	
22. Ⓐ Ⓑ Ⓒ Ⓓ	44. Ⓐ Ⓑ Ⓒ Ⓓ	66. Ⓐ Ⓑ Ⓒ Ⓓ	

To compute your approximate scaled score:

_____ (number of correct answers) – _____ (number of incorrect answers) / 3 = _____ (raw score)

Now, go to page 183 to find out your approximate scaled score.

TEST 4

Part A

Directions: Read the following statements and the four suggested completions. Then choose the most appropriate completion and fill in the corresponding oval on the answer sheet.

1. Carlos no es . . . ; siempre dice la verdad.

   (A) mentiroso
   (B) hermoso
   (C) extranjero
   (D) cuidadoso

2. ¿A qué . . . podemos entrar al cine sin problemas? Ya yo tengo diecisiete años.

   (A) años
   (B) época
   (C) edad
   (D) temporada

3. Camina hasta la Calle Soriano y dobla a la derecha en . . .

   (A) la ventana
   (B) el techo
   (C) el anden
   (D) la esquina

4. Hace mucho frío, Tomás. ¿Por qué no te pones la camisa de . . . largas?

   (A) brazos
   (B) mangas
   (C) bolsillos
   (D) piernas

5. Caridad, si . . . el coche aquí tendremos que caminar demasiado.

   (A) estacionamos
   (B) volamos
   (C) nadamos
   (D) partimos

6. No te olvides de llevar . . . paraguas.

   (A) la
   (B) el
   (C) unas
   (D) uno

7. Después de vivir en una dictadura, apreciamos mucho la . . .

   (A) libertad
   (B) juventud
   (C) luz
   (D) voz

8. Gregorio, ¿cuántas libras has perdido? Estás muy . . .

   (A) estrecho
   (B) simpático
   (C) divertido
   (D) delgado

9. Pasemos por el banco antes de ir al restaurante, necesito . . . dinero.

   (A) saltar
   (B) sacar
   (C) colocar
   (D) corregir

10. ¿ . . . cuánto tiempo vas a estar en el extranjero?

    (A) Para
    (B) Con
    (C) Por
    (D) De

continued . . .

11. Compra esas . . . que están allí, dicen que secan muy bien.

    (A) medias
    (B) toallas
    (C) faldas
    (D) corbatas

12. Antonio no . . . mucho a la calefacción. Te vas a quemar.

    (A) te desayunes
    (B) te toques
    (C) te vistas
    (D) te acerques

13. Antes de enviar el cheque, no te olvides de . . .

    (A) cubrirlo
    (B) compartirlo
    (C) borrarlo
    (D) firmarlo

14. ¿Cómo le vas a llevar el regalo a Diego de esa manera? . . . en papel de regalo.

    (A) Envuélvelo
    (B) Devuélvelo
    (C) Ciérralo
    (D) Cúbrelo

15. Si a mí no me dan una . . . , no podré asistir a la universidad. Mis padres no tienen tanto dinero.

    (A) moneda
    (B) propina
    (C) cuenta
    (D) beca

16. No disfrutamos mucho del concierto pues había una señora que no . . . hablar.

    (A) pensaba de
    (B) salía de
    (C) servía de
    (D) dejaba de

17. Isidro me invitó . . . salir anoche.

    (A) a
    (B) por
    (C) en
    (D) de

18. Las . . . de este país no permiten que Guillermo pueda trabajar por más de tres meses.

    (A) razones
    (B) noticias
    (C) leyes
    (D) verdades

19. Alberto y Celia no sabían que la obra de teatro era tan popular por eso tuvieron que . . . para comprar boletos.

    (A) hacer cola
    (B) hacer apuntes
    (C) hacer juego
    (D) hacer daño

20. Cuando Antonio bajó del tren, Carolina . . . abrazó.

    (A) él
    (B) lo
    (C) se
    (D) la

21. Yo creo que no vamos a encontrar una solución para . . . problema.

    (A) esa
    (B) eso
    (C) ese
    (D) ésa

22. Según la policía . . . huido tres prisioneros de la cárcel esta tarde.

    (A) ha
    (B) han
    (C) hubieran
    (D) hubiera

go on to the next page . . .

23. ¿Cuánto tiempo hace que no . . . al extranjero?

    (A) viajas
    (B) viajarás
    (C) viajarías
    (D) viajaras

24. Cuando el señor llegó al hospital, ya estaba . . . enfermo.

    (A) grave
    (B) gravedad
    (C) gravísimo
    (D) gravemente

25. Mi primo no . . . hasta el año que viene.

    (A) se gradúe
    (B) se graduó
    (C) se gradúa
    (D) se graduaba

26. Lleva un bocadillo en caso de que no te . . . la comida de la cafetería.

    (A) gusta
    (B) gustará
    (C) guste
    (D) gustara

27. Después de mucho tiempo, Juan y Caridad . . . buenos amigos.

    (A) se pusieron
    (B) se hicieron
    (C) se volvieron
    (D) se perdieron

28. Yo no estaba segura de que ellos . . . todo su dinero.

    (A) invirtieran
    (B) invertirían
    (C) invirtieron
    (D) invertirán

29. Cuando . . . cayó su tocadiscos, Omar empezó a llorar.

    (A) se le
    (B) se lo
    (C) se los
    (D) se las

30. Por mucho tiempo, había sido difícil que ellos . . . las instrucciones.

    (A) seguirían
    (B) siguieron
    (C) seguían
    (D) siguieran

continued . . .

Part B

Directions: In the following passages some words or phrases are missing. For each blank, four possible completions are given. Read the entire passage to get an idea of its content, then select the most appropriate completion, taking into consideration the overall meaning of the passage. Fill in the corresponding oval on the answer sheet.

Las bandas musicales de muchachos latinos se han incorporado al mundo musical de hoy, creando un movimiento en las frecuencias radiales que sobrepasa las fronteras culturales. Varios ofrecen una alternativa más sabrosa y bilingüe.

No obstante, con nombres como *Son by Four*, *Nu Flavor*, *MDO*, *C-Note* y *Youngstown*, uno no creería que estos grupos ____ (31) ____ hispanos. Exceptuando *Youngstown*, los miembros de estos grupos son todos latinos o lo son en su ____ (32) ____. Su objetivo es el de atraer tanto al mercado norteamericano ____ (33) ____ al latino, sin ____ (34) ____ contacto con su cultura.

Por ejemplo, *Son by Four*, el más exitoso de estos grupos, ____ (35) ____ casi desconocido ____ (36) ____ de su Puerto Rico natal. Sin embargo, este año su hit, "A puro dolor", ha encabezado la lista de los ____ (37) ____ en las radioemisoras hispanas y la versión en inglés ____ (38) ____ la lista de las 40 ____ (39) ____ más populares.

Nu Flavor, un grupo de cuatro chicanos de Los Ángeles, también ha llegado a los Top 40. "Estamos orgullos de ____ (40) ____ quienes somos", dice el vocalista de *Nu Flavor* Anthony Dacosta. "Nos sentimos muy ____ (41) ____ de nuestra cultura".

31. (A) son
    (B) eran
    (C) fueran
    (D) serán

32. (A) mayoría
    (B) número
    (C) cantidad
    (D) suma

33. (A) así
    (B) como
    (C) tanto
    (D) tal

34. (A) pedir
    (B) prestar
    (C) pensar
    (D) perder

35. (A) era
    (B) será
    (C) fuera
    (D) sería

36. (A) encima
    (B) detrás
    (C) debajo
    (D) fuera

37. (A) sucesos
    (B) éxitos
    (C) lugares
    (D) cantantes

38. (A) alcance
    (B) alcanzara
    (C) hubiera alcanzado
    (D) ha alcanzado

39. (A) parejas
    (B) películas
    (C) canciones
    (D) cuentas

40. (A) siendo
    (B) sido
    (C) ser
    (D) somos

41. (A) orgullosos
    (B) saludables
    (C) cuidadosos
    (D) amables

go on to the next page . . .

Durante las vacaciones de verano cuando ____ (42) ____ y no se puede salir a jugar; ____ (43) ____ se está esperando en el consultorio del médico, o paseándose por ____ (44) ____—no se deja de aprender nunca. Sus hijos pueden explorar cada día alguna posibilidad matemática fascinante del mundo que los ____ (45) ____. Por ejemplo, se puede encontrar las matemáticas ____ (46) ____ en la naturaleza— ____ (47) ____ la simetría en las hojas; cuente el número el tamaño, y los tipos de árboles en su calle; y fíjese en la variedad de formas y patrones de flores. Los niños ____ (48) ____ aprendiendo las matemáticas y disfrutando de ellas al ____ (49) ____ tiempo. Estas actividades ____ (50) ____ pueden realizar en cualquier momento y en cualquier ____ (51) ____.

42. (A) llora
    (B) llueve
    (C) cae
    (D) comienza

43. (A) acaso
    (B) mientras
    (C) además
    (D) hasta

44. (A) el ascensor
    (B) la lavadora
    (C) la alfombra
    (D) el vecindario

45. (A) rodea
    (B) vive
    (C) habita
    (D) alcanza

46. (A) atrás
    (B) enfrente
    (C) afuera
    (D) debajo

47. (A) busca
    (B) buscó
    (C) busque
    (D) buscaba

48. (A) estuvieron
    (B) estaban
    (C) estuvieran
    (D) estarán

49. (A) igual
    (B) mismo
    (C) propio
    (D) siguiente

50. (A) me
    (B) le
    (C) lo
    (D) se

51. (A) lugar
    (B) edad
    (C) ejemplo
    (D) lectura

continued . . .

Al día siguiente, al amanecer, tomaron el rumbo de la cordillera. Pocas personas presenciaron _____ (52) _____ de la pequeña caravana. Al trasponer* la última calle del _____ (53) _____, los viajeros _____ (54) _____ una voz irónica que _____ (55) _____:

—¡Buena suerte, caballeros!

Juan torció la cabeza, pero la calle _____ (56) _____ desierta.

El primer día de viaje transcurrió sin incidentes. _____ (57) _____ los poblados en dirección al este y _____ (58) _____ viejos conocidos, _____ (59) _____ charlaron un poco. Preguntado el motivo del viaje, respondían que _____ (60) _____ a Chile por _____ (61) _____ o a recoger una hacienda que conducirían a otra parte, y como todo _____ (62) _____ era cosa corriente, nadie se extrañaba y así, tranquilamente, se sucedieron las leguas, sin que a su paso quedaran dudas o reservas sobre el viaje y su objeto.

*Al trasponer—going beyond

52. (A) la salida
    (B) la rodilla
    (C) el sentido
    (D) el repaso

53. (A) pueblo
    (B) río
    (C) techo
    (D) rincón

54. (A) oigan
    (B) oyeran
    (C) oirán
    (D) oyeron

55. (A) escuchaba
    (B) recibía
    (C) gritaba
    (D) sonreía

56. (A) haya estado
    (B) estará
    (C) estaba
    (D) estuviera

57. (A) Limpiaron
    (B) Atravesaron
    (C) Saltaron
    (D) Condujeron

58. (A) encontraran
    (B) encontraron
    (C) hubieran encontrado
    (D) hayan encontrado

59. (A) quienes
    (B) en los que
    (C) con las que
    (D) con los cuales

60. (A) iban
    (B) fueron
    (C) habrán ido
    (D) han ido

61. (A) pensamientos
    (B) saludos
    (C) recuerdos
    (D) negocios

62. (A) este
    (B) esta
    (C) eso
    (D) estos

go on to the next page . . .

Part C

Directions: In this part you will read several passages that will test your comprehension. After each passage, a number of questions or incomplete statements appear. Choose the most appropriate answer or completion, taking into consideration the overall meaning of the passage. Fill in the corresponding oval on the answer sheet.

Muchos actores jóvenes desearían saber el secreto del éxito repentino de Tessie Santiago, una bella cubana-americana de 25 años. En diciembre de 1999, esta miamense completamente desconocida fue elegida para hacer el papel de Tessa Alvarado en la nueva serie
Line de televisión *The Queen of Swords*. Y lo que es más sorprendente aún es que interpreta el
5 papel estelar escrito específicamente para una latina.

Como la sensual salvadora de los mexicanos oprimidos por los españoles en la California del siglo XIX, hace de una aristócrata coqueta que viste de chifón blanco y manipula al malvado Coronel Montoya. Y vistiendo un corset de terciopelo negro y una máscara de encaje, lucha contra los malos con espada y látigo en mano, por lo que han comenzado a llamar al
10 show *Zorra*.

David Abramowitz, el productor ejecutivo del programa dice que de las 500 actrices que entrevistaron para el papel, Santiago fue la única que despedía una luminosidad interior y enseguida supo que había encontrado su heroína. Pero a pesar de que se le está reconociendo como estrella, Santiago sigue con los pies bien puestos sobre la tierra.

15 Santiago acababa de obtener un titulo de film y teatro de la University of Miami cuando fue tragada por la industria de televisión. Llegó a España después de pasar dos meses de entrenamiento riguroso en Los Ángeles aprendiendo a luchar, a manejar la espada y a bailar flamenco.

¿Qué nos dices sobre la experiencia de filmación?

20 "Agotadora. Estoy en casi todas las escenas, el lugar está lleno de polvo y siempre estoy sucia. Tengo que usar trajes de la época en un calor tremendo por hasta 13 horas al día, y además hago casi todas mis peleas", dice.

Pero el apoyo de su familia la ayuda a sobrevivir. En uno de sus momentos de introspección nos explica: "Mis abuelos son más cubanos que yo puesto que nací en Estados
25 Unidos. Iba a una escuela donde las clases eran en inglés, y cuando llegaba a casa mi abuela me gritaba en español. Me sentía mitad americana y mitad cubana".

¿Quién te impulsó al estrellato: la Tessie yanqui o la Tessie latina?

"Fue una combinación de las dos. Mi madre es artista y una mujer fuerte, y comparte mis sueños. Mi abuelo también me apoya. En Cuba era escultor y cuando vino aquí tuvo
30 que dejar todo lo que amaba para sobrevivir. ¿Cómo no voy a respetar y aprovechar las oportunidades que me brindó y de hacer lo que él no pudo hacer?", dice.

La joven actriz está muy decidida a que les va a pasar su cultura cubana a sus hijos, cuando los tenga.

continued . . .

63. ¿Qué nos dice el artículo sobre Tessie Santiago cuando la seleccionaron para el papel de Tessa Alvarado?

    (A) Ella no aceptó el papel al principio
    (B) Ella no era muy conocida
    (C) Ella no había actuado antes
    (D) Ella no lo supo por mucho tiempo

64. El fondo del programa en que actúa Tessie parece ser . . .

    (A) literario
    (B) histórico
    (C) policíaco
    (D) misterioso

65. ¿Por qué llaman al show *Zorra*?

    (A) Por la ropa y la manera de actuar del personaje de Tessa
    (B) Por la nacionalidad del Coronel Montoya
    (C) Por la cantidad de aristócratas en el programa
    (D) Por la manipulación de los personajes similar a un animal

66. Ahora que Tessie Santiago se reconoce como estrella, ella . . .

    (A) entrena a otros actores
    (B) enseña en una universidad
    (C) demanda un sueldo más alto
    (D) parece no haber cambiado mucho

67. ¿Dónde se preparó Tessie para el programa de televisión?

    (A) En Miami
    (B) En España
    (C) En Cuba
    (D) En Los Ángeles

68. ¿Cómo es la experiencia de la filmación para Tessie Santiago?

    (A) Placentera
    (B) Relajante
    (C) Deprimente
    (D) Fatigosa

69. Un aspecto que contribuye negativamente al trabajo de Tessie Santiago es . . .

    (A) las bajas temperaturas
    (B) los conflictos entre los actores
    (C) la ropa que lleva
    (D) el descanso entre escenas

70. Podemos inferir que Tessie Santiago aprendió español . . .

    (A) en su hogar en los Estados Unidos
    (B) en una escuela en los Estados Unidos
    (C) en una academia en España
    (D) en su casa en Cuba

71. ¿Qué sabemos del abuelo de Tessie Santiago?

    (A) Murió cuando Tessie era joven
    (B) Se quedó a vivir en Cuba
    (C) No pudo continuar su profesión
    (D) No quería que Tessie actuara

go on to the next page . . .

Hace ya bastantes años, siendo estudiante de medicina, venía de Valparaíso a Santiago, de vuelta de vacaciones, acompañado de un compañero que tenía más o menos mi edad.

Subimos al tren en la estación del Puerto. Viajábamos en tercera clase. Mi familia era

Line pobre y la de mi amigo también. Al llegar a la estación Bellavista, vimos que subía al tren

5 un hombre esposado, pobremente vestido, acompañado de un gendarme armado con carabina y de un señor con facha de agente de policía. Como los dos únicos asientos desocupados del vagón eran los que estaban frente a nosotros, allí se instalaron el preso y el agente. El gendarme, luego de despedirse, bajó del tren.

Jóvenes, llenos aún de piedad para la desgracia ajena, nos sentimos impresionados ante

10 aquel hombre, joven también, esposado y expuesto a la curiosidad de todos. Una vez sentado se arrimó bien a la ventanilla y miró por ella con insistencia, evitando nuestras miradas, que lo recorrían de arriba abajo.

72. ¿Qué hacía el narrador en Santiago?

    (A) Paseaba
    (B) Trabajaba
    (C) Estudiaba
    (D) Descansaba

73. Por la descripción del hombre que subía al tren, sabemos que él iba o venía de . . .

    (A) una cárcel
    (B) un hospital
    (C) una boda
    (D) una feria

74. El tren donde viajaban los personajes iba . . .

    (A) mojado
    (B) entero
    (C) roto
    (D) lleno

75. ¿Qué parecían sentir el narrador y su amigo hacia el pasajero?

    (A) Odio
    (B) Lástima
    (C) Temor
    (D) Alegría

76. ¿Qué hacían el narrador y su compañero al final de la selección?

    (A) Examinaban al hombre enfrente de ellos
    (B) Miraban el paisaje por la ventanilla
    (C) Conversaban con el agente de policía
    (D) Corrían por los pasillos del tren

continued . . .

Diana Ramos tuvo que trabajar hasta 12 horas al día en un asilo de ancianos en Florida que estaba a punto de ser cerrado por sus métodos ilegales. Tenían menos empleados de lo que la ley requiere, explica: "Debe haber una asistente de enfermería por cada ocho

Line pacientes". Pero Ramos, una madre soltera, atendía dos veces esa cantidad de pacientes y
5 encima de eso, tenía otras responsabilidades. "Los pacientes sufrían por falta de atención", recuerda Ramos. "Yo no sólo terminaba agotada físicamente sino también emocionalmente. Además cuanto más tiempo pasaba con los pacientes, menos tiempo tenía para mi hija".

Por lo general, antes de aceptar un nuevo empleo pocos sabemos todo lo que este encierra. Para evitar una situación confusa con tu jefe, es importante saber cómo establecer los
10 parámetros del empleo antes de aceptarlo.

Graciela Kenig, una especialista en carreras, dice que esto se debe hacer durante la entrevista de empleo y no después de haberlo aceptado. Si dedicarle tiempo a tus estudios, tus hijos u otra labor es muy importante para ti, pregunta si esa empresa requiere de muchas horas extras de trabajo o de trabajar los fines de semana y luego decide si te conviene o no
15 ese empleo, explica Kening. Además, nos recuerda que los empleadores tienen sus propias necesidades. "El empleado tiene que probar que la compañía hizo una buena decisión al ofrecerle el puesto. Y hacer trabajo adicional puede redundar en una promoción o un aumento de salario".

En el caso de Yvette Nazario, ella se dio cuenta de que estaba laborando fuera de sus
20 parámetros cuando, en la compañía de inversiones donde estaba empleada, le asignaban tareas para las cuales no estaba preparada. "Me daban ataques de ansiedad", dice. "Y, si no lo hacía bien o a tiempo, me preguntaban si yo era estúpida o qué".

Melissa Josephs, quien trabaja para una organización que ayuda a las mujeres con sus carreras, dice que: "Si le piden a una empleada que haga algo que esté por encima de sus
25 capacidades, el hecho de que no lo pueda hacer no debe usarse en su contra. Por eso, es una buena idea obtener una descripción del trabajo por escrito antes de comenzar un empleo".

No obstante, es importante que los empleados no siempre rehúsen hacer una labor en particular que les pidan sus supervisores, simplemente porque no cae dentro de la descripción, dice Kening. "A veces lo mejor que se puede hacer para mantener una buena relación
30 con el patrón es hacer el esfuerzo por llegar a un acuerdo".

77. ¿Por qué van a cerrar el lugar que se describe en esta selección?

(A) Por haber causado muchas enfermedades
(B) Por haber empleado a personas ilegales
(C) Por no tener suficientes trabajadores
(D) Por no tener suficientes pacientes

78. ¿Qué sabemos de Diana Ramos?

(A) No está casada ahora
(B) No puede conseguir trabajo
(C) Se sentía enferma siempre
(D) Llevaba a su hija al trabajo

79. ¿Por qué sufrían los pacientes?

(A) Porque tenían problemas emocionales
(B) Porque no tenían mucho que hacer
(C) Porque su familia no estaba con ellos
(D) Porque no recibían el cuidado que necesitaban

80. Antes de aceptar un nuevo empleo la persona debe . . .

(A) conocer bien al jefe
(B) firmar un contrato
(C) saber las responsabilidades que va a tener
(D) tener varias entrevistas con el nuevo jefe

go on to the next page . . .

81. ¿Qué debe considerar la persona que tiene otras obligaciones?

    (A) Si hay que trabajar más tiempo de lo normal
    (B) Si la compañía le paga los estudios
    (C) Si pagan más dinero los fines de semana
    (D) Si puede traer a los hijos al trabajo

82. Según Kening, ¿qué beneficios puede traer el hacer trabajo adicional?

    (A) Más tiempo libre
    (B) Un puesto mejor
    (C) Aprender más
    (D) Más orgullo

83. A Yvette Nazario le daban ataques de ansiedad porque para el trabajo que tenía que hacer . . .

    (A) tenía que aparentar ser tonta
    (B) tenía que invertir su propio dinero
    (C) su preparación no era suficiente
    (D) la obligaban a continuar estudiando

84. De vez en cuando es importante que el empleado . . .

    (A) le pida ayuda a su supervisor
    (B) haga otros trabajos además del suyo
    (C) cambie la descripción de su trabajo
    (D) le presente sus quejas al jefe

85. ¿Quién se podría beneficiar de este artículo?

    (A) Las personas que trabajan en su casa
    (B) Los pacientes de asilos de ancianos
    (C) Las personas que quieren invertir dinero
    (D) Las personas que buscan trabajo

STOP

TEST 5

Answer Sheet

1. Ⓐ Ⓑ Ⓒ Ⓓ	23. Ⓐ Ⓑ Ⓒ Ⓓ	45. Ⓐ Ⓑ Ⓒ Ⓓ	67. Ⓐ Ⓑ Ⓒ Ⓓ
2. Ⓐ Ⓑ Ⓒ Ⓓ	24. Ⓐ Ⓑ Ⓒ Ⓓ	46. Ⓐ Ⓑ Ⓒ Ⓓ	68. Ⓐ Ⓑ Ⓒ Ⓓ
3. Ⓐ Ⓑ Ⓒ Ⓓ	25. Ⓐ Ⓑ Ⓒ Ⓓ	47. Ⓐ Ⓑ Ⓒ Ⓓ	69. Ⓐ Ⓑ Ⓒ Ⓓ
4. Ⓐ Ⓑ Ⓒ Ⓓ	26. Ⓐ Ⓑ Ⓒ Ⓓ	48. Ⓐ Ⓑ Ⓒ Ⓓ	70. Ⓐ Ⓑ Ⓒ Ⓓ
5. Ⓐ Ⓑ Ⓒ Ⓓ	27. Ⓐ Ⓑ Ⓒ Ⓓ	49. Ⓐ Ⓑ Ⓒ Ⓓ	71. Ⓐ Ⓑ Ⓒ Ⓓ
6. Ⓐ Ⓑ Ⓒ Ⓓ	28. Ⓐ Ⓑ Ⓒ Ⓓ	50. Ⓐ Ⓑ Ⓒ Ⓓ	72. Ⓐ Ⓑ Ⓒ Ⓓ
7. Ⓐ Ⓑ Ⓒ Ⓓ	29. Ⓐ Ⓑ Ⓒ Ⓓ	51. Ⓐ Ⓑ Ⓒ Ⓓ	73. Ⓐ Ⓑ Ⓒ Ⓓ
8. Ⓐ Ⓑ Ⓒ Ⓓ	30. Ⓐ Ⓑ Ⓒ Ⓓ	52. Ⓐ Ⓑ Ⓒ Ⓓ	74. Ⓐ Ⓑ Ⓒ Ⓓ
9. Ⓐ Ⓑ Ⓒ Ⓓ	31. Ⓐ Ⓑ Ⓒ Ⓓ	53. Ⓐ Ⓑ Ⓒ Ⓓ	75. Ⓐ Ⓑ Ⓒ Ⓓ
10. Ⓐ Ⓑ Ⓒ Ⓓ	32. Ⓐ Ⓑ Ⓒ Ⓓ	54. Ⓐ Ⓑ Ⓒ Ⓓ	76. Ⓐ Ⓑ Ⓒ Ⓓ
11. Ⓐ Ⓑ Ⓒ Ⓓ	33. Ⓐ Ⓑ Ⓒ Ⓓ	55. Ⓐ Ⓑ Ⓒ Ⓓ	77. Ⓐ Ⓑ Ⓒ Ⓓ
12. Ⓐ Ⓑ Ⓒ Ⓓ	34. Ⓐ Ⓑ Ⓒ Ⓓ	56. Ⓐ Ⓑ Ⓒ Ⓓ	78. Ⓐ Ⓑ Ⓒ Ⓓ
13. Ⓐ Ⓑ Ⓒ Ⓓ	35. Ⓐ Ⓑ Ⓒ Ⓓ	57. Ⓐ Ⓑ Ⓒ Ⓓ	79. Ⓐ Ⓑ Ⓒ Ⓓ
14. Ⓐ Ⓑ Ⓒ Ⓓ	36. Ⓐ Ⓑ Ⓒ Ⓓ	58. Ⓐ Ⓑ Ⓒ Ⓓ	80. Ⓐ Ⓑ Ⓒ Ⓓ
15. Ⓐ Ⓑ Ⓒ Ⓓ	37. Ⓐ Ⓑ Ⓒ Ⓓ	59. Ⓐ Ⓑ Ⓒ Ⓓ	81. Ⓐ Ⓑ Ⓒ Ⓓ
16. Ⓐ Ⓑ Ⓒ Ⓓ	38. Ⓐ Ⓑ Ⓒ Ⓓ	60. Ⓐ Ⓑ Ⓒ Ⓓ	82. Ⓐ Ⓑ Ⓒ Ⓓ
17. Ⓐ Ⓑ Ⓒ Ⓓ	39. Ⓐ Ⓑ Ⓒ Ⓓ	61. Ⓐ Ⓑ Ⓒ Ⓓ	83. Ⓐ Ⓑ Ⓒ Ⓓ
18. Ⓐ Ⓑ Ⓒ Ⓓ	40. Ⓐ Ⓑ Ⓒ Ⓓ	62. Ⓐ Ⓑ Ⓒ Ⓓ	84. Ⓐ Ⓑ Ⓒ Ⓓ
19. Ⓐ Ⓑ Ⓒ Ⓓ	41. Ⓐ Ⓑ Ⓒ Ⓓ	63. Ⓐ Ⓑ Ⓒ Ⓓ	85. Ⓐ Ⓑ Ⓒ Ⓓ
20. Ⓐ Ⓑ Ⓒ Ⓓ	42. Ⓐ Ⓑ Ⓒ Ⓓ	64. Ⓐ Ⓑ Ⓒ Ⓓ	
21. Ⓐ Ⓑ Ⓒ Ⓓ	43. Ⓐ Ⓑ Ⓒ Ⓓ	65. Ⓐ Ⓑ Ⓒ Ⓓ	
22. Ⓐ Ⓑ Ⓒ Ⓓ	44. Ⓐ Ⓑ Ⓒ Ⓓ	66. Ⓐ Ⓑ Ⓒ Ⓓ	

To compute your approximate scaled score:

_____ (number of correct answers) − _____ (number of incorrect answers) / 3 = _____ (raw score)

Now, go to page 183 to find out your approximate scaled score.

TEST 5

Part A

Directions: Read the following statements and the four suggested completions. Then choose the most appropriate completion and fill in the corresponding oval on the answer sheet.

1. Éste es el . . . drama que leemos esta semana.

   (A) tercero
   (B) tercer
   (C) trío
   (D) tres

2. Soledad me dijo que anoche había soñado con . . .

   (A) él
   (B) le
   (C) lo
   (D) se

3. Tina se sintió mal porque . . . vino a visitarla.

   (A) algún
   (B) alguna
   (C) nadie
   (D) nada

4. El servicio en ese restaurante fue malísimo por eso no le dejé una . . . al camarero.

   (A) cuenta
   (B) bolsa
   (C) cabeza
   (D) propina

5. Es importante usar crema protectora aunque el cielo esté . . .

   (A) limpio
   (B) caliente
   (C) fresco
   (D) nublado

6. Ayer salimos . . . cine a eso de las cuatro.

   (A) al
   (B) del
   (C) en
   (D) de

7. Nevaba mucho y había mucho tráfico; por eso hubo muchos accidentes en . . .

   (A) las iglesias
   (B) las aceras
   (C) las carreteras
   (D) las cuadras

8. Hace más de tres años que yo no como . . . ; soy completamente vegetariano.

   (A) legumbres
   (B) árboles
   (C) carne
   (D) postres

9. Es necesario aprender a . . . dinero para no tener problemas en el futuro.

   (A) ahorrar
   (B) salvar
   (C) quedar
   (D) tocar

10. Jorge no podía abrir la puerta porque dejó . . . dentro de la casa.

    (A) las luces
    (B) los muebles
    (C) los vasos
    (D) las llaves

continued . . .

11. Yo me acerqué . . . la actriz cuando la vi entrar.

    (A) a
    (B) de
    (C) con
    (D) para

12. ¿Por qué no nos encontramos . . . las tres?

    (A) en lugar de
    (B) a eso de
    (C) acerca de
    (D) encima de

13. Susana, córtate las . . . . No sé cómo puedes escribir en la computadora.

    (A) piernas
    (B) narices
    (C) rodillas
    (D) uñas

14. En el verano siempre llevo camisetas de . . . porque son más frescas.

    (A) madera
    (B) algodón
    (C) lana
    (D) papel

15. A ellos . . . molesta el ruido que hace ese coche.

    (A) le
    (B) los
    (C) lo
    (D) les

16. Yo no . . . cómo voy a poder terminar este trabajo a tiempo.

    (A) conozco
    (B) conocía
    (C) sé
    (D) sabía

17. Esta maleta es mía; aquélla es . . .

    (A) su
    (B) suya
    (C) ella
    (D) la

18. Todas la mañanas yo le preparo . . . de jamón y queso a mi hermanito.

    (A) un jabón
    (B) un bocadillo
    (C) una cuchara
    (D) una canción

19. El año escolar es demasiado largo. En algunas escuelas las clases terminan . . . junio.

    (A) a lo largo de
    (B) a fines de
    (C) a través de
    (D) a pesar de

20. Tuvieron que cancelar el concierto al aire libre porque comenzó a . . .

    (A) lloviznar
    (B) secar
    (C) tocar
    (D) enfriar

21. Cuando llegamos a la estación todavía . . . media hora para la salida del tren.

    (A) echaba
    (B) faltaba
    (C) encontraba
    (D) hacía

22. Me gusta la comida española porque usan mucho el . . . de oliva.

    (A) refresco
    (B) tenedor
    (C) cuchillo
    (D) aceite

23. Ese vestido es demasiado grande. Necesitas una . . . más pequeña.

    (A) salida
    (B) receta
    (C) talla
    (D) mitad

go on to the next page . . .

24. Celeste quería trabajar en esa compañía pero . . . a una mujer con más experiencia.

    (A) escogieron
    (B) mostraron
    (C) escondieron
    (D) molestaron

25. No te olvides de reciclar todas las botellas . . .

    (A) aburridas
    (B) vacías
    (C) felices
    (D) estimadas

26. ¡Qué desorden! ¡ . . . todos los juguetes, Alberto!

    (A) Recoge
    (B) Pinta
    (C) Enciende
    (D) Cobra

27. No pude comer el pan que nos sirvieron; estaba muy . . .

    (A) corto
    (B) duro
    (C) cómodo
    (D) ancho

28. Mira el mapa; aquí está . . . capital que buscabas.

    (A) esa
    (B) ese
    (C) esto
    (D) eso

29. Anteayer nosotros nos quedamos en la cuidad porque no . . . en el coche.

    (A) cupimos
    (B) cabremos
    (C) cupiéramos
    (D) quepamos

30. Quisiera comprar esa revista pero sólo me . . . dos dólares.

    (A) queda
    (B) quedó
    (C) quedan
    (D) quedaran

31. Ella recomendó que yo . . . a la entrevista con el abogado.

    (A) iría
    (B) vaya
    (C) iré
    (D) fuera

32. Si él . . . a clase a tiempo, tendría menos problemas con los profesores.

    (A) llegara
    (B) llegaba
    (C) llegaría
    (D) llegará

33. Parecía mentira que ellos no nos . . . la verdad.

    (A) hubieran dicho
    (B) habían dicho
    (C) han dicho
    (D) habrán dicho

34. Es justo que nosotros . . . a tiempo.

    (A) comamos
    (B) comimos
    (C) comemos
    (D) comeremos

35. Yolanda nos aconseja que nosotros . . . a tiempo.

    (A) salimos
    (B) salgamos
    (C) salíamos
    (D) saldremos

continued . . .

Part B

Directions: In the following passages some words or phrases are missing. For each blank, four possible completions are given. Read the entire passage to get an idea of its content, then select the most appropriate completion, taking into consideration the overall meaning of the passage. Fill in the corresponding oval on the answer sheet.

Hoy en día, la materia de matemáticas abarca mucho más ____ (36) ____ la aritmética. Incluso, a nivel de escuela primaria, los niños deben empezar a estudiar las bases del álgebra, la geometría, las medidas, y la estadística. Además, deben estar aprendiendo a resolver problemas aplicando sus ____ (37) ____ de las matemáticas a nuevas situaciones, a comprender los conceptos matemáticos, a razonar matemáticamente, y a expresar ideas matemáticas hablando y escribiendo ____ (38) ____ la materia.

Continúa ____ (39) ____ sin dar tregua* la demanda por personas con gran capacidad en las matemáticas, las ciencias y la tecnología. Para ____ (40) ____ en la universidad y en la fuerza laboral, los estudiantes deben llevar un mínimo de tres años de matemáticas rigurosos durante la escuela secundaria, y tratar ____ (41) ____ estudiar el cálculo o tomar otras clases avanzadas de matemáticas. Actualmente se cree que antes de terminar el octavo grado, los estudiantes deberían haber logrado dominar los fundamentos del álgebra y la geometría a fin de estar ____ (42) ____ para los últimos años de la secundaria e ir bien encaminados hacia la universidad y la fuerza laboral.

Tal vez una de las maneras más importantes en que la familia puede reforzar el aprendizaje de las matemáticas es simplemente expresando la actitud positiva de que los niños pueden ____ (43) ____ dominar los aspectos difíciles de las matemáticas. Muy frecuentemente, hacemos comentarios que pueden hacer a los niños ____ (44) ____ el interés en las matemáticas, como por ejemplo, "las matemáticas son muy difíciles" o "tampoco a mí me ____ (45) ____ las matemáticas cuando tenía tu ____ (46) ____". Según indican estudios científicos, si usted demuestra que cree que todos los niños pueden aprender las materias difíciles y si aspira a un alto nivel académico para su hijo, él ____ (47) ____ a la altura de las expectativas.

*sin dar tregua—without giving respite

36. (A) que
    (B) de
    (C) por
    (D) en

37. (A) pensamientos
    (B) sentimientos
    (C) conocimientos
    (D) imaginaciones

38. (A) sobre
    (B) desde
    (C) con
    (D) contra

39. (A) ayudando
    (B) andando
    (C) creciendo
    (D) aprendiendo

40. (A) triunfar
    (B) triunfando
    (C) triunfado
    (D) triunfada

41. (A) a
    (B) de
    (C) para
    (D) por

42. (A) preparando
    (B) preparado
    (C) preparada
    (D) preparados

43. (A) pensar
    (B) repasar
    (C) lograr
    (D) preguntar

44. (A) buscar
    (B) perder
    (C) sentir
    (D) levantar

45. (A) gustan
    (B) gusta
    (C) gustó
    (D) gustaron

46. (A) juventud
    (B) talla
    (C) época
    (D) edad

47. (A) se pusiera
    (B) se pondrá
    (C) se ponga
    (D) se puso

go on to the next page . . .

Amanecía cuando escuché la puerta. _____ (48) _____ principio, creí que _____ (49) _____ la puerta de la calle y pensé que Andrés _____ (50) _____ a marchar sin _____ (51) _____. Pero los pasos cruzaron el pasillo, subieron muy despacio _____ (52) _____ y se pararon finalmente ante este cuarto. Andrés _____ (53) _____ bastante en decidirse. Cuando _____ (54) _____ hizo, se quedó quieto _____ (55) _____ la puerta, _____ (56) _____ en silencio, sin _____ (57) _____ siquiera* a acercarse hasta la cama. Yo le sostuve unos instantes la mirada y, _____ (58) _____, antes de que _____ (59) _____ decir nada, me volví y me quedé mirando a la ventana hasta que [él] _____ (60) _____ marchó.

*siquiera—even

48. (A) El
    (B) A
    (C) Al
    (D) Del

49. (A) es
    (B) era
    (C) está
    (D) estaba

50. (A) se irá
    (B) se iba
    (C) se haya ido
    (D) irse

51. (A) despedirse
    (B) quitarse
    (C) olvidarse
    (D) ponerse

52. (A) la escalera
    (B) la pared
    (C) el camino
    (D) el bosque

53. (A) llegó
    (B) creyó
    (C) comenzó
    (D) tardó

54. (A) la
    (B) lo
    (C) los
    (D) las

55. (A) arriba de
    (B) dentro de
    (C) al lado de
    (D) después de

56. (A) mirándome
    (B) mirarme
    (C) mirar
    (D) mirado

57. (A) atreverse
    (B) levantarse
    (C) mudarse
    (D) parecerse

58. (A) vez
    (B) tarde
    (C) rato
    (D) luego

59. (A) puede
    (B) podrá
    (C) podría
    (D) pudiera

60. (A) le
    (B) lo
    (C) se
    (D) la

continued . . .

Part C

> Directions: In this part you will read several passages that will test your comprehension. After each passage, a number of questions or incomplete statements appear. Choose the most appropriate answer or completion, taking into consideration the overall meaning of the passage. Fill in the corresponding oval on the answer sheet.

—¿Usted busca a alguien?

—No precisamente.

—No puede engañarme. Cuando me mira como usted lo está haciendo conmigo, es

Line porque se busca a alguien.

5   Ante situación tan directa, es difícil ocultar los sentimientos.

—Tiene usted razón, busco a una persona.

—¿Y cree que va a encontrarla en este tren?

—Sí. Esa persona se montó un día en un tren como éste.

—Los trenes tienen sus diferencias. La máquina, el silbido, el humo, sus horarios de

10 viaje. Una persona puede perderse en tantos trenes que viajan por el mundo. Los trenes no siempre son los mismos, aunque se parezcan entre ellos.

—Es posible. Pero tengo una corazonada.

—Quisiera ayudarlo en su corazonada, aunque poco creo en las corazonadas. Esa persona, ¿cómo es físicamente?

15   Vuelvo a la vieja reconstrucción parcial de mi padre. El hombre se ríe. Se explaya en ademanes con sus manos que me brindan confianza. Sus ojos no son brillantes y alegres.

—Busca a un medio hombre.

—No, a un hombre completo.

—Entonces precise más sus rasgos. Yo lo ayudaré a buscarlo en el tren, si por casuali-

20 dad se montó en este viaje . . .

61. ¿Qué parece notar el hombre al principio de la selección?

  (A) La necesidad de tener que esconderse

  (B) La voz familiar de la persona que habla

  (C) La precisión de la respuesta

  (D) La manera que lo miran

62. ¿Qué no puede ocultar el narrador?

  (A) El error

  (B) El miedo

  (C) La verdad

  (D) La alegría

63. ¿Qué dice el hombre sobre los trenes?

  (A) Que no son todos iguales

  (B) Que no son incómodos

  (C) Que tienen buenos horarios

  (D) Que siempre llegan a tiempo

64. ¿Qué le pide el hombre al narrador?

  (A) El horario de los trenes

  (B) Una descripción de una persona

  (C) Una foto de su padre

  (D) Los detalles de un viaje

go on to the next page . . .

65. ¿Por qué dice el hombre "Busca a un medio hombre"?

   (A) Porque le hacen falta las manos
   (B) Porque sus ojos no brillan
   (C) Porque no puede ver todo su cuerpo
   (D) Porque no le ha dado muchos detalles

66. ¿Qué decide hacer el hombre al final de la selección?

   (A) Asistir al narrador en su búsqueda
   (B) Darle la mano para que se sienta mejor
   (C) Buscar otro tren que lo lleve a su destino
   (D) Terminar la conversación con el otro personaje

continued . . .

Paso a paso...
Vuelo a vuelo...

Hemos creado la compañía más popular en el continente americano. Con vuelos directos a diez países de habla hispana, le aseguramos un viaje placentero y con horarios que satisfacen todas las necesidades sea por negocios o por vacaciones. No olvide...

Aguila

Por las nubes a su destino.

67. ¿Cuál es una ventaja de esta compañía?

    (A) Buenos itinerarios
    (B) Vacaciones baratas
    (C) Negocios garantizados
    (D) Lugares exóticos

go on to the next page . . .

El proceso de rescatar y preservar la herencia cultural de una ciudad contribuye a atraer el turismo y la inversión, y también ayuda a las ciudades a enfrentar algunos de los peligros de la globalización. "Frente a la globalización y en un mundo en el que los medios de comu-
Line nicación tienen una influencia tan fuerte, la identidad cultural se ve amenazada. Creo que los
5 dirigentes deben buscar formas de fortalecer esta identidad", dice Alberto Andrade, alcalde de Lima.

Andrade, cuya familia ha vivido en el centro de la ciudad desde hace tres generaciones, empezó a amar la zona desde que era pequeño. "Mi abuela materna me llevaba por todo el centro de Lima, explicándome la arquitectura histórica, visitando los museos y las zonas tradi-
10 cionales. Eso no sólo me hizo identificarme con mi ciudad, sino que me enseñó a apreciar-la, y ello indudablemente ha ejercido influencia sobre los esfuerzos por recuperar esa imagen de la ciudad que conocí de niño", explica Andrade.

A pesar de sus sentimientos por la Lima de antaño, Andrade es realista. Sabe que Lima nunca será lo que fue cuando él era niño: es demasiado lo que ha cambiado. A partir de los
15 años cuarenta, el Perú comenzó a industrializarse, y en las zonas aledañas de la ciudad co-menzaron a aparecer parques industriales. Un gran número de campesinos pobres llegó a las puertas de la ciudad en busca de mejores horizontes y mayores oportunidades de empleo. Al mismo tiempo, los residentes tradicionales del centro lo abandonaron para trasladarse a otros barrios más nuevos en las afueras, seguidos por las empresas y la actividad cultural. En los
20 años ochenta, Lima recibió otra oleada masiva de inmigrantes rurales que escapaban a la vio-lencia del enfrentamiento entre el grupo guerrillero Sendero Luminoso y las fuerzas armadas. Durante las últimas décadas, esos cambios demográficos se tradujeron en una marcada caída en el valor de la propiedad, y Lima entró en una espiral descendente de descuido y deterioro.

68. ¿Qué ayuda a luchar en contra de la globalización?

(A) Aumentar el turismo
(B) Invertir en negocios
(C) Conservar las tradiciones culturales
(D) Crear centros informativos sobre la cultura

69. Según Andrade, ¿qué contribuye al peligro de la identidad cultural?

(A) La política en las ciudades
(B) Los medios de comunicación
(C) Los peligros de inversión
(D) La cantidad de turistas

70. Según Andrade, ¿quiénes deben hacer más fuerte la identidad cultural?

(A) Los líderes
(B) Los inversionistas
(C) Los turistas
(D) Los periodistas

71. ¿Qué sabemos sobre la familia de Andrade?

(A) Que su abuela vivía en las afueras de Lima
(B) Que se mudó a Lima cuando era muy pequeño
(C) Que su abuela era arquitecta de profesión
(D) Que hace mucho tiempo que vive en Lima

72. La abuela materna de Andrade con-tribuyó a que Andrade . . .

(A) estudiara para arquitecto
(B) enseñara historia
(C) apreciara su generación
(D) aprendiera a valorar la ciudad

continued . . .

73. ¿Qué quiere hacer Andrade ahora?

    (A) Volver a apreciar el valor de la globalización

    (B) Recobrar la apariencia de la vieja Lima

    (C) Contribuir su propio dinero a los museos

    (D) Darle el nombre de su abuela a un museo

74. ¿Por qué es realista el señor Andrade?

    (A) Porque él no puede cambiar lo que siente

    (B) Porque no hay suficientes industrias en Lima

    (C) Porque sabe que Lima nunca podrá ser igual que antes

    (D) Porque ya tiene cuarenta años y no se siente joven

75. ¿Quiénes vinieron a vivir en Lima?

    (A) Artistas de otros países

    (B) Personas del campo

    (C) Inmigrantes de otros países

    (D) Familias de militares

76. ¿Qué buscaban las personas que vinieron a Lima?

    (A) Una vida mejor

    (B) Un cambio de clima

    (C) Las tradiciones del pasado

    (D) Las tierras de sus parientes

77. ¿Qué hicieron los residentes tradicionales del centro?

    (A) Compraron grandes industrias

    (B) Decidieron quedarse en sus barrios

    (C) Se opusieron a las nuevas leyes

    (D) Se fueron de la ciudad

78. ¿Qué sucedió en Lima en las últimas décadas?

    (A) Se construyeron casas muy caras

    (B) Se construyeron nuevos centros culturales

    (C) Bajó mucho el precio de los edificios

    (D) Hubo mucha violencia en el centro

go on to the next page . . .

En el comedor, Consuelo trató de evitar las miradas de todos y fijó la vista en el fondo de su plato. Entró la chica de cabello teñido metida en un pantalón estrecho y un tricot grueso con cuello de tortuga, que la hizo muy semejante a ese animal. La chica silbó un aire de
Line moda y ordenó un filete con patatas; ella no comería el menú sucio y raquítico. Su voz áspera
5 cubrió las otras voces excitadas de los comensales que hablaban de una huelga cuyas consecuencias podían resultar fatales.

—Callen, callen, que no pasará nada. En España nunca pasa nada—ordenó Amparo, y el sonido de su voz produjo que Consuelo dejara caer el tenedor sobre el plato.

—Mañana se servirá usted misma su café—le avisó Juanín.

10 —¿Aquí habrá huelga?—le preguntó Consuelo.

—En todas partes, y los comercios que abran serán cerrados a pedradas.

Se preparaba el desorden y las viejas jugadoras, de maquillaje cargado, parecían eufóri-
cas. Salió a la calle y vio venir hacia ella al relojero, amparado en su paraguas y esquivando los charcos.

15 —¿Paseando tan tarde?

—Usted también irá a la huelga—contestó ella.

—¿Qué huelga? Parece usted demasiado interesada. Aquí no habrá ninguna huelga.

79. ¿Qué trataba de evitar Consuelo?

(A) Que le quitaran la comida
(B) Que le cortaran el pelo
(C) Que la miraran
(D) Que la tocaran

80. ¿A quién se parecía la chica que entró?

(A) A Consuelo
(B) A un caballo
(C) A una patata
(D) A una tortuga

81. ¿Qué hizo la chica que entró?

(A) Pidió comida
(B) Gritó excitada
(C) Cantó una canción
(D) Cubrió la comida

82. ¿De qué hablaban las personas en este lugar?

(A) De una protesta
(B) De una enfermedad
(C) De las elecciones
(D) De la comida

83. Por lo que dice Amparo sabemos que ella no quiere que . . .

(A) le hablen a Consuelo
(B) sigan hablando del tema
(C) saluden a la chica que entró
(D) usen los tenedores

84. Por la descripción, ¿qué tiempo hacía cuando Consuelo salió a la calle?

(A) Hacía calor
(B) Hacía viento
(C) Llovía
(D) Hacía sol

85. Por la respuesta del relojero sabemos que . . .

(A) él no está de acuerdo con Consuelo
(B) a él no le gusta pasear por la calle
(C) a Consuelo no le importa lo que pasa
(D) a Consuelo no le interesa hablar con él

STOP

TEST 6
Answer Sheet

1. Ⓐ Ⓑ Ⓒ Ⓓ   23. Ⓐ Ⓑ Ⓒ Ⓓ   45. Ⓐ Ⓑ Ⓒ Ⓓ   67. Ⓐ Ⓑ Ⓒ Ⓓ

2. Ⓐ Ⓑ Ⓒ Ⓓ   24. Ⓐ Ⓑ Ⓒ Ⓓ   46. Ⓐ Ⓑ Ⓒ Ⓓ   68. Ⓐ Ⓑ Ⓒ Ⓓ

3. Ⓐ Ⓑ Ⓒ Ⓓ   25. Ⓐ Ⓑ Ⓒ Ⓓ   47. Ⓐ Ⓑ Ⓒ Ⓓ   69. Ⓐ Ⓑ Ⓒ Ⓓ

4. Ⓐ Ⓑ Ⓒ Ⓓ   26. Ⓐ Ⓑ Ⓒ Ⓓ   48. Ⓐ Ⓑ Ⓒ Ⓓ   70. Ⓐ Ⓑ Ⓒ Ⓓ

5. Ⓐ Ⓑ Ⓒ Ⓓ   27. Ⓐ Ⓑ Ⓒ Ⓓ   49. Ⓐ Ⓑ Ⓒ Ⓓ   71. Ⓐ Ⓑ Ⓒ Ⓓ

6. Ⓐ Ⓑ Ⓒ Ⓓ   28. Ⓐ Ⓑ Ⓒ Ⓓ   50. Ⓐ Ⓑ Ⓒ Ⓓ   72. Ⓐ Ⓑ Ⓒ Ⓓ

7. Ⓐ Ⓑ Ⓒ Ⓓ   29. Ⓐ Ⓑ Ⓒ Ⓓ   51. Ⓐ Ⓑ Ⓒ Ⓓ   73. Ⓐ Ⓑ Ⓒ Ⓓ

8. Ⓐ Ⓑ Ⓒ Ⓓ   30. Ⓐ Ⓑ Ⓒ Ⓓ   52. Ⓐ Ⓑ Ⓒ Ⓓ   74. Ⓐ Ⓑ Ⓒ Ⓓ

9. Ⓐ Ⓑ Ⓒ Ⓓ   31. Ⓐ Ⓑ Ⓒ Ⓓ   53. Ⓐ Ⓑ Ⓒ Ⓓ   75. Ⓐ Ⓑ Ⓒ Ⓓ

10. Ⓐ Ⓑ Ⓒ Ⓓ   32. Ⓐ Ⓑ Ⓒ Ⓓ   54. Ⓐ Ⓑ Ⓒ Ⓓ   76. Ⓐ Ⓑ Ⓒ Ⓓ

11. Ⓐ Ⓑ Ⓒ Ⓓ   33. Ⓐ Ⓑ Ⓒ Ⓓ   55. Ⓐ Ⓑ Ⓒ Ⓓ   77. Ⓐ Ⓑ Ⓒ Ⓓ

12. Ⓐ Ⓑ Ⓒ Ⓓ   34. Ⓐ Ⓑ Ⓒ Ⓓ   56. Ⓐ Ⓑ Ⓒ Ⓓ   78. Ⓐ Ⓑ Ⓒ Ⓓ

13. Ⓐ Ⓑ Ⓒ Ⓓ   35. Ⓐ Ⓑ Ⓒ Ⓓ   57. Ⓐ Ⓑ Ⓒ Ⓓ   79. Ⓐ Ⓑ Ⓒ Ⓓ

14. Ⓐ Ⓑ Ⓒ Ⓓ   36. Ⓐ Ⓑ Ⓒ Ⓓ   58. Ⓐ Ⓑ Ⓒ Ⓓ   80. Ⓐ Ⓑ Ⓒ Ⓓ

15. Ⓐ Ⓑ Ⓒ Ⓓ   37. Ⓐ Ⓑ Ⓒ Ⓓ   59. Ⓐ Ⓑ Ⓒ Ⓓ   81. Ⓐ Ⓑ Ⓒ Ⓓ

16. Ⓐ Ⓑ Ⓒ Ⓓ   38. Ⓐ Ⓑ Ⓒ Ⓓ   60. Ⓐ Ⓑ Ⓒ Ⓓ   82. Ⓐ Ⓑ Ⓒ Ⓓ

17. Ⓐ Ⓑ Ⓒ Ⓓ   39. Ⓐ Ⓑ Ⓒ Ⓓ   61. Ⓐ Ⓑ Ⓒ Ⓓ   83. Ⓐ Ⓑ Ⓒ Ⓓ

18. Ⓐ Ⓑ Ⓒ Ⓓ   40. Ⓐ Ⓑ Ⓒ Ⓓ   62. Ⓐ Ⓑ Ⓒ Ⓓ   84. Ⓐ Ⓑ Ⓒ Ⓓ

19. Ⓐ Ⓑ Ⓒ Ⓓ   41. Ⓐ Ⓑ Ⓒ Ⓓ   63. Ⓐ Ⓑ Ⓒ Ⓓ   85. Ⓐ Ⓑ Ⓒ Ⓓ

20. Ⓐ Ⓑ Ⓒ Ⓓ   42. Ⓐ Ⓑ Ⓒ Ⓓ   64. Ⓐ Ⓑ Ⓒ Ⓓ

21. Ⓐ Ⓑ Ⓒ Ⓓ   43. Ⓐ Ⓑ Ⓒ Ⓓ   65. Ⓐ Ⓑ Ⓒ Ⓓ

22. Ⓐ Ⓑ Ⓒ Ⓓ   44. Ⓐ Ⓑ Ⓒ Ⓓ   66. Ⓐ Ⓑ Ⓒ Ⓓ

To compute your approximate scaled score:

_____ (number of correct answers) – _____ (number of incorrect answers) / 3 = _____ (raw score)

Now, go to page 183 to find out your approximate scaled score.

TEST 6

Part A

Directions: Read the following statements and the four suggested completions. Then choose the most appropriate completion and fill in the corresponding oval on the answer sheet.

1. ¿Por qué saliste sin zapatos? Tienes . . . muy sucios.

   (A) los pies
   (B) los brazos
   (C) las narices
   (D) las orejas

2. El profesor no había . . . que el examen era hoy.

   (A) visto
   (B) dicho
   (C) hecho
   (D) puesto

3. Este fin de semana toda la familia va a estar junta. Mis . . . acaban de llegar de Bolivia.

   (A) miembros
   (B) parejas
   (C) personajes
   (D) parientes

4. Si no recibes el paquete que te envié por correos, habla con el . . .

   (A) mesero
   (B) entrenador
   (C) cartero
   (D) dependiente

5. Me encanta el invierno porque podemos patinar en el . . .

   (A) hijo
   (B) hielo
   (C) techo
   (D) cielo

6. No he visto a . . . en esa tienda. Yo creo que es demasiado cara.

   (A) nadie
   (B) ningún
   (C) nada
   (D) nunca

7. En la esquina, . . . a la izquierda y allí está la tienda.

   (A) cruza
   (B) toca
   (C) dobla
   (D) baja

8. Hay muchas frutas en las . . . de los árboles.

   (A) ramas
   (B) raíces
   (C) hojas
   (D) flores

9. El jefe tuvo . . . cuando negoció este contrato.

   (A) lugar
   (B) éxito
   (C) cuentas
   (D) costumbres

10. Mañana tengo una . . . con el dueño de la compañía donde quiero trabajar.

    (A) película
    (B) salida
    (C) entrevista
    (D) mochila

continued . . .

11. Esta mañana me desperté muy temprano porque el teléfono . . . a las seis.

    (A) siguió
    (B) soñó
    (C) sintió
    (D) sonó

12. Esos . . . de Goya fueron descubiertos en una casa abandonada.

    (A) cuadros
    (B) lugares
    (C) pintores
    (D) vidrios

13. La familia Roca primero fue al zoológico y . . . fue de compras.

    (A) pues
    (B) entonces
    (C) anterior
    (D) tarde

14. No pude ver bien la obra de teatro porque me senté . . . un señor muy alto.

    (A) al lado de
    (B) detrás de
    (C) al fondo de
    (D) encima de

15. Ese actor está locamente enamorado . . . su esposa.

    (A) a
    (B) con
    (C) en
    (D) de

16. Le compramos varios libros a Gerardo para que no . . .

    (A) se aburriera
    (B) se mojara
    (C) se vistiera
    (D) se despertara

17. Regresemos a casa; no me . . . bien desde esta mañana.

    (A) quedo
    (B) caigo
    (C) muero
    (D) siento

18. Préstame unas . . . para cortar esas flores.

    (A) tijeras
    (B) cucharas
    (C) tazas
    (D) piedras

19. José, ayúdame a . . . el armario; quiero ponerlo al lado de la cama.

    (A) toser
    (B) tardar
    (C) empujar
    (D) echar

20. Nos encantó la película, cuando salimos del cine continuamos . . .

    (A) riéndonos
    (B) quejándonos
    (C) despidiéndonos
    (D) cansándonos

21. Este verano Mariano quiere trabajar de . . . en la piscina.

    (A) sacapuntas
    (B) paraguas
    (C) lavamanos
    (D) salvavidas

22. ¿ . . . cuándo no vas a Europa, Cecilia?

    (A) Desde
    (B) Entre
    (C) Para
    (D) Según

go on to the next page . . .

23. En cuanto Alberto llegó, nosotros . . . la cena.

   (A) serviremos
   (B) servimos
   (C) serviríamos
   (D) sirvamos

24. Señor Juárez, . . . presento a mi tío Carlos y a su esposa Elsa.

   (A) se
   (B) los
   (C) le
   (D) les

25. Antes de decidir lo que vas a hacer, piensa . . . las consecuencias.

   (A) a
   (B) en
   (C) con
   (D) por

26. El año pasado el director nos . . . salir a menudo de la escuela para almorzar.

   (A) nos permitía
   (B) nos permite
   (C) nos permita
   (D) nos permitiría

27. Esos televisores nuevos tienen más de . . . canales.

   (A) ciento
   (B) cien
   (C) cientos
   (D) centenario

28. Si tuviera tiempo, . . . al lago por unos días.

   (A) iría
   (B) iré
   (C) iba
   (D) fui

29. Ya . . . las diez y Humberto todavía no había llegado.

   (A) era
   (B) eran
   (C) fue
   (D) fueron

30. Susana, ve al cuarto y . . . las tareas antes de salir.

   (A) haces
   (B) haga
   (C) hagas
   (D) haz

31. Carmen prefiere que yo . . . las raquetas de tenis.

   (A) llevaré
   (B) llevé
   (C) lleve
   (D) llevo

32. Tráeme . . . abrelatas que está en la cocina, por favor.

   (A) las
   (B) los
   (C) el
   (D) la

33. ¡Qué cómico! Esos chicos no . . . bailar.

   (A) sepan
   (B) saben
   (C) conocen
   (D) conozcan

34. Hace más de una hora que estamos esperando el tren. ¿Cuándo . . . ?

   (A) llegué
   (B) llegará
   (C) llegara
   (D) llegue

continued . . .

35. Ellos siguieron . . . en el campo hasta que empezó a llover.

    (A) trabajado
    (B) trabajar
    (C) trabajando
    (D) trabajados

36. Quédate en la casa hasta que yo . . .

    (A) regrese
    (B) regresaré
    (C) regresé
    (D) regresara

37. Me puse los zapatos cuando me pidieron que . . .

    (A) salga
    (B) saliera
    (C) saldría
    (D) salía

38. Su madre les prohibiría cruzar la calle en esa esquina si ella . . . lo peligroso que es.

    (A) sabría
    (B) supo
    (C) supiera
    (D) sabrá

39. Niegan que . . . clases mañana.

    (A) hay
    (B) haya
    (C) habrá
    (D) hubo

go on to the next page . . .

Part B

Directions: In the following passages some words or phrases are missing. For each blank, four possible completions are given. Read the entire passage to get an idea of its content, then select the most appropriate completion, taking into consideration the overall meaning of the passage. Fill in the corresponding oval on the answer sheet.

      ¡Qué buena idea! El artículo en el que sugieren hacer regalos comestibles me encantó. Cada fin de año me _____(40)_____ porque hay _____(41)_____ gente a la que _____(42)_____ darle aunque sea un detalle pequeño y no me alcanza el dinero. Con las ideas que encontré en la revista pude _____(43)_____ mi propósito sin desequilibrar mi presupuesto. _____(44)_____ mucho las cajas y los ángeles _____(45)_____ con chocolate, ¿cuándo van a publicar un artículo más amplio sobre _____(46)_____ tema? Por favor, no dejen de _____(47)_____ porque tengo gran interés en aprender a manejar el chocolate. También quisiera pedirles sugerencias económicas para regalarle a las amigas y _____(48)_____ el día de San Valentín.

40. (A) me despierto
    (B) me atrevo
    (C) me acuerdo
    (D) me angustio

41. (A) mucho
    (B) mucha
    (C) muchos
    (D) muchas

42. (A) quisiera
    (B) quiera
    (C) habré querido
    (D) haya querido

43. (A) llegar a ser
    (B) llevar a cabo
    (C) tener éxito
    (D) estar lista

44. (A) Me gusta
    (B) Me gustaron
    (C) Me gustara
    (D) Me gustaran

45. (A) vistos
    (B) dichos
    (C) hechos
    (D) puestos

46. (A) este
    (B) esto
    (C) esta
    (D) éste

47. (A) olvidarme
    (B) ponerme
    (C) avisarme
    (D) contarme

48. (A) al par
    (B) al dúo
    (C) a la segunda
    (D) a la pareja

continued . . .

Durante años, los latinoamericanos ____(49)____ a España desde "la madre patria" hasta "la tierra de los conquistadores". Pero, muy rara vez se exploran sus raíces. Si bien Andalucía y el País Vasco ____(50)____ encuentran en los extremos geográficos y culturales opuestos, su influencia mora y vasca le ____(51)____ color al panorama cultural español ya de por sí diverso.

San Sebastián se anida entre la bahía de Vizcaya y los Pirineos, ____(52)____ la frontera francesa. Es una ciudad cosmopolita ____(53)____ ciudadanos se apasionan por su cocina y deportes, ____(54)____ como por su política. Su sofisticación cultural y elegantes balnearios atraen a visitantes internacionales y se le conoce como la Riviera Francesa de España. Aunque ____(55)____ podría pasarse todas las vacaciones relajándose en sus playas, ____(56)____ de los vascos es su cocina. En la parte vieja de la ciudad, puedes saborear delicias del mar y luego dar una caminata ____(57)____ la playa La Concha.

Al otro extremo de la península ibérica, en la ciudad de Granada, en la región de Andalucía, se perfilan las torres de la Alhambra, el palacio moro compuesto de distintos ____(58)____ y hermosos ____(59)____. A poca distancia de este baluarte de la cultura árabe ____(60)____ el Albaicín, uno de los barrios moros más grandes que aún existen en España. Sus callejuelas de adoquines repletas de pequeñas tiendas te llevan a Sacromonte, cuyas cuevas vibran con el ritmo flamenco de los gitanos. Tras visitar esta provincia, entiendes por qué ____(61)____ la fuente de inspiración del poeta Federico García Lorca, quien ____(62)____ y murió en Granada.

49. (A) llamen
    (B) hayan llamado
    (C) hubieran llamado
    (D) han llamado

50. (A) las
    (B) le
    (C) se
    (D) lo

51. (A) avisan
    (B) pintan
    (C) piden
    (D) agregan

52. (A) cerca de
    (B) después de
    (C) encima de
    (D) enfrente de

53. (A) cuya
    (B) cuyos
    (C) quien
    (D) quienes

54. (A) tanta
    (B) tantas
    (C) tanto
    (D) tantos

55. (A) algún
    (B) uno
    (C) un
    (D) algunos

56. (A) el dolor
    (B) la mentira
    (C) la razón
    (D) el orgullo

57. (A) a lo largo de
    (B) a causa de
    (C) a diferencia de
    (D) a la distancia de

58. (A) caminos
    (B) techos
    (C) edificios
    (D) ríos

59. (A) jamones
    (B) jurados
    (C) juguetes
    (D) jardines

60. (A) encontrarás
    (B) encontraste
    (C) encontrabas
    (D) encontraras

61. (A) fuera
    (B) fue
    (C) hubiera sido
    (D) haya sido

62. (A) nacerá
    (B) nacía
    (C) ha nacido
    (D) nació

go on to the next page . . .

Part C

> <u>Directions</u>: In this part you will read several passages that will test your comprehension. After each passage, a number of questions or incomplete statements appear. Choose the most appropriate answer or completion, taking into consideration the overall meaning of the passage. Fill in the corresponding oval on the answer sheet.

La empleada del gobierno tomó mi vieja tarjeta del Social Security, la rompió por la mitad y me dijo: "Ésta ya no la necesitará". Y sin pensarlo dos veces, tiró los trozos de mi identidad a la basura.

Line
5 "Ahí va Liliana Olivares que tanto se esforzó para llegar a ser quien es", pensé mientras trataba de contener las lágrimas. "Que descanse en paz en el basurero gubernamental".

Salí de la oficina del Social Security con mi nueva tarjeta (número viejo, nombre nuevo) y con el corazón lleno de tristeza. Me pregunté si otras mujeres pasan por este duelo cuando cambian el apellido de su padre por el de su esposo.

No estaba tan segura del porqué de mi pesar, ya que cuando estaba en la secundaria odiaba
10 mi nombre y quería cambiarlo por algo más "americano" como Lillian Chandler. Quizás se debía a que tuve que cambiar mi apellido justo cuando por fin me sentía orgullosa de él. O tal vez porque al mi padre no tener hijos varones, el apellido desaparecía.

A lo mejor me sentía mal por haber cedido tan rápido cuando, ante mi pedido de usar ambos apellidos con un guión entre medio, la empleada del gobierno me dijo que no lo hiciera
15 ya que me crearía problemas con la burocracia gubernamental en el futuro. Así que en vez de insistir en Olivares-Pérez, me conformé con convertir mi apellido en segundo nombre y ser Liliana O. Pérez por el resto de mi vida.

Mis amigas, sobre todo las solteras mayores de 30 años, no entendían mi melodrama. "Yo me muero de ganas de casarme. No tendré ningún problema en cambiar mi apellido a
20 Benson o a lo que sea", dijo una de ellas.

Mi esposo tampoco comprendió mi dilema. Para él era normal que yo compartiera el apellido del hombre que me quiere tanto que me ha ofrecido que deje mi trabajo por un año para dedicarme a escribir.

Cuando le conté todo esto a mi mamá, ella se rió recordándome que si estuviera en su
25 México natal, mi nombre hubiera sido Liliana Olivares "de" Pérez.

Aquí existen otras opciones ya que una puede quedarse con su apellido, lo puede combinar con el del esposo o inventarse uno totalmente nuevo. Pero no importa qué decidas. Como mujer, ya no te sientes completa.

Sin embargo, cuando me despierto por las mañanas junto al hombre maravilloso cuyo
30 nombre llevo, sé que después de todo no es nada malo ser Liliana O. Pérez.

63. ¿Cómo se sintió Liliana Olivares al salir de la oficina de Social Security?

(A) Deprimida
(B) Envigorada
(C) Feliz
(D) Enloquecida

64. ¿Qué le pasaba a Liliana Olivares cuando estaba en la secundaria?

(A) No le gustaba su nombre
(B) No la llamaban por su nombre
(C) Pesaba mucho
(D) Le encantaba su apellido

continued . . .

65. La Sra. Olivares temía que su apellido desapareciera porque . . .

    (A) su padre había muerto
    (B) ella no tenía hermanos
    (C) su familia había inmigrado
    (D) ella no se sentía orgullosa de él

66. ¿Qué le sugirió la empleada del gobierno a Liliana?

    (A) Que luchara contra la burocracia del gobierno
    (B) Que esperara más tiempo para tomar una decisión
    (C) Que no usara dos apellidos
    (D) Que se casara con un americano

67. La letra "O" en el nombre completo de Liliana representa . . .

    (A) el apellido de ella antes de casarse
    (B) el apellido de su esposo
    (C) el nombre de su padre
    (D) el nombre de uno de sus parientes

68. Según Liliana, con respecto a su dilema, sus amigas parecían tener una actitud . . .

    (A) festiva
    (B) incomprensiva
    (C) humorosa
    (D) indiferente

69. Una amiga le dijo a Liliana que ella . . .

    (A) comprendía su melodrama
    (B) estaba de acuerdo con su decisión
    (C) tuvo problemas cuando cambió su apellido
    (D) tenía muchas ganas de casarse

70. La oferta de su esposo, le permitiría a Liliana . . .

    (A) regresar a su país natal
    (B) inventarse un apellido nuevo
    (C) no tener que mudarse con su madre
    (D) no trabajar por cierto tiempo

71. ¿Cuál parece ser la profesión de la Sra. Olivares?

    (A) Política
    (B) Trabajadora social
    (C) Escritora
    (D) Abogada de inmigración

72. Según Liliana, después de casarse, una mujer se considera . . .

    (A) sola
    (B) indecisa
    (C) incompleta
    (D) protegida

73. Al final de la selección podemos decir que Liliana . . .

    (A) tiene problemas con su esposo
    (B) ha aceptado su situación
    (C) se lleva mal con los hombres
    (D) todavía odia su nombre

74. ¿Cómo parece ser la relación entre Liliana y su esposo?

    (A) Un poco distanciada
    (B) Llena de drama
    (C) Sin espontaneidad
    (D) Muy amorosa

go on to the next page . . .

LA MEJOR CREMA EN EL MERCADO

Les da el brillo que merecen sus zapatos. Los protege de la lluvia y de la nieve.

Su color neutral le permite usarla en zapatos marrones o negros... ¡y sus manos, . . . limpias!

¡Cómprela! ¡Usela! Y... ¡Brille!

75. ¿Cuál es una ventaja de esta crema?

    (A) Evita que Ud. se caiga en la nieve

    (B) Se puede usar en todas las estaciones

    (C) Contribuye a hacer más suave los zapatos

    (D) Hace que sus zapatos resplandezcan

76. ¿Qué dice el anuncio sobre el color de la crema?

    (A) No se puede usar con zapatos de colores

    (B) No ensucia las manos de quien la use

    (C) Está disponible en tres colores

    (D) Protege los pies de quien la use

continued . . .

Llegó hasta las primeras calles de la ciudad y en una de ellas encontró una lechería. Era un negocio muy claro y limpio, lleno de mesitas con cubiertas de mármol. Detrás de un mostrador estaba de pie una señora rubia con un delantal blanquísimo.

Line
5 Eligió ese negocio. La calle era poco transitada. Habría podido comer en uno de esos figones que estaban junto al muelle, pero se encontraban llenos de gente que jugaba y bebía.

En la lechería no había sino un cliente. Era un vejete de anteojos, que con la nariz metida entre las hojas de un periódico, leyendo, permanecía inmóvil, como pegado a la silla. Sobre la mesita había un vaso de leche a medio consumir.

Esperó que se retirara, paseando por la acera, sintiendo que poco a poco se le encendía
10 en el estómago la quemadura de antes, y esperó cinco, diez, hasta quince minutos. Se cansó y paróse a un lado de la puerta, desde donde lanzaba* al viejo unas miradas que parecían pedradas**.

¡Qué diablos leería con tanta atención! Llegó a imaginarse que era un enemigo suyo, quien, sabiendo sus intenciones, se hubiera propuesto entorpecerlas. Le daban ganas de entrar
15 y decirle algo fuerte que le obligara a marcharse, una grosería o una frase que le indicara que no tenía derecho a permanecer una hora sentado, y leyendo, por un gasto tan reducido.

Por fin el cliente terminó su lectura, o por lo menos, la interrumpió. Se bebió de un sorbo el resto de la leche que contenía el vaso, se levantó pausadamente, pagó y dirigióse a la puerta. Salió; era un vejete encorvado, con trazas de carpintero o barnizador.

20 Apenas estuvo en la calle, afirmóse los anteojos, metió de nuevo la nariz entre las hojas del periódico y se fue, caminando despacito y deteniéndose cada diez pasos para leer con más detenimiento.

*__lanzaba__—threw
**__pedradas__—stones

77. ¿Quién parece ser la señora rubia?

   (A) Una cantante
   (B) Una enfermera
   (C) Una monja
   (D) Una dependienta

78. En la calle donde la persona que se describe había encontrado el negocio, había . . .

   (A) personas bebiendo
   (B) poca gente
   (C) gente jugando
   (D) muchos coches

79. El señor que estaba en la lechería parece estar . . .

   (A) muy concentrado en la lectura
   (B) peleando con la señora que le sirve
   (C) oliendo la comida que le traen
   (D) nervioso al ver a la persona que se describe

80. ¿Qué esperaba la persona que se describe?

   (A) Que saliera la señora
   (B) Que se llenara al lechería
   (C) Que terminara el juego
   (D) Que se fuera el cliente

81. Después de pararse a un lado de la puerta, la persona que se describe . . .

   (A) empezó a lanzar piedras
   (B) saludó al cliente
   (C) siguió mirando al cliente
   (D) continuó leyendo el periódico

82. ¿De qué tenía ganas la persona que se describe?

   (A) De leer el periódico del cliente
   (B) De sentarse en la acera
   (C) De pedirle al cliente que se fuera
   (D) De marcharse del lugar donde estaba

go on to the next page . . .

83. ¿Cómo se puede describir la actitud de la persona que se describe?

    (A) Impaciente
    (B) Avergonzada
    (C) Comprensible
    (D) Cariñosa

84. ¿Qué hizo el cliente antes de levantarse?

    (A) Le gritó a la señora.
    (B) Terminó lo que bebía.
    (C) Le dio el periódico a la señora.
    (D) Pagó lo que debía.

85. Podemos decir que cuando el viejo salió a la calle . . .

    (A) no podía mover las piernas
    (B) no tenía prisa
    (C) se le había olvidado el periódico
    (D) se sentía intranquilo

STOP

TEST 7

Answer Sheet

1. Ⓐ Ⓑ Ⓒ Ⓓ	23. Ⓐ Ⓑ Ⓒ Ⓓ	45. Ⓐ Ⓑ Ⓒ Ⓓ	67. Ⓐ Ⓑ Ⓒ Ⓓ
2. Ⓐ Ⓑ Ⓒ Ⓓ	24. Ⓐ Ⓑ Ⓒ Ⓓ	46. Ⓐ Ⓑ Ⓒ Ⓓ	68. Ⓐ Ⓑ Ⓒ Ⓓ
3. Ⓐ Ⓑ Ⓒ Ⓓ	25. Ⓐ Ⓑ Ⓒ Ⓓ	47. Ⓐ Ⓑ Ⓒ Ⓓ	69. Ⓐ Ⓑ Ⓒ Ⓓ
4. Ⓐ Ⓑ Ⓒ Ⓓ	26. Ⓐ Ⓑ Ⓒ Ⓓ	48. Ⓐ Ⓑ Ⓒ Ⓓ	70. Ⓐ Ⓑ Ⓒ Ⓓ
5. Ⓐ Ⓑ Ⓒ Ⓓ	27. Ⓐ Ⓑ Ⓒ Ⓓ	49. Ⓐ Ⓑ Ⓒ Ⓓ	71. Ⓐ Ⓑ Ⓒ Ⓓ
6. Ⓐ Ⓑ Ⓒ Ⓓ	28. Ⓐ Ⓑ Ⓒ Ⓓ	50. Ⓐ Ⓑ Ⓒ Ⓓ	72. Ⓐ Ⓑ Ⓒ Ⓓ
7. Ⓐ Ⓑ Ⓒ Ⓓ	29. Ⓐ Ⓑ Ⓒ Ⓓ	51. Ⓐ Ⓑ Ⓒ Ⓓ	73. Ⓐ Ⓑ Ⓒ Ⓓ
8. Ⓐ Ⓑ Ⓒ Ⓓ	30. Ⓐ Ⓑ Ⓒ Ⓓ	52. Ⓐ Ⓑ Ⓒ Ⓓ	74. Ⓐ Ⓑ Ⓒ Ⓓ
9. Ⓐ Ⓑ Ⓒ Ⓓ	31. Ⓐ Ⓑ Ⓒ Ⓓ	53. Ⓐ Ⓑ Ⓒ Ⓓ	75. Ⓐ Ⓑ Ⓒ Ⓓ
10. Ⓐ Ⓑ Ⓒ Ⓓ	32. Ⓐ Ⓑ Ⓒ Ⓓ	54. Ⓐ Ⓑ Ⓒ Ⓓ	76. Ⓐ Ⓑ Ⓒ Ⓓ
11. Ⓐ Ⓑ Ⓒ Ⓓ	33. Ⓐ Ⓑ Ⓒ Ⓓ	55. Ⓐ Ⓑ Ⓒ Ⓓ	77. Ⓐ Ⓑ Ⓒ Ⓓ
12. Ⓐ Ⓑ Ⓒ Ⓓ	34. Ⓐ Ⓑ Ⓒ Ⓓ	56. Ⓐ Ⓑ Ⓒ Ⓓ	78. Ⓐ Ⓑ Ⓒ Ⓓ
13. Ⓐ Ⓑ Ⓒ Ⓓ	35. Ⓐ Ⓑ Ⓒ Ⓓ	57. Ⓐ Ⓑ Ⓒ Ⓓ	79. Ⓐ Ⓑ Ⓒ Ⓓ
14. Ⓐ Ⓑ Ⓒ Ⓓ	36. Ⓐ Ⓑ Ⓒ Ⓓ	58. Ⓐ Ⓑ Ⓒ Ⓓ	80. Ⓐ Ⓑ Ⓒ Ⓓ
15. Ⓐ Ⓑ Ⓒ Ⓓ	37. Ⓐ Ⓑ Ⓒ Ⓓ	59. Ⓐ Ⓑ Ⓒ Ⓓ	81. Ⓐ Ⓑ Ⓒ Ⓓ
16. Ⓐ Ⓑ Ⓒ Ⓓ	38. Ⓐ Ⓑ Ⓒ Ⓓ	60. Ⓐ Ⓑ Ⓒ Ⓓ	82. Ⓐ Ⓑ Ⓒ Ⓓ
17. Ⓐ Ⓑ Ⓒ Ⓓ	39. Ⓐ Ⓑ Ⓒ Ⓓ	61. Ⓐ Ⓑ Ⓒ Ⓓ	83. Ⓐ Ⓑ Ⓒ Ⓓ
18. Ⓐ Ⓑ Ⓒ Ⓓ	40. Ⓐ Ⓑ Ⓒ Ⓓ	62. Ⓐ Ⓑ Ⓒ Ⓓ	84. Ⓐ Ⓑ Ⓒ Ⓓ
19. Ⓐ Ⓑ Ⓒ Ⓓ	41. Ⓐ Ⓑ Ⓒ Ⓓ	63. Ⓐ Ⓑ Ⓒ Ⓓ	85. Ⓐ Ⓑ Ⓒ Ⓓ
20. Ⓐ Ⓑ Ⓒ Ⓓ	42. Ⓐ Ⓑ Ⓒ Ⓓ	64. Ⓐ Ⓑ Ⓒ Ⓓ	
21. Ⓐ Ⓑ Ⓒ Ⓓ	43. Ⓐ Ⓑ Ⓒ Ⓓ	65. Ⓐ Ⓑ Ⓒ Ⓓ	
22. Ⓐ Ⓑ Ⓒ Ⓓ	44. Ⓐ Ⓑ Ⓒ Ⓓ	66. Ⓐ Ⓑ Ⓒ Ⓓ	

To compute your approximate scaled score:

____ (number of correct answers) – ____ (number of incorrect answers) / 3 = ____ (raw score)

Now, go to page 183 to find out your approximate scaled score.

TEST 7

Part A

Directions: Read the following statements and the four suggested completions. Then choose the most appropriate completion and fill in the corresponding oval on the answer sheet.

1. Cuando salimos del avión no encontramos el . . . donde llevábamos la ropa.

    (A) maletero
    (B) cartero
    (C) equipaje
    (D) escritorio

2. ¿Por qué no . . . un coche para visitar la ruinas de Chichen Itza?

    (A) permites
    (B) alquilas
    (C) prestas
    (D) enseñas

3. Dicen que Ricardo no fue . . . a la reunión de ayer.

    (A) tampoco
    (B) nadie
    (C) también
    (D) nada

4. Javier trató de . . . la computadora porque no podíamos usar el nuevo programa.

    (A) llorar
    (B) pasear
    (C) secar
    (D) arreglar

5. Cuando entramos en el cine ya habían . . . las luces y no pudimos encontrar a Julieta.

    (A) regalado
    (B) apagado
    (C) tocado
    (D) dicho

6. Elena busca los . . . para servir la limonada.

    (A) cuadernos
    (B) cuadros
    (C) vasos
    (D) asientos

7. Esa mesa es demasiado grande; no . . . en el comedor.

    (A) pasa
    (B) cabe
    (C) pesa
    (D) mide

8. Teresita se miró en . . . y se dio cuenta de que no se había peinado.

    (A) el espejo
    (B) el cristal
    (C) la pared
    (D) la cortina

9. Carlos antes de salir ponte . . . guantes.

    (A) las
    (B) los
    (C) tuyas
    (D) tuyos

10. Este pañuelo me gusta, pero . . . que está allá es mi favorito.

    (A) este
    (B) aquel
    (C) aquél
    (D) éste

continued . . .

11. Yo subía al tercer piso cuando me encontré con Graciela en . . .

    (A) las paredes
    (B) la escalera
    (C) los muebles
    (D) el piso

12. Si no haces una lista de todo lo que tienes que hacer, . . . de algo.

    (A) te perderás
    (B) te esconderás
    (C) te enojarás
    (D) te olvidarás

13. Cuando termines de leer los periódicos, échalos a la . . .

    (A) basura
    (B) máquina
    (C) bañadera
    (D) pizarra

14. ¿Por qué no me vienes a visitar . . . ir a la playa hoy?

    (A) cada vez
    (B) otra vez
    (C) a veces
    (D) en vez de

15. Esos bolígrafos no son para ti . . . para Alberto.

    (A) sino
    (B) pero
    (C) sino que
    (D) sin

16. César, tú no sabes nadar. Te vas a . . . si te vas demasiado lejos.

    (A) ahogar
    (B) pintar
    (C) acostar
    (D) parecer

17. Después de su enfermedad, Julio se siente muy . . .

    (A) peligroso
    (B) lleno
    (C) seguro
    (D) débil

18. Compramos un coche grande . . . viajar por todo el país.

    (A) a
    (B) por
    (C) para
    (D) de

19. No puedo caminar, estos zapatos me quedan . . .

    (A) bajos
    (B) limpios
    (C) largos
    (D) estrechos

20. Esa alfombra es demasiado grande; . . . más de diez pies.

    (A) mide
    (B) enseña
    (C) sube
    (D) pinta

21. A ese señor se le cayó todo el pelo; está completamente . . .

    (A) ciego
    (B) calvo
    (C) cojo
    (D) zurdo

22. Desde que tuviste el accidente, cada vez que veo la ambulancia, . . . asusto.

    (A) me
    (B) mi
    (C) yo
    (D) mí

23. Al . . . a Patricia me di de cuenta de que ella estaba feliz.

    (A) saludando
    (B) saludaba
    (C) saludar
    (D) saludé

24. Isabel se sorprendió cuando su novio no le . . . nada para su cumpleaños.

    (A) hubiera dado
    (B) habría dado
    (C) daría
    (D) dio

go on to the next page . . .

25. Yo he ido . . . veces al hospital que ya conozco a todo el mundo.

    (A) tanto
    (B) tantos
    (C) tantas
    (D) tan

26. ¡No . . . mientras conduces! Vas a tener un accidente.

    (A) lees
    (B) lea
    (C) leíste
    (D) leas

27. No te . . . tanto el billete si lo compraras dos semanas antes de salir de viaje.

    (A) costará
    (B) cuesta
    (C) costaría
    (D) costó

28. Ella temía que tú no . . . pasar unos días con nosotros.

    (A) pudieras
    (B) podrías
    (C) podrás
    (D) podías

29. Yo no dejé de buscarlo hasta que yo lo . . .

    (A) encontraré
    (B) encuentro
    (C) encontré
    (D) encuentre

30. Por favor, dile a Elena que yo no . . . ir con ella.

    (A) podré
    (B) pudiera
    (C) pueda
    (D) haya podido

31. Antes de salir de la casa yo siempre . . . la ropa.

    (A) recogía
    (B) recojo
    (C) recoja
    (D) recogí

32. Te invitaría a cenar si yo . . . suficiente dinero.

    (A) tengo
    (B) tuviera
    (C) tendría
    (D) tenía

continued . . .

Part B

Directions: In the following passages some words or phrases are missing. For each blank, four possible completions are given. Read the entire passage to get an idea of its content, then select the most appropriate completion, taking into consideration the overall meaning of the passage. Fill in the corresponding oval on the answer sheet.

Oí el ruido seco de la puerta y el taconeo de Cristina, subiendo la escalera. Tardé ____ (33) ____ en salir de mi escondite y en fingir que ____ (34) ____ de llegar. A pesar de ____ (35) ____ comprobado la inocencia del diálogo, no sé por qué, una sorda desconfianza comenzó a devorarme. Me ____ (36) ____ que había presenciado una representación de teatro y que la realidad era otra. No confesé a Cristina que había sorprendido la visita de esa muchacha. Esperé los acontecimientos, temiendo siempre que Cristina ____ (37) ____ mi mentira, lamentando que ____ (38) ____ instalados en ese barrio. Yo pasaba todas las tardes por la plaza que ____ (39) ____ frente a la ____ (40) ____ de Santa Felicitas, para comprobar si Cristina había acudido* a la ____ (41) ____. Cristina parecía no advertir mi inquietud. A veces llegué a ____ (42) ____ que yo había soñado. Abrazando al perro, un día Cristina me ____ (43) ____:
—¿Te gustaría que me ____ (44) ____ Violeta?
—No me gusta el nombre de las ____ (45) ____.
—Pero Violeta es lindo. Es un color.
—Prefiero tu ____ (46) ____.

*acudido—turned up

33. (A) un rato
    (B) una vez
    (C) una época
    (D) una
       temporada

34. (A) acabará
    (B) acababa
    (C) acabara
    (D) acabe

35. (A) haber
    (B) tener
    (C) ser
    (D) estar

36. (A) pensó
    (B) creyó
    (C) llamó
    (D) pareció

37. (A) descubrirá
    (B) descubre
    (C) descubrió
    (D) descubriera

38. (A) estamos
    (B) hemos estado
    (C) estuviéramos
    (D) estando

39. (A) tiene
    (B) sitúa
    (C) es
    (D) queda

40. (A) camisa
    (B) iglesia
    (C) primavera
    (D) fresa

41. (A) cita
    (B) nube
    (C) ropa
    (D) cartera

42. (A) mover
    (B) huir
    (C) creer
    (D) devolver

43. (A) preguntara
    (B) preguntó
    (C) pidiera
    (D) pidió

44. (A) llamó
    (B) llamaría
    (C) llamara
    (D) llamaba

45. (A) flores
    (B) comidas
    (C) salas
    (D) tiendas

46. (A) dirección
    (B) nombre
    (C) asignatura
    (D) lectura

go on to the next page . . .

Nacida en Los Ángeles, Dora De Larios encontró su vocación en la tierra de sus padres cuando _____ (47) _____ el museo de arqueología en Ciudad de México a la _____ (48) _____ de ocho años. Las esculturas que allí _____ (49) _____, especialmente el calendario azteca, la llenaron de _____ (50) _____ y la inspiraron a crear sus propios monumentos utilizando cemento, barro, cerámica y metal. Medio _____ (51) _____ después, su arte se puede apreciar en decenas de parques, hoteles y edificios en su _____ (52) _____ natal. Además, sus esculturas han estado en un sinnúmero de exhibiciones tanto en galerías _____ (53) _____ en museos.

Además de sus influencias mexicanas, su arte refleja sus estudios académicos _____ (54) _____ arte y religión de la antigüedad, sus viajes _____ (55) _____ del mundo y su crianza en la diversidad cultural de Los Ángeles. De Larios se atribuye muy poco del crédito por sus creaciones. Ella dice que simplemente revela lo que _____ (56) _____ existe en los materiales que utiliza. "Trabajar con barro siempre ha _____ (57) _____ un misterio", dice. "Hasta que _____ (58) _____ por el fuego no _____ (59) _____ lo que pasará".

47. (A) visitaría
    (B) visite
    (C) visitara
    (D) visitó

48. (A) edad
    (B) época
    (C) hora
    (D) vez

49. (A) haya visto
    (B) vea
    (C) vio
    (D) verá

50. (A) orgullo
    (B) mentira
    (C) salud
    (D) sentimiento

51. (A) tiempo
    (B) siglo
    (C) cuarto
    (D) ciento

52. (A) habitación
    (B) ciudad
    (C) vivienda
    (D) mundo

53. (A) que
    (B) cual
    (C) cuanto
    (D) como

54. (A) cerca
    (B) dentro
    (C) sobre
    (D) entre

55. (A) a menudo
    (B) además
    (C) en lugar
    (D) alrededor

56. (A) ya
    (B) hacia
    (C) según
    (D) entre

57. (A) ser
    (B) sido
    (C) siendo
    (D) es

58. (A) pase
    (B) pasaría
    (C) pasar
    (D) pasando

59. (A) supiste
    (B) supieras
    (C) sepas
    (D) sabes

continued . . .

Part C

Directions: In this part you will read several passages that will test your comprehension. After each passage, a number of questions or incomplete statements appear. Choose the most appropriate answer or completion, taking into consideration the overall meaning of the passage. Fill in the corresponding oval on the answer sheet.

Carretera. El regreso es aireado y fluido. Papá maneja plácidamente. Mamá y abuela respiran plácidamente.

Papá: Después de todo, ver el mar fue un descanso, valió la pena.

Line
5   *Mamá*: ¡Claro que valió la pena! Las niñas se divirtieron y además encontré las sandalias que quería a mitad de precio.

Abuela: Yo tuve suficiente como para muchos años. Ustedes diviértanse cuantas veces quieran. Déjenme aburrirme en mi casa.

Mamá: Es por las niñas, mamá, ellas son felices saliendo. ¡Nos lo han pedido tanto! Ya es justo, no podemos ser tan egoístas.

10   *Abuela*: A ver si no se enferman.

Papá, con buen humor: Aquí nadie se enferma, mire, es aire puro, asómese, ¿vio? ¿A poco no le gustaría otro paseíto?

La abuela sonríe con picardía, en el fondo sí le gustaría.

Papá continúa: ¡La invitamos, faltaba más! Vamos pensando en otro paseíto el próximo
15   fin de semana. Ya fue mucho fútbol, estar sentadotes. Y ahora que tenemos coche nuevo, ¿verdad niñas? ¿A dónde les gustaría ir? ¡Ustedes mandan!

Las niñas no contestan. Abatidas, exhaustas, se vuelven a mirar tristemente el paisaje desde la ventanilla.

Los adultos se arrebatan la palabra:
20   —¿El campo?
—¡El mar, otra vez!
—Mejor en la montaña.
—¿No se enfermarán?
—Acampamos y todo.
25   —Primero hay que revisar el coche.
—Pero . . . ¿y los mosquitos?

60. ¿Dónde están las personas que hablan?

    (A) En un barco
    (B) En un coche
    (C) En un avión
    (D) En un autobús

61. ¿De dónde vienen las personas?

    (A) De las montañas
    (B) De la playa
    (C) Del río
    (D) De la casa de la abuela

go on to the next page . . .

62. ¿Qué dice la mamá de las sandalias?

    (A) Que eran feas
    (B) Que estaban rotas
    (C) Que eran baratas
    (D) Que las perdió

63. La abuela les dice a las otras personas que ella . . .

    (A) no saldrá con ellos otra vez
    (B) no se aburre en su casa
    (C) es demasiado vieja
    (D) quiere divertirse más

64. El padre le dice a las niñas que ellas deben . . .

    (A) escoger adónde quieren ir
    (B) quedarse en su casa
    (C) mirar los partidos de fútbol
    (D) conducir el coche nuevo

65. Al final de la selección las personas hablan sobre . . .

    (A) su nueva casa en el campo
    (B) el paisaje que miran
    (C) la geografía del área
    (D) su próximo viaje

66. El tema principal de esta selección es . . .

    (A) las enfermedades de los ancianos
    (B) el egoísmo de los niños
    (C) unas vacaciones
    (D) la naturaleza

continued . . .

SUPERMERCADOS TOLEDANOS

La calidad que Ud. merece

En los últimos días han circulado rumores y hasta mensajes anónimos por el internet que declaran que nuestra compañía no mantiene sus alimentos de acuerdo con las guías del Departamento de Salud.

Los Supermercados Toledanos les aseguran a sus clientes que sus productos se procesan en lugares limpios y que cada uno de nuestros supermercados posee la refrigeración necesaria para mantener los productos comestibles con la frescura y limpieza necesaria.

Para resolver este caso necesitamos que Ud. lleve cualquier correspondencia que reciba a su supermercado más cercano. Las autoridades competentes han iniciado investigaciones para identificar los culpables de estas mentiras. Su información sobre este caso es de suma importancia.

Protegemos la salud de su familia para proteger nuestra reputación.

67. ¿Cuál es el propósito de este anuncio?

   (A) Anunciar un nuevo supermercado
   (B) Informar al público un nuevo servicio por el Internet
   (C) Negar ciertas acusaciones sobre un supermercado
   (D) Dar sugerencias para mantenerse saludable

68. ¿Qué sugieren que Ud. haga?

   (A) Hacer compras cerca de su casa
   (B) Limpiar bien los alimentos
   (C) Poner los alimentos en el refrigerador
   (D) Ayudar a las autoridades con el caso

go on to the next page . . .

En casa mamá le dijo que se diera un baño: "no sé cómo puedes soportar tanta mugre, mírate en el espejo", le dijo. El polvo recogido en la batalla deportiva, mezclado con sudor, marcaba gruesas líneas irregulares en la frente y en las mejillas de Eugenio. Fue al baño y
Line se echó agua en el rostro y en el pelo, pero prescindió de la ducha. Después fue a sentarse
5 frente a mamá. Ya había renunciado a plantear que esa tarde había visto a su padre. En cambio, preguntó: "¿dónde está enterrado papá, por qué nunca vamos a poner flores en su tumba, como lo hacemos en la tumba de la abuela?"

Mamá levantó un instante la mirada de la revista que leía, dijo: "vete a dar un baño, ya hablaremos". Cuando Eugenio volvió estaba ella de codos sobre la mesa, con las manos
10 cubriéndole el rostro. Colocó al fin las palmas sobre la mesa y le dijo: "ya es hora de que te enfrentes a unos hechos más dolorosos que los del choque y la muerte en el hospital".

Atrajo la húmeda cabeza de Eugenio, la reclinó en su pecho y le dijo: "no había tenido valor para decirte toda la verdad, pero es tiempo de que la conozcas". Y refirió entonces que aquella noche el auto no dio un salto y salió del lodazal, sino que se fue deslizando en el
15 barro con gran lentitud, en dirección al río. Y ella, con el pequeño Eugenio desmayado en los brazos, veía a su padre luchar en el interior con los controles. Gritaba ella porque nada más podía hacer, y al fin el auto cayó al río y se hundió en las aguas. Mamá permaneció mucho tiempo en la orilla* aguardando** el milagro de la vuelta de papá. Nunca lo hallaron, ni siquiera rescataron el auto.
20 Eugenio separó la cabeza del pecho de mamá y fijó la mirada en un rostro*** en el que no había lágrimas ni angustia ni el asomo de un pesar . . . Fue a su cuarto y pasó muchas horas despierto, devastado por una feroz inquina contra algo que no alcanzaba a definir. Esa noche supo que su padre estaba vivo y algún día tendrían que encontrarse.

*orilla—bank
**aguardando—awaiting
***rostro—face

69. La mamá mandó a bañarse a Eugenio porque . . .

(A) estaba enojado
(B) estaba sucio
(C) estaba mojado
(D) estaba cubierto de sangre

70. ¿De dónde venía Eugenio?

(A) De participar en un juego
(B) De mirarse en el espejo
(C) De pintarse líneas en la frente
(D) De maquillarse las mejillas

71. Por la pregunta que hace Eugenio sabemos que él . . .

(A) quiere ir al cementerio
(B) desea morirse
(C) no quiere visitar a su abuela
(D) no sabe dónde está su padre

72. Al principio del segundo párrafo parece que la mamá . . .

(A) está enojada con Eugenio
(B) está muy ocupada
(C) no quería hablar en ese momento
(D) no le gustaba lo que leía

73. La mamá le dice a Eugenio que le va a hablar de algo . . .

(A) triste
(B) aburrido
(C) incomprensible
(D) entretenido

74. Por lo que le dice la mamá a Eugenio sabemos que ella . . .

(A) le decía la verdad siempre
(B) le ocultaba los dolores físicos
(C) le mentía al padre de Eugenio
(D) le había ocultado algo

continued . . .

75. ¿Por qué gritaba la mamá?

    (A) Porque Eugenio estaba muy enfermo
    (B) Porque ella no podía ayudar a su esposo
    (C) Porque ella había bebido mucha agua
    (D) Porque Eugenio no podía salir del auto

76. ¿Qué esperaba la mamá en la orilla del río?

    (A) La salida del auto
    (B) El regreso del padre
    (C) Los gritos de Eugenio
    (D) El comienzo de la lluvia

77. Según la mamá, ella cree que el padre de Eugenio . . .

    (A) se ahogó
    (B) se fue nadando
    (C) huyó en un auto
    (D) chocó con otro coche

78. Cuando Eugenio miró la cara de su mamá se dio cuenta de que ella . . .

    (A) no estaba despierta
    (B) se estaba riendo
    (C) se estaba limpiando
    (D) no estaba triste

79. ¿Qué supo Eugenio esa noche?

    (A) Que su madre estaba muy enferma
    (B) Que el hombre en el auto no era su padre
    (C) Que su padre no había muerto
    (D) Que su madre verdadera lo encontraría

go on to the next page . . .

Aquella noche, ni Sabina ni yo conseguiríamos dormirnos. Aquella noche—jamás la olvidaré—, Sabina y yo la pasamos entera sin dormimos, sin hablarnos, escuchando el lamento de la lluvia en los cristales y contando las horas que faltaban para que despuntara el nuevo
Line día. Antes de amanecer, Sabina se levantó a encender el fuego y a prepararle a Andrés el
5 desayuno. (Por la noche, mientras Andrés y yo cenábamos—uno enfrente del otro, en silencio, sin mirarnos—, ya le había hecho la maleta y la comida para el viaje.) Yo me quedé en la cama, hundido en la penumbra, escuchando la lluvia en los cristales y los pasos de Sabina en la cocina. No tardé en oír también las pisadas de Andrés por la escalera. Había un silencio extraño dentro de la casa. Un silencio que sólo años después volvería a recordar al
10 quedarme solo en ella tras la muerte de Sabina. Durante largo rato, inmóvil en la cama, inmóvil como ahora (si Andrés volviera a entrar, me encontraría exactamente igual que entonces), escruté aquel silencio tratando de saber lo que pasaba en la cocina. Pero no pude oír nada. Sólo, de vez en cuando, algún murmullo oscuro y desvaído me indicaba, a través de las paredes, que Sabina debía de estar dándole a Andrés los últimos consejos, las adver-
15 tencias últimas que la emoción de la despedida y la segura presencia de las lágrimas acabarían sin duda convirtiendo en súplicas: escríbenos, no hagas caso a tu padre, olvida lo que te dijo y vuelve siempre que quieras.

80. ¿Qué les sucedió a Sabina y al narrador la noche que describe?

    (A) No pudieron dormir.
    (B) No se acostaron temprano.
    (C) Se mojaron en la lluvia.
    (D) Se despertaron varias veces.

81. ¿Qué había preparado Sabina la noche anterior?

    (A) La cama
    (B) El equipaje
    (C) El desayuno
    (D) La reservación

82. ¿Cómo es el ambiente (*atmosphere*) en la casa?

    (A) Divertido
    (B) Tranquilo
    (C) Ruidoso
    (D) Peligroso

83. Mientras estaba en la cama, el narrador trataba de . . .

    (A) hacer ruido para despertar a Andrés
    (B) darle consejos a Sabina
    (C) escuchar lo que sucedía en la cocina
    (D) recordar las advertencias de Andrés

84. Al final de la selección, el narrador piensa que . . .

    (A) Andrés nunca se irá
    (B) Sabina se irá con Andrés
    (C) alguien va a llorar
    (D) él pronto se olvidará de Andrés

85. El narrador piensa que Sabina le dirá a Andrés que él . . .

    (A) debe expresar más sus emociones
    (B) debe salir sin despedirse
    (C) tiene que recordar los consejos del padre
    (D) puede regresar en cualquier momento

STOP

TEST 8

Answer Sheet

1. Ⓐ Ⓑ Ⓒ Ⓓ	23. Ⓐ Ⓑ Ⓒ Ⓓ	45. Ⓐ Ⓑ Ⓒ Ⓓ	67. Ⓐ Ⓑ Ⓒ Ⓓ
2. Ⓐ Ⓑ Ⓒ Ⓓ	24. Ⓐ Ⓑ Ⓒ Ⓓ	46. Ⓐ Ⓑ Ⓒ Ⓓ	68. Ⓐ Ⓑ Ⓒ Ⓓ
3. Ⓐ Ⓑ Ⓒ Ⓓ	25. Ⓐ Ⓑ Ⓒ Ⓓ	47. Ⓐ Ⓑ Ⓒ Ⓓ	69. Ⓐ Ⓑ Ⓒ Ⓓ
4. Ⓐ Ⓑ Ⓒ Ⓓ	26. Ⓐ Ⓑ Ⓒ Ⓓ	48. Ⓐ Ⓑ Ⓒ Ⓓ	70. Ⓐ Ⓑ Ⓒ Ⓓ
5. Ⓐ Ⓑ Ⓒ Ⓓ	27. Ⓐ Ⓑ Ⓒ Ⓓ	49. Ⓐ Ⓑ Ⓒ Ⓓ	71. Ⓐ Ⓑ Ⓒ Ⓓ
6. Ⓐ Ⓑ Ⓒ Ⓓ	28. Ⓐ Ⓑ Ⓒ Ⓓ	50. Ⓐ Ⓑ Ⓒ Ⓓ	72. Ⓐ Ⓑ Ⓒ Ⓓ
7. Ⓐ Ⓑ Ⓒ Ⓓ	29. Ⓐ Ⓑ Ⓒ Ⓓ	51. Ⓐ Ⓑ Ⓒ Ⓓ	73. Ⓐ Ⓑ Ⓒ Ⓓ
8. Ⓐ Ⓑ Ⓒ Ⓓ	30. Ⓐ Ⓑ Ⓒ Ⓓ	52. Ⓐ Ⓑ Ⓒ Ⓓ	74. Ⓐ Ⓑ Ⓒ Ⓓ
9. Ⓐ Ⓑ Ⓒ Ⓓ	31. Ⓐ Ⓑ Ⓒ Ⓓ	53. Ⓐ Ⓑ Ⓒ Ⓓ	75. Ⓐ Ⓑ Ⓒ Ⓓ
10. Ⓐ Ⓑ Ⓒ Ⓓ	32. Ⓐ Ⓑ Ⓒ Ⓓ	54. Ⓐ Ⓑ Ⓒ Ⓓ	76. Ⓐ Ⓑ Ⓒ Ⓓ
11. Ⓐ Ⓑ Ⓒ Ⓓ	33. Ⓐ Ⓑ Ⓒ Ⓓ	55. Ⓐ Ⓑ Ⓒ Ⓓ	77. Ⓐ Ⓑ Ⓒ Ⓓ
12. Ⓐ Ⓑ Ⓒ Ⓓ	34. Ⓐ Ⓑ Ⓒ Ⓓ	56. Ⓐ Ⓑ Ⓒ Ⓓ	78. Ⓐ Ⓑ Ⓒ Ⓓ
13. Ⓐ Ⓑ Ⓒ Ⓓ	35. Ⓐ Ⓑ Ⓒ Ⓓ	57. Ⓐ Ⓑ Ⓒ Ⓓ	79. Ⓐ Ⓑ Ⓒ Ⓓ
14. Ⓐ Ⓑ Ⓒ Ⓓ	36. Ⓐ Ⓑ Ⓒ Ⓓ	58. Ⓐ Ⓑ Ⓒ Ⓓ	80. Ⓐ Ⓑ Ⓒ Ⓓ
15. Ⓐ Ⓑ Ⓒ Ⓓ	37. Ⓐ Ⓑ Ⓒ Ⓓ	59. Ⓐ Ⓑ Ⓒ Ⓓ	81. Ⓐ Ⓑ Ⓒ Ⓓ
16. Ⓐ Ⓑ Ⓒ Ⓓ	38. Ⓐ Ⓑ Ⓒ Ⓓ	60. Ⓐ Ⓑ Ⓒ Ⓓ	82. Ⓐ Ⓑ Ⓒ Ⓓ
17. Ⓐ Ⓑ Ⓒ Ⓓ	39. Ⓐ Ⓑ Ⓒ Ⓓ	61. Ⓐ Ⓑ Ⓒ Ⓓ	83. Ⓐ Ⓑ Ⓒ Ⓓ
18. Ⓐ Ⓑ Ⓒ Ⓓ	40. Ⓐ Ⓑ Ⓒ Ⓓ	62. Ⓐ Ⓑ Ⓒ Ⓓ	84. Ⓐ Ⓑ Ⓒ Ⓓ
19. Ⓐ Ⓑ Ⓒ Ⓓ	41. Ⓐ Ⓑ Ⓒ Ⓓ	63. Ⓐ Ⓑ Ⓒ Ⓓ	85. Ⓐ Ⓑ Ⓒ Ⓓ
20. Ⓐ Ⓑ Ⓒ Ⓓ	42. Ⓐ Ⓑ Ⓒ Ⓓ	64. Ⓐ Ⓑ Ⓒ Ⓓ	
21. Ⓐ Ⓑ Ⓒ Ⓓ	43. Ⓐ Ⓑ Ⓒ Ⓓ	65. Ⓐ Ⓑ Ⓒ Ⓓ	
22. Ⓐ Ⓑ Ⓒ Ⓓ	44. Ⓐ Ⓑ Ⓒ Ⓓ	66. Ⓐ Ⓑ Ⓒ Ⓓ	

To compute your approximate scaled score:

_____ (number of correct answers) − _____ (number of incorrect answers) / 3 = _____ (raw score)

Now, go to page 183 to find out your approximate scaled score.

TEST 8

SECTION I

LISTENING

Time—Approximately 40 minutes
Questions 1–34

Part A

Directions: In this part of the exam, you will hear four statements, designated (A), (B), (C), and (D). You will hear each statement only once. These statements are not printed in your test booklet. While listening, look carefully at the picture in your test booklet and choose the statement that best represents what you see in the picture or what someone in the picture might say. Choose the most appropriate response and fill in the corresponding oval on the answer sheet.

Now listen to the following example:

You see:

You hear:

Of the four statements you heard, the statement that best represents what the picture shows or what someone in the picture might say is statement B: "Espérame José, vengo detrás de ti". For that reason, you should select answer B.

Now get ready to listen to the four statements and look at the picture.

NOTE: The tapescript for the Listening Comprehension selections begins on page 184.

continued . . .

1.

2.

go on to the next page . . .

3.

4.

continued . . .

5.

6.

go on to the next page . . .

7.

8.

continued . . .

9.

10.

go on to the next page . . .

Part B

Directions: You will now listen to a selection of short exchanges or parts of conversations. Each selection is followed by four statements, designated (A), (B), (C), and (D). Neither these exchanges nor the statements are printed in your test booklet. After listening to the four statements, choose the statement that most logically continues or finishes the conversation, and fill in the corresponding oval on your answer sheet.

To become familiar with this part of the test, listen to the following example:

You hear:

You also hear:

The statement that continues the conversation in the most logical way is statement A: "Allí están, sobre la mesa". For that reason, you should select answer A.

Now get ready to listen to the first exchange and the four statements.

NOTE: The tapescript for the Listening Comprehension Selections begins on page 184.

11. Now, select your answer on the answer sheet.

12. Now, select your answer on the answer sheet.

13. Now, select your answer on the answer sheet.

14. Now, select your answer on the answer sheet.

15. Now, select your answer on the answer sheet.

16. Now, select your answer on the answer sheet.

17. Now, select your answer on the answer sheet.

18. Now, select your answer on the answer sheet.

19. Now, select your answer on the answer sheet.

20. Now, select your answer on the answer sheet.

continued . . .

Part C

Directions: In this part of the exam you will listen to a number of selections. They can be conversations or short narratives. Printed in your test booklet, you will find either one question or several questions with four possible answers. Choose the best answer to the question according to the information you hear. Then fill in the corresponding oval on the answer sheet.

You will not hear the questions or the possible answers. For each question, you will have twelve seconds to answer.

Now get ready to listen to the first selection.

NOTE: The tapescript for the Listening Comprehension Selections begins on page 184.

Selección número 1

21. ¿Por qué llamó Clara a Ricardo?

    (A) Porque su correo electrónico no funciona.
    (B) Porque Ricardo no le respondió su carta.
    (C) Porque ella trabaja para una nueva compañía.
    (D) Porque ella no va a llegar hasta las seis.

Selección número 2

22. ¿Dónde están estas personas?

    (A) En una tienda.
    (B) En una librería.
    (C) En un coche.
    (D) En un teatro.

23. Si no se tranquilizan, ¿qué va a hacer el padre?

    (A) Llevarlos de paseo.
    (B) Dejarlos en casa.
    (C) Comprarles un libro.
    (D) Permitirles conducir.

Selección número 3

24. ¿Qué ofrecen los Mercados Rojas?

    (A) Precios bajos.
    (B) Cuentas de ahorro.
    (C) Una fiesta.
    (D) Un nuevo servicio.

25. ¿Qué tiene que hacer Ud. para recibir un regalo?

    (A) Abrir una cuenta de banco.
    (B) Ser la primera persona en el mercado.
    (C) Usar su tarjeta de crédito.
    (D) Gastar cierta cantidad de dinero.

Selección número 4

26. ¿Qué quiere hacer Mónica?

    (A) Ponerse los zapatos.
    (B) Comprar zapatos nuevos.
    (C) Salir afuera descalza.
    (D) Lavar la ropa.

go on to the next page . . .

27. ¿Qué le pasaba a Mónica la semana pasada?

    (A) Estaba muy preocupada.
    (B) Estaba enferma.
    (C) Tenía mucho frío.
    (D) Tenía mucho trabajo.

28. ¿Qué teme Alejandro?

    (A) Que Mónica se enferme.
    (B) Que Mónica pierda los zapatos.
    (C) Que no pare de llover.
    (D) Que no pueda ver a Mónica.

Selección número 5

29. ¿Por qué no ha llamado Elena a Eduardo?

    (A) Porque se le perdió su número.
    (B) Porque ha estado muy ocupado.
    (C) Porque hacía planes para sus vacaciones.
    (D) Porque se le olvidaba siempre.

30. ¿Qué hacía Eduardo en el Perú?

    (A) Ayudaba a un pariente.
    (B) Estaba de vacaciones.
    (C) Trabajaba para su compañía.
    (D) Viajaba con su tía.

31. ¿Qué tiene que hacer Eduardo ahora?

    (A) Ayudar a Elena.
    (B) Visitar a una tía.
    (C) Terminar el trabajo.
    (D) Buscar un nuevo puesto.

Selección número 6

32. ¿Por qué quiere devolver las toallas el señor?

    (A) Porque son de mala calidad.
    (B) Porque tienen algunos defectos.
    (C) Porque las puede comprar a mejor precio.
    (D) Porque son diferentes a las del catálogo.

33. ¿Qué le ofrece la dependienta?

    (A) Vendérselas más barato.
    (B) Devolverle todo el dinero.
    (C) Llamar a otra tienda.
    (D) Cambiárselas por otras.

34. ¿Cómo es el dependiente?

    (A) Muy distraído.
    (B) Muy amable.
    (C) Muy cómico.
    (D) Muy sarcástico.

END OF SECTION I

continued . . .

SECTION II

READING

Time—Approximately 40 minutes
Questions 35–85

Part A

Directions: Read the following statements and the four suggested completions. Then choose the most appropriate completion and fill in the corresponding oval on the answer sheet.

---

35. Oye, Luis, ¿ya le compraste un . . . a Ricardo para su cumpleaños?

    (A) regalo
    (B) repaso
    (C) pedazo
    (D) pariente

36. El gato se subió al . . . de la casa y luego no podía bajarse.

    (A) ruido
    (B) postre
    (C) regalo
    (D) techo

37. En muchos estados el año escolar comienza . . . de agosto.

    (A) a eso de
    (B) a fines de
    (C) a través de
    (D) a pesar de

38. Hacía . . . calor que tuvimos que salir del cuarto.

    (A) tan
    (B) tanta
    (C) muy
    (D) tanto

39. Acaba de . . . las maletas, Pedro. Vamos a llegar tarde al aeropuerto.

    (A) hacer
    (B) estar
    (C) preguntar
    (D) tener

40. Había . . . cien personas en el estadio.

    (A) una
    (B) un
    (C) unas
    (D) unos

41. Como no había estudiado, Carmela . . . la respuesta a muchas de las preguntas del examen.

    (A) alejó
    (B) adivinó
    (C) fumó
    (D) rompió

42. Papá siempre me daba un . . . antes de acostarme.

    (A) bolsillo
    (B) diente
    (C) beso
    (D) hielo

go on to the next page . . .

43. Busco unos zapatos que no . . . tan caros.

    (A) fueran
    (B) fueron
    (C) son
    (D) sean

44. Al entrar, el caballero . . . el sombrero y nos saludó.

    (A) se pintó
    (B) se enojó
    (C) se atrevió
    (D) se quitó

45. ¿Qué es . . . ? Parece que es un oso.

    (A) ese
    (B) ése
    (C) eso
    (D) este

46. Nos importaba que Roberto . . . bien en los exámenes.

    (A) saliera
    (B) saldría
    (C) saldrá
    (D) habría salido

47. Era seguro que los atletas de Bolivia . . . en las olimpiadas.

    (A) participarían
    (B) participaran
    (C) participen
    (D) hayan participado

48. Ojalá que ellas me . . . los libros para hacer las investigaciones.

    (A) habían traído
    (B) han traído
    (C) hayan traído
    (D) trajeron

49. En cuanto sepas la respuesta, . . . a la profesora.

    (A) la digas
    (B) la dices
    (C) dísela
    (D) dígasela

50. Hay que . . . las reglas del tráfico antes de conducir.

    (A) saber
    (B) sabido
    (C) sabiendo
    (D) sepa

51. Fue preciso que nosotros . . . toda la evidencia del caso.

    (A) destruimos
    (B) destruíamos
    (C) destruyéramos
    (D) destruiríamos

52. Si tú les . . . permiso a tus padres, ellos te lo darían.

    (A) pedirías
    (B) pediste
    (C) pidieras
    (D) pides

continued . . .

Part B

Directions: In the following passages some words or phrases are missing. For each blank, four possible completions are given. Read the entire passage to get an idea of its content, then select the most appropriate completion, taking into consideration the overall meaning of the passage. Fill in the corresponding oval on the answer sheet.

La señorita Mercedes se apresuró a dar la ____ (53) ____, movida por la alusión que se había hecho del estudiante:

—He recibido ____ (54) ____ de Luis: dice que ____ (55) ____ el mes próximo tendrá ____ (56) ____ de venir a pasar algún tiempo con nosotros, pues que está ____ (57) ____ presentar su tesis y, en cuanto ____ (58) ____ su título de médico, toma el tren . . .

—¡Un gran muchacho! Tan joven y ya ____ (59) ____ a ser médico.

—Ojalá que ____ (60) ____ ganarse el cariño de las gentes, como tú, hermano.

—Pero si se gana el cariño de las gentes, ____ (61) ____ como yo, con cariño y ____ (62) ____ dinero.

53. (A) voz
    (B) firma
    (C) canción
    (D) noticia

54. (A) papel
    (B) letra
    (C) carta
    (D) lápiz

55. (A) para
    (B) con
    (C) a
    (D) por

56. (A) el gusto
    (B) la razón
    (C) el miedo
    (D) la vista

57. (A) para
    (B) por
    (C) sin
    (D) en

58. (A) recibe
    (B) recibirá
    (C) reciba
    (D) recibió

59. (A) fue
    (B) ha ido
    (C) vaya
    (D) va

60. (A) sabe
    (B) sabía
    (C) sabrá
    (D) sepa

61. (A) viva
    (B) vivirá
    (C) vivió
    (D) vivía

62. (A) en
    (B) de
    (C) sin
    (D) por

go on to the next page . . .

Esperaba que Sonia _____ (63) _____ dormir sin interrupciones. Después, en la mañana, tendríamos tiempo de _____ (64) _____ al tipo del que me había hablado Sánchez por teléfono desde Bogotá dos días _____ (65) _____. _____ (66) _____ Sánchez, el hombre, con apellido de prócer, _____ (67) _____ una especie de _____ (68) _____ empresario dedicado a organizar espectáculos en las ciudades intermedias de la región. Circos, recitales, conciertos, _____ (69) _____ de teatro, concursos de baile, _____ (70) _____ cosa. Sin embargo temí, aunque Sánchez aseguró una paga más o menos decente, que Sonia no _____ (71) _____ en disposición de hacer de nuevo y con _____ (72) _____ entusiasmo el número.

63. (A) podía
    (B) pudiera
    (C) podría
    (D) pudo

64. (A) buscar
    (B) durar
    (C) empezar
    (D) temblar

65. (A) temprano
    (B) anteriores
    (C) atrás
    (D) adelantados

66. (A) Detrás
    (B) Entre
    (C) Acaso
    (D) Según

67. (A) era
    (B) fuera
    (C) haya sido
    (D) hubiera sido

68. (A) vendido
    (B) atraído
    (C) reconocido
    (D) influido

69. (A) letras
    (B) trabajos
    (C) lecturas
    (D) obras

70. (A) cualquier
    (B) cualquiera
    (C) algún
    (D) alguien

71. (A) estuvo
    (B) estuviera
    (C) estaba
    (D) estará

72. (A) pesado
    (B) lejano
    (C) verdadero
    (D) saludable

continued . . .

Part C

> Directions: In this part you will read several passages that will test your comprehension. After each passage, a number of questions or incomplete statements appear. Choose the most appropriate answer or completion, taking into consideration the overall meaning of the passage. Fill in the corresponding oval on the answer sheet.

Me hubiera gustado que se oyesen ruidos en las habitaciones contiguas, pero no se oía nada absolutamente, todavía menos de lo que se oye en un silencio normal. Me parecía que alguien me estaba espiando. Me paseé en todas direcciones y me sosegaba, oyendo crujir,
Line debajo de mis pies, el piso de madera. Luego me senté y me di cuenta de lo extraña que me
5 sentía en aquella habitación.

Tal vez sacando algunas cosas de la maleta y deshaciendo los paquetes, viéndome rodeada de objetos y prendas usuales, me sentiría ligada a un mundo más familiar y la habitación misma se teñiría de sentido para mí. Por ejemplo, eché de menos, encima de la mesilla, un reloj despertador, y también algún portarretratos, o una de esas bandejitas que sirven para
10 dejar los pendientes, los automáticos desprendidos y alguna aspirina. Estas cosas tenían que venir en un equipaje tan complicado. Abrí la maleta y me puse a buscarlas con ahínco. Tenía mucha prisa por verlas colocadas.

73. ¿Qué le parecía a la narradora?

   (A) Que alguien la observaba
   (B) Que había mucha gente en la otra habitación
   (C) Que los ruidos que oía eran misteriosos
   (D) Que nadie sabía que ella estaba allí

74. ¿Cómo se sentía la narradora en la habitación?

   (A) Contenta
   (B) Tranquila
   (C) Rara
   (D) Cansada

75. ¿Cómo piensa cambiar la situación la narradora?

   (A) Poniendo sus cosas en las maletas
   (B) Sacando los objetos fuera de la habitación
   (C) Cambiando su habitación por otra
   (D) Viendo cosas a las que está acostumbrada

76. ¿Qué buscaba en su equipaje la narradora?

   (A) Cosas que le hacían falta
   (B) Objetos que la identificaran
   (C) Ropa para vestirse
   (D) Medicina para su enfermedad

go on to the next page . . .

En el barco empezó la civilización de Onaisín. Lo primero que hicieron fue cortarle el pelo y bañarlo, luego vestirlo. Se le dieron ropas nuevas y se le enseñó a ponérselas y usarlas. Todo lo admitió y todo lo adoptó entusiasmado. Lo único que rechazó fueron los zapatos. Lo
Line inmovilizaban: sentirlos en los pies y quedarse invalido era todo uno. No había quién le hiciera
5 dar un paso y en vano los marineros bailaban y zapateaban ante él para demostrarle la utilidad y la inofensividad del calzado. Onaisín lo rechazó rotundamente y sólo con el tiempo sus pies se habituaron a ellos.

Vino después el aprendizaje del idioma, aprendizaje que estuvo a cargo de la tripulación,* la cual le repetía una palabra, sistemáticamente, hasta que llegaba a pronunciarla bien. Pros-
10 peró en todo, con gran alegría de los marineros, que lo apreciaban mucho. Su trabajo, a causa de sus escasos conocimientos, era reducido y casi se limitaba a servir al capitán y al cocinero en pequeños menesteres. Estos dos hombres eran para Onaisín la flor de todos los demás hombres, sus dioses. El uno era la autoridad; el otro, la alimentación.

En Punta Arenas fue bautizado con gran pompa.** Le sirvieron de padrinos el capitán y
15 el cocinero y después de mucho discutir le pusieron un nombre que satisfizo a todos: Onaisín Errázuriz.

*tripulación—crew
**pompa—pageantry

77. Se puede inferir que antes de estar en el barco Onaisín era . . .

 (A) un poco salvaje
 (B) un poco vanidoso
 (C) un asesino
 (D) un ladrón

78. Por la descripción, sabemos que Onaisín no sabía . . .

 (A) vestirse
 (B) bailar
 (C) caminar
 (D) nadar

79. ¿Qué aceptó entusiasmado Onaisín?

 (A) Llevar el pelo largo
 (B) El duro trabajo que hacía
 (C) Sus nuevos zapatos
 (D) La nueva manera de vestir

80. ¿Qué sucedió con los zapatos?

 (A) Se los regaló a un marinero
 (B) Aprendió a usarlos inmediatamente
 (C) No le permitían caminar
 (D) No le permitían baliar como antes

81. ¿A qué le ayudó la tripulación a Onaisín?

 (A) A aprender el lenguaje
 (B) A aprender a ser marinero
 (C) A cargar cajas de zapatos
 (D) A cortarle el pelo a todos

82. ¿Qué pensaban los marineros de Onaisín?

 (A) Lo encontraban tonto
 (B) No le tenían confianza
 (C) Pensaban que sus conocimientos eran vastos
 (D) Lo estimaban mucho

83. ¿Qué sabemos sobre el trabajo que hacía Onaisín?

 (A) Era demasiado duro
 (B) Era de poca calidad
 (C) No le daban mucho qué hacer
 (D) No le permitían usar sus conocimientos

continued . . .

84. ¿Qué opinión tiene Onaisín del capitán y del cocinero?

   (A) Pensaba que eran demasiado estrictos

   (B) Los consideraba sagrados

   (C) Creía que se burlaban de él

   (D) Pensaba que peleaban demasiado

85. ¿Por qué discutieron los hombres al final de la selección?

   (A) Porque no pensaban que Onaisín debía bautizarse

   (B) Porque no se ponían de acuerdo en el nombre

   (C) Porque no se llevaban bien entre ellos

   (D) Porque no quería a Onaisín en el barco

END OF SECTION II

STOP

TEST 9

Answer Sheet

1. Ⓐ Ⓑ Ⓒ Ⓓ 23. Ⓐ Ⓑ Ⓒ Ⓓ 45. Ⓐ Ⓑ Ⓒ Ⓓ 67. Ⓐ Ⓑ Ⓒ Ⓓ
2. Ⓐ Ⓑ Ⓒ Ⓓ 24. Ⓐ Ⓑ Ⓒ Ⓓ 46. Ⓐ Ⓑ Ⓒ Ⓓ 68. Ⓐ Ⓑ Ⓒ Ⓓ
3. Ⓐ Ⓑ Ⓒ Ⓓ 25. Ⓐ Ⓑ Ⓒ Ⓓ 47. Ⓐ Ⓑ Ⓒ Ⓓ 69. Ⓐ Ⓑ Ⓒ Ⓓ
4. Ⓐ Ⓑ Ⓒ Ⓓ 26. Ⓐ Ⓑ Ⓒ Ⓓ 48. Ⓐ Ⓑ Ⓒ Ⓓ 70. Ⓐ Ⓑ Ⓒ Ⓓ
5. Ⓐ Ⓑ Ⓒ Ⓓ 27. Ⓐ Ⓑ Ⓒ Ⓓ 49. Ⓐ Ⓑ Ⓒ Ⓓ 71. Ⓐ Ⓑ Ⓒ Ⓓ
6. Ⓐ Ⓑ Ⓒ Ⓓ 28. Ⓐ Ⓑ Ⓒ Ⓓ 50. Ⓐ Ⓑ Ⓒ Ⓓ 72. Ⓐ Ⓑ Ⓒ Ⓓ
7. Ⓐ Ⓑ Ⓒ Ⓓ 29. Ⓐ Ⓑ Ⓒ Ⓓ 51. Ⓐ Ⓑ Ⓒ Ⓓ 73. Ⓐ Ⓑ Ⓒ Ⓓ
8. Ⓐ Ⓑ Ⓒ Ⓓ 30. Ⓐ Ⓑ Ⓒ Ⓓ 52. Ⓐ Ⓑ Ⓒ Ⓓ 74. Ⓐ Ⓑ Ⓒ Ⓓ
9. Ⓐ Ⓑ Ⓒ Ⓓ 31. Ⓐ Ⓑ Ⓒ Ⓓ 53. Ⓐ Ⓑ Ⓒ Ⓓ 75. Ⓐ Ⓑ Ⓒ Ⓓ
10. Ⓐ Ⓑ Ⓒ Ⓓ 32. Ⓐ Ⓑ Ⓒ Ⓓ 54. Ⓐ Ⓑ Ⓒ Ⓓ 76. Ⓐ Ⓑ Ⓒ Ⓓ
11. Ⓐ Ⓑ Ⓒ Ⓓ 33. Ⓐ Ⓑ Ⓒ Ⓓ 55. Ⓐ Ⓑ Ⓒ Ⓓ 77. Ⓐ Ⓑ Ⓒ Ⓓ
12. Ⓐ Ⓑ Ⓒ Ⓓ 34. Ⓐ Ⓑ Ⓒ Ⓓ 56. Ⓐ Ⓑ Ⓒ Ⓓ 78. Ⓐ Ⓑ Ⓒ Ⓓ
13. Ⓐ Ⓑ Ⓒ Ⓓ 35. Ⓐ Ⓑ Ⓒ Ⓓ 57. Ⓐ Ⓑ Ⓒ Ⓓ 79. Ⓐ Ⓑ Ⓒ Ⓓ
14. Ⓐ Ⓑ Ⓒ Ⓓ 36. Ⓐ Ⓑ Ⓒ Ⓓ 58. Ⓐ Ⓑ Ⓒ Ⓓ 80. Ⓐ Ⓑ Ⓒ Ⓓ
15. Ⓐ Ⓑ Ⓒ Ⓓ 37. Ⓐ Ⓑ Ⓒ Ⓓ 59. Ⓐ Ⓑ Ⓒ Ⓓ 81. Ⓐ Ⓑ Ⓒ Ⓓ
16. Ⓐ Ⓑ Ⓒ Ⓓ 38. Ⓐ Ⓑ Ⓒ Ⓓ 60. Ⓐ Ⓑ Ⓒ Ⓓ 82. Ⓐ Ⓑ Ⓒ Ⓓ
17. Ⓐ Ⓑ Ⓒ Ⓓ 39. Ⓐ Ⓑ Ⓒ Ⓓ 61. Ⓐ Ⓑ Ⓒ Ⓓ 83. Ⓐ Ⓑ Ⓒ Ⓓ
18. Ⓐ Ⓑ Ⓒ Ⓓ 40. Ⓐ Ⓑ Ⓒ Ⓓ 62. Ⓐ Ⓑ Ⓒ Ⓓ 84. Ⓐ Ⓑ Ⓒ Ⓓ
19. Ⓐ Ⓑ Ⓒ Ⓓ 41. Ⓐ Ⓑ Ⓒ Ⓓ 63. Ⓐ Ⓑ Ⓒ Ⓓ 85. Ⓐ Ⓑ Ⓒ Ⓓ
20. Ⓐ Ⓑ Ⓒ Ⓓ 42. Ⓐ Ⓑ Ⓒ Ⓓ 64. Ⓐ Ⓑ Ⓒ Ⓓ
21. Ⓐ Ⓑ Ⓒ Ⓓ 43. Ⓐ Ⓑ Ⓒ Ⓓ 65. Ⓐ Ⓑ Ⓒ Ⓓ
22. Ⓐ Ⓑ Ⓒ Ⓓ 44. Ⓐ Ⓑ Ⓒ Ⓓ 66. Ⓐ Ⓑ Ⓒ Ⓓ

To compute your approximate scaled score:

_____ (number of correct answers) – _____ (number of incorrect answers) / 3 = _____ (raw score)

Now, go to page 183 to find out your approximate scaled score.

TEST 9

SECTION I

LISTENING

Time—Approximately 20 minutes
Questions 1–34

Part A

Directions: In this part of the exam, you will hear four statements, designated (A), (B), (C), and (D). You will hear each statement only once. These statements are not printed in your test booklet. While listening, look carefully at the picture in your test booklet, and choose the statement that best represents what you see in the picture or what someone in the picture might say. Choose the most appropriate response and fill in the corresponding oval on the answer sheet.

Now listen to the following example:

You see:

You hear:

Of the four statements you heard, the statement that best represents what the picture shows or what someone in the picture might say is statement B: "Espérame José, vengo detrás de ti". For that reason, you should select answer B.

Now get ready to listen to the four statements and look at the picture.

NOTE: The tapescript for the Listening Comprehension selections begins on page 184.

continued . . .

1.

2.

go on to the next page . . .

3.

4.

continued . . .

5.

6.

go on to the next page . . .

7.

8.

continued . . .

9.

10.

go on to the next page . . .

Part B

Directions: You will now listen to a selection of short exchanges or parts of conversations. Each selection is followed by four statements, designated (A), (B), (C), and (D). Neither these exchanges nor the statements are printed in your test booklet. After listening to the four statements, choose the statement that most logically continues or finishes the conversation, and fill in the corresponding oval on your answer sheet.

To become familiar with this part of the test, listen to the following example:

You hear:

You also hear:

The statement that continues the conversation in the most logical way is statement A: "Allí están, sobre la mesa". For that reason, you should select answer A.

Now get ready to listen to the first exchange and the four statements.

NOTE: The tapescript for the Listening Comprehension Selections begins on page 184.

11. Now, select your answer on the answer sheet.

12. Now, select your answer on the answer sheet.

13. Now, select your answer on the answer sheet.

14. Now, select your answer on the answer sheet.

15. Now, select your answer on the answer sheet.

16. Now, select your answer on the answer sheet.

17. Now, select your answer on the answer sheet.

18. Now, select your answer on the answer sheet.

19. Now, select your answer on the answer sheet.

20. Now, select your answer on the answer sheet.

continued . . .

Part C

Directions: In this part of the exam you will listen to a number of selections. They can be conversations or short narratives. Printed in your test booklet, you will find either one question or several questions with four possible answers. Choose the best answer to the question according to the information you hear. Then fill in the corresponding oval on the answer sheet.

You will not hear the questions or the possible answers. For each question, you will have twelve seconds to answer.

Now get ready to listen to the first selection.

NOTE: The tapescript for the Listening Comprehension Selections begins on page 184.

Selección número 1

21. ¿Por qué está enojada Petra?

   (A) Porque no le gustan las reuniones.
   (B) Porque nadie sabe dónde está Cristóbal.
   (C) Porque se levantó muy tarde.
   (D) Porque Alberto no la quiere ayudar.

22. Según Alberto, ¿qué le pasó probablemente a Cristóbal?

   (A) Se acostó demasiado tarde.
   (B) No terminó el reporte.
   (C) No arregló el teléfono.
   (D) Se quedó a dormir en la oficina.

23. ¿Qué dice Petra al final de la conversación?

   (A) Que necesita ir a su casa a dormir.
   (B) Que ella misma irá a buscar a Cristóbal.
   (C) Que va a cancelar la reunión.
   (D) Que la reunión la preocupa mucho.

Selección número 2

24. ¿Cuándo empiezan a tener problemas con el sueño las personas?

   (A) A los diez años.
   (B) A los veinticinco años.
   (C) A los cuarenta años.
   (D) A los cincuenta años

25. ¿Cuál es la conclusión de esta selección?

   (A) Que debemos dormir regularmente.
   (B) Que los jóvenes necesitan dormir más horas.
   (C) Que dormir mucho puede traer problemas.
   (D) Que los problemas del sueño no duran mucho.

Selección número 3

26. ¿Qué le pasó a Caridad?

   (A) Dejó la mochila en su casa.
   (B) Se le perdió un billete para el teatro.
   (C) Se le olvidó traerle el libro a Tomás.
   (D) Rompió su escritorio favorito.

go on to the next page . . .

27. ¿Qué sugiere Tomás?

    (A) Ir al teatro.
    (B) Ir a clase.
    (C) Ir a casa de Caridad.
    (D) Ir de compras.

28. ¿Qué espera Tomás un día?

    (A) Tomar cursos de teatro.
    (B) Conocer a un actor famoso.
    (C) Actuar con Caridad.
    (D) Ganar un premio.

Selección número 4

29. ¿Por qué no puede continuar el viaje la señora?

    (A) Porque no tiene suficientes billetes.
    (B) Porque no quedan asientos en el tren.
    (C) Porque viaja en el tren equivocado.
    (D) Porque dejó a sus tíos en la estación.

30. ¿A dónde va la familia?

    (A) A asistir a un concierto.
    (B) A comprar unas ventanas.
    (C) A visitar a unos parientes.
    (D) A encontrarse con unos amigos.

31. ¿Qué tiene que hacer la señora?

    (A) Viajar en segunda clase.
    (B) Cambiar de trenes.
    (C) Comprar otro billete.
    (D) Pagar un precio más alto.

Selección número 5

32. ¿Qué le dice Pedro a Beatriz?

    (A) Que acaba de comer.
    (B) Que no le gustan los perros calientes.
    (C) Que no la acompaña su perro.
    (D) Que ya fue a la cafetería.

33. ¿A dónde va Beatriz esa tarde?

    (A) A cuidar a su perro.
    (B) A comer en un restaurante.
    (C) A tocar en un concierto.
    (D) A jugar a un deporte.

34. ¿Qué le aconseja Pedro a Beatriz?

    (A) Que no juegue esa tarde.
    (B) Que no vaya a la cafetería.
    (C) Que no coma demasiado.
    (D) Que no coma perros calientes.

END OF SECTION I

continued . . . ➡

SECTION II

READING

Time—Approximately 40 minutes
Questions 35–85

Part A

Directions: Read the following statements and the four suggested completions. Then choose the most appropriate completion and fill in the corresponding oval on the answer sheet.

35. Gerardo, ¿quieres dar un paseo en . . . moto?

    (A) la
    (B) el
    (C) un
    (D) lo

36. El agua estaba demasiado fría por eso entré en la piscina . . .

    (A) de acuerdo
    (B) en cambio
    (C) poco a poco
    (D) por lo menos

37. Pablo, eres muy exigente, por eso nunca puedo . . .

    (A) complacerte
    (B) ofrecerte
    (C) resfriarte
    (D) quitarte

38. Pon . . . al lado de los platos cuando pongas la mesa.

    (A) las servilletas
    (B) las cortinas
    (C) las toallas
    (D) las sábanas

39. Teresa, si te das . . . podrás irte en el tren de las once.

    (A) gritos
    (B) prisa
    (C) vergüenza
    (D) cuerda

40. Antonio no es . . . alto como yo.

    (A) tan
    (B) tanto
    (C) muy
    (D) demasiado

41. Cuando salimos del concierto no había . . . en las calles.

    (A) alguno
    (B) alguien
    (C) nadie
    (D) jamás

42. Antes de entrar a la sala de clase, Humberto . . . muy nervioso.

    (A) se volvió
    (B) se hizo
    (C) se trajo
    (D) se puso

go on to the next page . . .

43. Hace mucho que espero, me . . . que ya pasó el autobús.

    (A) queda
    (B) sobra
    (C) parece
    (D) toca

44. Estoy un poco preocupada; Juan no ha llegado . . .

    (A) todavía
    (B) también
    (C) bastante
    (D) quizás

45. Tú no . . . con Gilberto, si tus padres te lo prohíben.

    (A) salías
    (B) ha salido
    (C) saldrás
    (D) salieras

46. Si hubieras sacado más fotos, . . . más recuerdos de tu viaje.

    (A) has tenido
    (B) habrías tenido
    (C) habías tenido
    (D) habrás tenido

47. Nosotros estamos muy . . . de todo lo que Uds. hicieron por nosotros.

    (A) obedecidos
    (B) reconocidos
    (C) agradecidos
    (D) crecidos

48. Si no puede encontrar los calcetines, . . . en esta caja.

    (A) los buscas
    (B) lo busques
    (C) búsquelos
    (D) búscalos

49. Eduardo se encargó . . . invitar a todos los estudiantes de intercambio.

    (A) a
    (B) con
    (C) en
    (D) de

50. ¿Por qué buscabas a las chicas que . . . al partido ayer?

    (A) fueron
    (B) fueran
    (C) irían
    (D) vayan

51. Ojalá que ella me . . . cuando yo llegue a casa.

    (A) llamó
    (B) llamaba
    (C) llamaría
    (D) haya llamado

52. Isabel nos escribió que . . . a visitar a su tío.

    (A) fuéramos
    (B) vayamos
    (C) hayamos ido
    (D) hubiéramos ido

continued . . .

Part B

Directions: In the following passages some words or phrases are missing. For each blank, four possible completions are given. Read the entire passage to get an idea of its content, then select the most appropriate completion, taking into consideration the overall meaning of the passage. Fill in the corresponding oval on the answer sheet.

Benjamín se despertó con la cara _____ (53) _____ de lluvia y miró alrededor, aturdido. De pie, a su lado, _____ (54) _____ Herminia, con un gran paraguas _____ (55) _____.

—Vamos a casa, anda —le dijo—. _____ (56) _____ que te iba a _____ (57) _____ aquí.

Benjamín se frotó los ojos. Se incorporó. _____ (58) _____ dolía la espalda de dormir sobre la piedra.

—¿Qué hora es?—_____ (59) _____.

—Las tres de la tarde. Tienes la comida allí preparada y la cama hecha, por si quieres _____ (60) _____. He aireado bien el cuarto.

—No, no. Debo _____ (61) _____ dormido aquí bastante, _____ (62) _____ por la mañana cuando me dormí. Y hacía sol.

53. (A) pintada
    (B) borrada
    (C) mojada
    (D) pensada

54. (A) estuviera
    (B) esté
    (C) haya estado
    (D) estaba

55. (A) abiertos
    (B) abiertas
    (C) abierto
    (D) abierta

56. (A) Sabía
    (B) Sabré
    (C) Sepa
    (D) Sabría

57. (A) venir
    (B) encontrar
    (C) obligar
    (D) conseguir

58. (A) Lo
    (B) La
    (C) Le
    (D) Se

59. (A) pregunte
    (B) preguntó
    (C) pidió
    (D) pedía

60. (A) bailar
    (B) vender
    (C) nacer
    (D) descansar

61. (A) habiendo
    (B) haber
    (C) habido
    (D) hay

62. (A) era
    (B) será
    (C) sea
    (D) fuera

go on to the next page . . .

La noche del 2 de octubre, prácticamente recuperado, salí a dar ____ (63) ____ por los alrededores. Mi partida estaba próxima y deseaba recorrer ciertos ____ (64) ____ de la isla que no había visitado. El cielo ____ (65) ____ lleno de ____ (66) ____. Me dirigí al norte y trepé hacia la parte alta por un sendero que ascendía zigzagueando. Al ____ (67) ____ a la cima ____ (68) ____ unos segundos ____ (69) ____ descansar. Entonces unos lejanos cantos llegaron a mis ____ (70) ____ arrastrados por el viento. En ese momento creí que ____ (71) ____ más conveniente era regresar, pero una curiosidad indefinible me obligó ____ (72) ____ caminar hacia el sector de la montaña de donde provenían aquellas lúgubres voces.

63. (A) una razón
    (B) una vuelta
    (C) un camino
    (D) una lista

64. (A) cajones
    (B) lugares
    (C) pasillos
    (D) estantes

65. (A) haya estado
    (B) habrá estado
    (C) estaba
    (D) estuviera

66. (A) piedras
    (B) camas
    (C) estrellas
    (D) sillones

67. (A) llegar
    (B) llegado
    (C) llegando
    (D) llegada

68. (A) me sienta
    (B) me senté
    (C) me sintiera
    (D) me haya sentado

69. (A) de
    (B) con
    (C) por
    (D) para

70. (A) piernas
    (B) brazos
    (C) pelos
    (D) oídos

71. (A) le
    (B) el
    (C) lo
    (D) la

72. (A) a
    (B) en
    (C) de
    (D) por

continued . . .

Part C

> Directions: In this part you will read several passages that will test your comprehension. After each passage, a number of questions or incomplete statements appear. Choose the most appropriate answer or completion, taking into consideration the overall meaning of the passage. Fill in the corresponding oval on the answer sheet.

Este mensaje quizá nunca llegue a ninguna mano. Hace tres horas que Ernest se fue al mar. El tiempo apremia y el que resta, no será mejor utilizado en esta desesperación que para escribirte a ti, esposa mía, que me creerás muerto. Estoy aún vivo y rodeado de cuatro seres
Line humanos más. Los cuatro esperamos estoicamente la muerte. El bueno de Ernest, en quien
5 teníamos puesta nuestra última esperanza, hace tres horas que desapareció en el mar. Esta carta no llegará a tus manos, lo sé. Pero por si casualidad llegara, sabe que el bueno de Ernest se ha ido al mar. Y sabe también que mi pensamiento, el último, el de cada hora de estos terribles días pasados en un peñasco del Atlántico, fueron para ti. No te doy las señas, porque las desconocemos y además de que ningún correo toca este peñasco, cuando esta carta llegue
10 a tus manos, ya hace meses, quizá años que habré muerto . . .

73. ¿Qué teme el narrador de esta selección?

    (A) Que perderá la mano
    (B) Que nadie recibirá lo que escribe
    (C) Que no recibirá un premio
    (D) Que Ernest no regresará a tiempo

74. ¿Qué creerá la esposa del narrador?

    (A) Que él no le quiere escribir
    (B) Que ya no está vivo
    (C) Que él la quiere matar
    (D) Que no ha sabido usar el tiempo

75. Antes de que Ernest desapareciera, ¿cuántas personas hay en el lugar donde está el narrador?

    (A) Una
    (B) Dos
    (C) Cuatro
    (D) Cinco

76. Podemos inferir que Ernest . . .

    (A) mató a alguien
    (B) tiene mucha esperanza
    (C) se ahogó
    (D) regresará pronto

77. En lo último que piensa el narrador es . . .

    (A) su esposa
    (B) Ernest
    (C) su condición física
    (D) el correo

78. ¿Qué desconoce el narrador?

    (A) Dónde está el correo
    (B) Quién ha muerto
    (C) Cuál es la dirección de su esposa
    (D) Dónde se encuentra

go on to the next page . . .

Viste [Paquito] modestamente; un traje comprado en la calle Hospital hace año y medio.
Las mangas se le han quedado cortas y le avergüenzan bastante; los pantalones también, pero
lo disimula dejando la cintura algo caída. Él sabe que otros chicos van mejor vestidos porque
Line sus familias son ricas. A algunos les llevan en automóvil y todo; su madre dice que deben
5 ser hijos de estraperlistas.* Paquito quiere mucho a su padre, que está de capataz en unos
talleres. Trabaja muchas horas al día; siempre tres o cuatro extraordinarias y aún así no se
vive muy bien en su casa. Tienen dos realquilados que aunque dan bastante quehacer, pagan
bien. A veces la madre va a Tortosa, donde tiene una hermana (como el abuelo es ferroviario
no paga en el ferrocarril) y viene con grandes paquetes de arroz y unos pellejos de aceite.
10 Entonces tiene que ir a la estación a buscarla para ayudar a llevar los paquetes que pesan
mucho. A él le da vergüenza y teme que le vea algún compañero. El padre habla poco. Llega
a casa fatigado; algunos días da una mirada al periódico. Cena silenciosamente y se marcha
a dormir. Tiene que madrugar mucho. Los domingos suelen salir juntos el padre y él; van a
Montjuich o al Tibidabo o hacia unos pinares que hay detrás de Horta. Al volver toman una
15 cerveza y en invierno café. Hablan poco, pero se comprenden perfectamente. Quiere que
estudie para abogado. "Hay que defender a los pobres de las injusticias". Lo dijo hace años,
pero no se le olvidará nunca.

*estraperlistas—black marketeers

79. ¿Por qué se siente avergonzado Paquito?

   (A) Porque no sabe dónde está el
        hospital
   (B) Porque se ha cortado una pierna
   (C) Porque la ropa no le queda bien
   (D) Porque no ha salido del hospital en
        año y medio

80. ¿Qué sabemos de los otros chicos?

   (A) Que están en mejores condiciones
        económicas
   (B) Que se burlan mucho de Paquito
   (C) Que ya saben conducir a la escuela
   (D) Que visten mal aunque tienen
        dinero

81. ¿Qué nos dice el narrador sobre el padre
de Paquito?

   (A) Que no vive en la misma casa
   (B) Que se sacrifica por su familia
   (C) Que no le gusta el trabajo que hace
   (D) Que recibe un sueldo muy bueno

82. ¿Con qué propósito va su madre a
Tortosa?

   (A) A buscar comida
   (B) A visitar a su esposo
   (C) A cocinarle al abuelo
   (D) A ayudar a su hermana

83. Paquito va a la estación a buscar a su
madre porque ella . . .

   (A) no quiere regresar sola
   (B) se fatiga mucho
   (C) teme que la vean
   (D) no puede cargar los paquetes

84. ¿Qué hace el padre después de cenar?

   (A) Lee el periódico
   (B) Visita a sus compañeros
   (C) Se acuesta
   (D) Se va a los bares

85. ¿Qué le dijo el padre a Paquito?

   (A) Que no se olvidara de los abogados
   (B) Que era necesario luchar por la
        justicia
   (C) Que recordara al abogado que lo
        defendió
   (D) Que los pobres aceptan las
        injusticias

END OF SECTION II

STOP

TEST 10

Answer Sheet

1. Ⓐ Ⓑ Ⓒ Ⓓ	23. Ⓐ Ⓑ Ⓒ Ⓓ	45. Ⓐ Ⓑ Ⓒ Ⓓ	67. Ⓐ Ⓑ Ⓒ Ⓓ
2. Ⓐ Ⓑ Ⓒ Ⓓ	24. Ⓐ Ⓑ Ⓒ Ⓓ	46. Ⓐ Ⓑ Ⓒ Ⓓ	68. Ⓐ Ⓑ Ⓒ Ⓓ
3. Ⓐ Ⓑ Ⓒ Ⓓ	25. Ⓐ Ⓑ Ⓒ Ⓓ	47. Ⓐ Ⓑ Ⓒ Ⓓ	69. Ⓐ Ⓑ Ⓒ Ⓓ
4. Ⓐ Ⓑ Ⓒ Ⓓ	26. Ⓐ Ⓑ Ⓒ Ⓓ	48. Ⓐ Ⓑ Ⓒ Ⓓ	70. Ⓐ Ⓑ Ⓒ Ⓓ
5. Ⓐ Ⓑ Ⓒ Ⓓ	27. Ⓐ Ⓑ Ⓒ Ⓓ	49. Ⓐ Ⓑ Ⓒ Ⓓ	71. Ⓐ Ⓑ Ⓒ Ⓓ
6. Ⓐ Ⓑ Ⓒ Ⓓ	28. Ⓐ Ⓑ Ⓒ Ⓓ	50. Ⓐ Ⓑ Ⓒ Ⓓ	72. Ⓐ Ⓑ Ⓒ Ⓓ
7. Ⓐ Ⓑ Ⓒ Ⓓ	29. Ⓐ Ⓑ Ⓒ Ⓓ	51. Ⓐ Ⓑ Ⓒ Ⓓ	73. Ⓐ Ⓑ Ⓒ Ⓓ
8. Ⓐ Ⓑ Ⓒ Ⓓ	30. Ⓐ Ⓑ Ⓒ Ⓓ	52. Ⓐ Ⓑ Ⓒ Ⓓ	74. Ⓐ Ⓑ Ⓒ Ⓓ
9. Ⓐ Ⓑ Ⓒ Ⓓ	31. Ⓐ Ⓑ Ⓒ Ⓓ	53. Ⓐ Ⓑ Ⓒ Ⓓ	75. Ⓐ Ⓑ Ⓒ Ⓓ
10. Ⓐ Ⓑ Ⓒ Ⓓ	32. Ⓐ Ⓑ Ⓒ Ⓓ	54. Ⓐ Ⓑ Ⓒ Ⓓ	76. Ⓐ Ⓑ Ⓒ Ⓓ
11. Ⓐ Ⓑ Ⓒ Ⓓ	33. Ⓐ Ⓑ Ⓒ Ⓓ	55. Ⓐ Ⓑ Ⓒ Ⓓ	77. Ⓐ Ⓑ Ⓒ Ⓓ
12. Ⓐ Ⓑ Ⓒ Ⓓ	34. Ⓐ Ⓑ Ⓒ Ⓓ	56. Ⓐ Ⓑ Ⓒ Ⓓ	78. Ⓐ Ⓑ Ⓒ Ⓓ
13. Ⓐ Ⓑ Ⓒ Ⓓ	35. Ⓐ Ⓑ Ⓒ Ⓓ	57. Ⓐ Ⓑ Ⓒ Ⓓ	79. Ⓐ Ⓑ Ⓒ Ⓓ
14. Ⓐ Ⓑ Ⓒ Ⓓ	36. Ⓐ Ⓑ Ⓒ Ⓓ	58. Ⓐ Ⓑ Ⓒ Ⓓ	80. Ⓐ Ⓑ Ⓒ Ⓓ
15. Ⓐ Ⓑ Ⓒ Ⓓ	37. Ⓐ Ⓑ Ⓒ Ⓓ	59. Ⓐ Ⓑ Ⓒ Ⓓ	81. Ⓐ Ⓑ Ⓒ Ⓓ
16. Ⓐ Ⓑ Ⓒ Ⓓ	38. Ⓐ Ⓑ Ⓒ Ⓓ	60. Ⓐ Ⓑ Ⓒ Ⓓ	82. Ⓐ Ⓑ Ⓒ Ⓓ
17. Ⓐ Ⓑ Ⓒ Ⓓ	39. Ⓐ Ⓑ Ⓒ Ⓓ	61. Ⓐ Ⓑ Ⓒ Ⓓ	83. Ⓐ Ⓑ Ⓒ Ⓓ
18. Ⓐ Ⓑ Ⓒ Ⓓ	40. Ⓐ Ⓑ Ⓒ Ⓓ	62. Ⓐ Ⓑ Ⓒ Ⓓ	84. Ⓐ Ⓑ Ⓒ Ⓓ
19. Ⓐ Ⓑ Ⓒ Ⓓ	41. Ⓐ Ⓑ Ⓒ Ⓓ	63. Ⓐ Ⓑ Ⓒ Ⓓ	85. Ⓐ Ⓑ Ⓒ Ⓓ
20. Ⓐ Ⓑ Ⓒ Ⓓ	42. Ⓐ Ⓑ Ⓒ Ⓓ	64. Ⓐ Ⓑ Ⓒ Ⓓ	
21. Ⓐ Ⓑ Ⓒ Ⓓ	43. Ⓐ Ⓑ Ⓒ Ⓓ	65. Ⓐ Ⓑ Ⓒ Ⓓ	
22. Ⓐ Ⓑ Ⓒ Ⓓ	44. Ⓐ Ⓑ Ⓒ Ⓓ	66. Ⓐ Ⓑ Ⓒ Ⓓ	

To compute your approximate scaled score:

_____ (number of correct answers) – _____ (number of incorrect answers) / 3 = _____ (raw score)

Now, go to page 183 to find out your approximate scaled score.

TEST 10

SECTION I

LISTENING

Time—Approximately 20 minutes
Questions 1–32

Part A

<u>Directions</u>: In this part of the exam, you will hear four statements, designated (A), (B), (C), and (D). You will hear each statement only once. These statements are not printed in your test booklet. While listening, look carefully at the picture in your test booklet, and choose the statement that best represents what you see in the picture or what someone in the picture might say. Choose the most appropriate response and fill in the corresponding oval on the answer sheet.

Now listen to the following example:

You see:

You hear:

Of the four statements you heard, the statement that best represents what the picture shows or what someone in the picture might say is statement B: "Espérame José, vengo detrás de ti". For that reason, you should select answer B.

Now get ready to listen to the four statements and look at the picture.

NOTE: The tapescript for the Listening Comprehension selections begins on page 184.

---

continued . . .

1.

2.

go on to the next page . . .

3.

4.

continued . . .

5.

6.

go on to the next page . . .

7.

8.

continued . . .

9.

10.

go on to the next page . . .

Part B

Directions: You will now listen to a selection of short exchanges or parts of conversations. Each selection is followed by four statements, designated (A), (B), (C), and (D). Neither these exchanges nor the statements are printed in your test booklet. After listening to the four statements, choose the statement that most logically continues or finishes the conversation, and fill in the corresponding oval on your answer sheet.

To become familiar with this part of the test, listen to the following example:

You hear:

You also hear:

The statement that continues the conversation in the most logical way is statement A: "Allí están, sobre la mesa". For that reason, you should select answer A.

Now get ready to listen to the first exchange and the four statements.

NOTE: The tapescript for the Listening Comprehension Selections begins on page 184.

11. Now, select your answer on the answer sheet.

12. Now, select your answer on the answer sheet.

13. Now, select your answer on the answer sheet.

14. Now, select your answer on the answer sheet.

15. Now, select your answer on the answer sheet.

16. Now, select your answer on the answer sheet.

17. Now, select your answer on the answer sheet.

18. Now, select your answer on the answer sheet.

19. Now, select your answer on the answer sheet.

20. Now, select your answer on the answer sheet.

continued . . .

Part C

> Directions: In this part of the exam you will listen to a number of selections. They can be conversations or short narratives. Printed in your test booklet, you will find either one question or several questions with four possible answers. Choose the best answer to the question according to the information you hear. Then fill in the corresponding oval on the answer sheet.
>
> You will not hear the questions or the possible answers. For each question, you will have twelve seconds to answer.
>
> Now get ready to listen to the first selection.
>
> NOTE: The tapescript for the Listening Comprehension Selections begins on page 184.

Selección número 1

21. ¿Qué le pide Sonia al profesor?

    (A) Que le explique un libro.
    (B) Que la deje salir de la clase temprano.
    (C) Que la perdone por llegar tarde.
    (D) Que le permita hablar más en clase.

22. ¿Qué le dice el profesor a Sonia?

    (A) Que debe quedarse en clase.
    (B) Que debe leer el libro de nuevo.
    (C) Que lea el libro en voz alta.
    (D) Que debe ayudar a su hermanito.

23. ¿Qué decide Sonia al final de la conversación?

    (A) Discutir el libro con su madre.
    (B) Discutir la importancia de su educación.
    (C) No ir a buscar a su hermanito.
    (D) No discutir nada con su madre.

Selección número 2

24. ¿Por qué llamó Julia a Roberto?

    (A) Porque su coche no funcionaba.
    (B) Porque quería verlo más tarde.
    (C) Porque iba a llegar tarde a una cita.
    (D) Porque creía que le había mentido.

25. ¿Por qué no quiere salir Roberto con Julia?

    (A) Porque no le gusta su primo.
    (B) Porque ella es muy antipática.
    (C) Porque no le gusta salir.
    (D) Porque ella miente mucho.

26. ¿Qué le pide la madre a Roberto?

    (A) Que se reúna con Julia en la tienda.
    (B) Que le compre un regalo a Julia.
    (C) Que vaya de compras con ella.
    (D) Que acompañe al primo de Julia.

27. ¿Qué le sorprende a la madre de Roberto?

    (A) Que Roberto le haya mentido.
    (B) Que Julia sea tan antipática.
    (C) Que Julia esté enojada con su primo.
    (D) Que Roberto quiera salir con ella.

go on to the next page . . .

Selección número 3

28. ¿Qué le pide Tina a Genaro?

    (A) Que se corte el pelo.
    (B) Que se peine diferente.
    (C) Que se vaya de vacaciones.
    (D) Que se recoja el pelo.

29. ¿Cuál es problema de Genaro?

    (A) No le gusta su peluquero.
    (B) No le gusta el pelo corto.
    (C) Le molesta el pelo largo.
    (D) Le crece el pelo muy rápido.

30. ¿Cuándo se va a cortar el pelo Genaro?

    (A) En unas semanas.
    (B) La semana próxima.
    (C) Antes de ir de vacaciones.
    (D) Durante sus vacaciones.

Selección número 4

31. ¿Para quién pintó Zurbarán muchos de sus cuadros?

    (A) Para sus hijos.
    (B) Para instituciones religiosas.
    (C) Para museos muy famosos.
    (D) Para galerías en Madrid.

32. ¿Por qué cambió su estilo Zurbarán?

    (A) Porque necesitaba ganar dinero.
    (B) Porque se lo pidió el rey.
    (C) Porque se encontraba muy enfermo.
    (D) Porque fue influenciado por sus hijos.

END OF SECTION I

continued . . .

SECTION II

READING

Time—Approximately 40 minutes
Questions 33–85

Part A

Directions: Read the following statements and the four suggested completions. Then, choose the most appropriate completion and fill in the corresponding oval on the answer sheet.

33. El profesor siempre . . . la pizarra antes de empezar la clase.

    (A) borra
    (B) firma
    (C) rompe
    (D) nieva

34. Por favor, . . . cuidado salgas. Hace mucho viento.

    (A) ten
    (B) sé
    (C) haz
    (D) ven

35. Generalmente, nosotros damos . . . por el parque los domingos.

    (A) un camino
    (B) un abrazo
    (C) una cuenta
    (D) una vuelta

36. Si continúas por . . . calle, llegas a la plaza.

    (A) esa
    (B) ésa
    (C) ése
    (D) ese

37. Quédense a comer; hay . . . comida para todos.

    (A) apenas
    (B) bastante
    (C) acaso
    (D) demasiado

38. Esas piñatas fueron . . . a mano por artesanos mexicanos.

    (A) oídas
    (B) vistas
    (C) hechas
    (D) dichas

39. Graciela, . . . la luz, no veo nada.

    (A) enciende
    (B) aprende
    (C) devuelve
    (D) levanta

40. Si no quieres tener un accidente, conduce . . . cuidado.

    (A) a
    (B) en
    (C) con
    (D) de

go on to the next page . . .

41. ¿Viste . . . programa que te recomendé?

    (A) la
    (B) una
    (C) el
    (D) alguno

42. Para no perder tiempo, tú y yo podemos
    . . . en casa de Alberto.

    (A) vestirse
    (B) vestirme
    (C) vestirnos
    (D) vestir

43. Ya son las tres. Hace más de una hora
    que nosotros . . . a Jorge.

    (A) esperábamos
    (B) esperamos
    (C) esperaríamos
    (D) esperaremos

44. ¿Por qué no te afeitas . . . ? Ya no se ven
    tus labios.

    (A) el brazo
    (B) la oreja
    (C) el bigote
    (D) la lengua

45. Cuando llegué no pude ir a las tiendas
    porque el tren llegó con . . .

    (A) adelanto
    (B) retraso
    (C) prisa
    (D) cuidado

46. Como no teníamos tiempo, nosotros
    íbamos a las montañas . . .

    (A) raramente
    (B) raro
    (C) rara
    (D) rareza

47. Ojalá que Petra . . . todo lo que le
    dijimos.

    (A) crea
    (B) cree
    (C) creerá
    (D) creería

48. Nos dimos cuenta de que Orlando proba-
    blemente ya . . . llegado cuando empezó
    a llover.

    (A) habrá llegado
    (B) habría llegado
    (C) ha llegado
    (D) hubiera llegado

49. Ayer cuando yo . . . a Ricardo, él corría
    por el parque.

    (A) viera
    (B) veré
    (C) vería
    (D) vi

continued . . .

Part B

Directions: In the following passages some words or phrases are missing. For each blank, four possible completions are given. Read the entire passage to get an idea of its content, then select the most appropriate completion, taking into consideration the overall meaning of the passage. Fill in the corresponding oval on the answer sheet.

Ya sea que estés haciendo ejercicio por cuestiones de salud o te estés preparando para ____ (50) ____ en un maratón, no te debes debilitar durante el proceso. Si bien la comida no puede hacer magia, si comes los ____ (51) ____ correctos a la hora apropiada, puedes mejorar la ejecución de tus ejercicios.

Tanto los carbohidratos como las proteínas y las grasas deben ____ (52) ____ parte de tu menú. Lo primeros porque son la principal fuente de energía de su cuerpo, los segundos porque ____ (53) ____ a reparar y mantener el tejido muscular, y los terceros porque sirven de combustible para actividades fuertes. Además debes tomar ____ (54) ____ agua—al menos ocho vasos ____ (55) ____ día—para mantenerte hidratada.

Si comes carbohidratos no más de una hora antes de hacer ejercicio ____ (56) ____ más energía. Pero si comes algo dulce justo antes de ir al gimnasio, tendrá el resultado opuesto. Si vas a comer una comida grande (500 calorías), hazlo cuatro a seis horas ____ (57) ____ hacer ejercicio. Una comida pequeña (un máximo de 400 calorías) toma de dos a tres horas para digerir. Las meriendas grandes (220–300 calorías) son buenas si vas a hacer ejercicio una o dos horas después de ingerirlas. No debes hacer ejercicio con ____ (58) ____ ya que puedes fatigarte.

50. (A) saltar
    (B) bailar
    (C) correr
    (D) recoger

51. (A) pensamientos
    (B) sentimientos
    (C) conocimientos
    (D) alimentos

52. (A) ser
    (B) tener
    (C) haber
    (D) estar

53. (A) pierden
    (B) ayudan
    (C) aumentan
    (D) salen

54. (A) muy
    (B) mucha
    (C) mucho
    (D) tan

55. (A) al
    (B) de
    (C) para
    (D) en

56. (A) tenías
    (B) tuvieras
    (C) tendrás
    (D) tuviste

57. (A) al lado de
    (B) enfrente de
    (C) dentro de
    (D) antes de

58. (A) suerte
    (B) vergüenza
    (C) hambre
    (D) miedo

go on to the next page . . .

Hubo un instante en que dejé de comer ____ (59) ____ inclinando la cabeza sobre el pecho, próximo a llorar, quedé con los ojos fijos en el ____ (60) ____ de pan que tenía entre los dedos, como si ____ (61) ____ en comérmelo; pero luego, reaccionando, ____ (62) ____ eché a la boca. Todas las noches me sucedía ____ (63) ____, y aunque en cada una me hacía el propósito de no ____ (64) ____ a esa hora de mis padres o de mi casa, a la noche ____ (65) ____, junto con echarme a la boca el primer trozo de pan, el recuerdo aparecía. Me avergonzaba ____ (66) ____, pues yo quería ser un hombre duro, sin llantos, sin sentimentalismos, como eran los demás hombres, como era mi padre, por ejemplo. Pero era inútil . . . ____ (67) ____ una botellita con leche y bebí un sorbo; ____ (68) ____ aún tibia* y la saboreé como un gato o como un niño.

*tibia—lukewarm

59. (A) y
    (B) e
    (C) o
    (D) u

60. (A) tamaño
    (B) pedazo
    (C) lugar
    (D) rato

61. (A) dudaría
    (B) dudaba
    (C) dudara
    (D) dudé

62. (A) me lo
    (B) me los
    (C) me las
    (D) me la

63. (A) lo mismo
    (B) él mismo
    (C) igual
    (D) igualmente

64. (A) sentarme
    (B) acordarme
    (C) quitarme
    (D) salirme

65. (A) próxima-
        mente
    (B) futura
    (C) seguida
    (D) siguiente

66. (A) ese
    (B) esa
    (C) eso
    (D) esos

67. (A) Saqué
    (B) Rompí
    (C) Cerré
    (D) Tiré

68. (A) era
    (B) fue
    (C) estaba
    (D) estuviera

continued . . .

Part C

> Directions: In this part you will read several passages that will test your comprehension. After each passage, a number of questions or incomplete statements appear. Choose the most appropriate answer or completion, taking into consideration the overall meaning of the passage. Fill in the corresponding oval on the answer sheet.

Estaba sofocado por el calor, por el sol esplendoroso, que lo enceguecía. Había venido corriendo y se había parado frente a la puerta, del otro lado de la calle, sin atreverse a cruzar, recuperando el aliento. Se sentía observado por la gente que pasaba—varias mujeres, un
Line hombre elegante que lo miró sonriente y al alejarse volvió a mirarlo y sonreírle, unos niños
5 que no conocía y que lo miraron con sorna, un hombre borracho, muy mal vestido, que quiso hablarle, una muchacha que le preguntó si estaba perdido—y que, le parecía, desaprobaba que estuviera allí parado, sin hacer nada, como si fuera a robarse alguna cosa, como si estuviera—lo estaba en realidad—al borde de emprender una aventura. Pasaron minutos que se le hicieron horas antes de entrar en el oscuro zaguán*. Lo hizo por fin, sin hacer ruido, casi
10 en la punta de los pies, muy despacito. Si alguien hubiera salido o entrado en ese momento, si hubiera oído algo, habría echado a correr. Estaba furioso, se sentía impotente y tenía un poco de miedo. ¿Por qué no le mandaban la razón** a su tía con Rosa, la de adentro? ¿Por qué tenía que ser él el mensajero?

*zaguán—entry, hallway
**razón—message

69. Por la manera que se describe el sol, podemos decir que estaba muy . . .

(A) fuerte
(B) oscuro
(C) invisible
(D) placentero

70. ¿Qué sentía la persona que se describe?

(A) Que alguien lo perseguía
(B) Que todo el mundo lo miraba
(C) Que estaba con gente que lo apreciaba
(D) Que la gente que pasaba lo conocía

71. La muchacha que le hizo una pregunta, parece pensar que él . . .

(A) es un pariente
(B) está borracho
(C) está enfermo
(D) es un ladrón

72. ¿Cuánto tiempo pasó antes de que el personaje entrara?

(A) Muy poco tiempo
(B) Unas horas
(C) Casi una hora
(D) Un largo rato

73. ¿Cómo entró él en el zaguán?

(A) Haciendo mucho ruido
(B) Hablándole a alguien
(C) Con mucho cuidado
(D) Con mucha rapidez

74. ¿Cómo parece sentirse él a través de la selección?

(A) Muy nervioso
(B) Muy entusiasmado
(C) Feliz de ser el mensajero
(D) Poderoso por poder llevar el mensaje

go on to the next page . . .

Algunos años mayor que yo, Mayn era hijo del médico de la familia y había decidido seguir la profesión de su padre. Por ello, y dada su ya larga experiencia en Londres, se había ofrecido para hacer las veces de tutor durante el tiempo que yo permaneciera en la ciudad.

Line El que estuviera al borde de la culminación de sus estudios facilitaba el adecuado inicio de
5 los míos, sin olvidar las generosas diligencias que hizo para buscarme alojamiento* durante las primeras semanas. Al comienzo, me alojó en The Saracen's Head, una posada situada frente a Snow Hill. El motivo de su elección estaba justificado por la proximidad del Hospital St. Bartholomew, a tiro de piedra de donde vivía, según dijo. Muy cerca se levantaba también la Charterhouse, escuela de caridad y, sobre todo, sede de la facultad de medicina
10 adjunta al hospital y dispensario que le brindaba atención médica a personas de fortuna esquiva. Allí hacía él algunas de sus prácticas y pronto también tendría que asistir yo a esas aulas.

*alojamiento—lodging

75. Según la selección, el narrador, en comparación con Mayn, era más . . .

(A) joven
(B) profesional
(C) experto
(D) agradable

76. ¿Cuál parece ser la relación entre el narrador y Mayn?

(A) Pariente lejanos
(B) Buenos amigos
(C) Padre e hijo
(D) Médico y paciente

77. El narrador está en Londres para empezar . . .

(A) su luna de miel
(B) su recuperación
(C) sus viajes
(D) sus estudios

78. ¿Por qué puede Mayn ayudar al narrador?

(A) Porque Mayn ya está acabando sus estudios
(B) Porque hacía mucho tiempo que Mayn era médico
(C) Porque Mayn había tenido una vida muy dura
(D) Porque su padre había sido su maestro

79. ¿Por qué se alojó el narrador en The Saracen's Head?

(A) Porque era un lugar muy tranquilo
(B) Porque allí podía recibir atención médica
(C) Porque estaba muy cerca del hospital
(D) Porque Mayn vivía allí también

continued . . .

Consuelo recordó a Severina y subió a su cuarto, levantó la persianas y miró la calle. El "Saltillo" estaba abierto y nadie había roto sus ventanas. No vio ningún automóvil estacionado en la calleja lateral. La tarde estaba demasiado tranquila. Vio pasar a dos jóvenes
Line arrojando octavillas y notó que desde la ventana del edificio de enfrente la observaba una
5 mujer en bata. Se inclinó para ver la esquina opuesta y descubrió la figura enlutada de Ramona, recortada en la resplandeciente luz como un viejo cuervo enorme. Ramona la espiaba desde la saliente de un muro blanco. Al verse descubierta se ocultó con rapidez. "Tú y tu hermano ahorcaron a mi tío", se dijo Consuelo, y prometió vengarse. Bajaría inmediatamente a decírselo a Amparo. La encontró charlando con Rosa, ambas parecían preocu-
10 padas y hablaban en voz baja. "¡Se lo diré a Ramona!", se dijo y se echó a la calle en busca de la vieja. Al llegar a la esquina, en la que estaba apostada la mujer, no encontró a nadie. Ramona había desaparecido.

80. Podemos decir que en el lugar donde tiene lugar la acción de esta selección . . .

    (A) todo marcha normalmente
    (B) las personas se sienten inquietas
    (C) alguien rompió las ventanas
    (D) no hay lugar para estacionar

81. ¿De qué se dio cuenta Consuelo?

    (A) De que dos jóvenes la perseguían
    (B) De que desde su cuarto podía ver todo
    (C) De que alguien la miraba
    (D) De que había varias personas en la esquina

82. ¿Cómo iba vestida Ramona?

    (A) De amarillo
    (B) De negro
    (C) De colores vivos
    (D) De blanco

83. Por la manera que actúa Consuelo sabemos que ella . . .

    (A) se llevaba muy bien con Ramona
    (B) había perdonado a Ramona
    (C) disfrutaba la tarde
    (D) evitaba que la vieran

84. Cuando Consuelo llegó a la esquina buscando a Ramona; Ramona . . .

    (A) hablaba con Amparo
    (B) ya no estaba allí
    (C) estaba en medio de la calle
    (D) caminaba a la esquina opuesta

85. El ambiente a través de la selección parece . . .

    (A) romántico
    (B) placentero
    (C) misterioso
    (D) relajador

END OF SECTION II

STOP

ANSWER KEY

TEST 1

Part A

			Part B		
1. C	9. D	19. C	Part B	38. A	48. B
2. A	10. A	20. A	29. A	39. B	49. A
3. C	11. D	21. B	30. A	40. C	50. A
4. B	12. A	22. B	31. A	41. B	51. A
5. A	13. A	23. B	32. B	42. D	52. A
6. A	14. B	24. A	33. B	43. B	53. D
7. C	15. C	25. A	34. D	44. A	54. D
8. C	16. C	26. B	35. A	45. B	55. C
	17. B	27. A	36. C	46. C	56. D
	18. D	28. B	37. C	47. B	57. C

Part C

The answer to some questions may depend on more than one statement in the passage. In that case more than one line will be listed in the Answer Explanations. When the answer depends on the overall meaning of the passage, the answer is indicated by "overall meaning."

58. B	68. A	78. D
59. A	69. B	79. A
60. A	70. C	80. B
61. D	71. A	81. A
62. A	72. B	82. C
63. B	73. B	83. A
64. C	74. D	84. D
65. C	75. A	85. B
66. A	76. C	
67. A	77. C	

TEST 2

Part A

1. A	10. A	21. A	32. B	41. D	52. B
2. B	11. C	22. C	33. B	42. B	53. A
3. D	12. C	23. B	34. B	43. A	54. B
4. D	13. A	24. D	35. B	44. B	55. D
5. A	14. B	25. A	36. C	45. D	56. B
6. B	15. A	26. A		46. C	57. D
7. B	16. B	27. C	**Part B**	47. C	58. A
8. B	17. A	28. D	37. A	48. A	59. B
9. A	18. A	29. B	38. B	49. D	60. A
	19. D	30. A	39. A	50. C	61. C
	20. D	31. C	40. B	51. A	

Part C

The answer to some questions may depend on more than one statement in the passage. In that case more than one line will be listed in the Answer Explanations. When the answer depends on the overall meaning of the passage, the answer is indicated by "overall meaning."

62. A	66. C	70. A	74. A	78. D	82. A
63. B	67. D	71. B	75. C	79. D	83. A
64. C	68. A	72. B	76. C	80. B	84. B
65. A	69. C	73. D	77. A	81. D	85. C

TEST 3

Part A					
	9. A	20. D	31. D	40. A	51. D
1. A	10. D	21. A	32. B	41. C	52. A
2. A	11. A	22. B	33. D	42. C	53. B
3. B	12. B	23. A		43. A	54. D
4. C	13. C	24. D	**Part B**	44. C	55. D
5. D	14. C	25. D	34. D	45. C	56. A
6. A	15. A	26. D	35. B	46. A	57. C
7. A	16. D	27. B	36. C	47. A	58. B
8. C	17. B	28. C	37. D	48. B	59. C
	18. C	29. A	38. B	49. C	60. B
	19. D	30. A	39. D	50. B	

Part C

The answer to some questions may depend on more than one statement in the passage. In that case more than one line will be listed in the Answer Explanations. When the answer depends on the overall meaning of the passage, the answer is indicated by "overall meaning."

61. C	66. D	71. B	76. A	81. A
62. B	67. D	72. A	77. B	82. A
63. D	68. A	73. C	78. D	83. A
64. B	69. C	74. C	79. D	84. C
65. A	70. B	75. D	80. A	85. C

TEST 4

Part A					
	10. C	21. C	**Part B**	41. A	52. A
1. A	11. B	22. B	31. C	42. B	53. A
2. C	12. D	23. A	32. A	43. B	54. D
3. D	13. D	24. D	33. B	44. D	55. C
4. B	14. A	25. C	34. D	45. A	56. C
5. A	15. D	26. C	35. A	46. C	57. B
6. B	16. D	27. B	36. D	47. C	58. B
7. A	17. A	28. A	37. B	48. D	59. D
8. D	18. C	29. A	38. D	49. B	60. A
9. B	19. A	30. D	39. C	50. D	61. D
	20. B		40. C	51. A	62. C

Part C

The answer to some questions may depend on more than one statement in the passage. In that case more than one line will be listed in the Answer Explanations. When the answer depends on the overall meaning of the passage, the answer is indicated by "overall meaning."

63. B	**67.** D	**71.** C	**75.** B	**79.** D	**83.** C
64. B	**68.** D	**72.** C	**76.** A	**80.** C	**84.** B
65. A	**69.** C	**73.** A	**77.** C	**81.** A	**85.** D
66. D	**70.** A	**74.** D	**78.** A	**82.** B	

TEST 5
Part A

	9. A	**20.** A	**31.** D	**40.** A	**51.** A
	10. D	**21.** B	**32.** A	**41.** B	**52.** A
1. B	**11.** A	**22.** D	**33.** A	**42.** D	**53.** D
2. A	**12.** B	**23.** C	**34.** A	**43.** C	**54.** B
3. C	**13.** D	**24.** A	**35.** B	**44.** B	**55.** C
4. D	**14.** B	**25.** B		**45.** D	**56.** A
5. D	**15.** D	**26.** A	**Part B**	**46.** D	**57.** A
6. B	**16.** C	**27.** B	**36.** A	**47.** B	**58.** D
7. C	**17.** B	**28.** A	**37.** C	**48.** C	**59.** D
8. C	**18.** B	**29.** A	**38.** A	**49.** B	**60.** C
	19. B	**30.** C	**39.** C	**50.** B	

Part C

The answer to some questions may depend on more than one statement in the passage. In that case more than one line will be listed in the Answer Explanations. When the answer depends on the overall meaning of the passage, the answer is indicated by "overall meaning."

61. D	**66.** A	**71.** D	**76.** A	**81.** A
62. C	**67.** A	**72.** D	**77.** D	**82.** A
63. A	**68.** C	**73.** B	**78.** C	**83.** B
64. B	**69.** B	**74.** C	**79.** C	**84.** C
65. D	**70.** A	**75.** B	**80.** D	**85.** A

TEST 6
Part A

	10. C	**21.** D	**32.** C	**41.** B	**52.** A
	11. D	**22.** A	**33.** B	**42.** A	**53.** B
1. A	**12.** A	**23.** B	**34.** B	**43.** B	**54.** C
2. B	**13.** B	**24.** C	**35.** C	**44.** B	**55.** B
3. D	**14.** B	**25.** B	**36.** A	**45.** C	**56.** D
4. C	**15.** D	**26.** A	**37.** B	**46.** A	**57.** A
5. B	**16.** A	**27.** B	**38.** C	**47.** C	**58.** C
6. A	**17.** D	**28.** A	**39.** B	**48.** D	**59.** D
7. C	**18.** A	**29.** B		**49.** D	**60.** A
8. A	**19.** C	**30.** D	**Part B**	**50.** C	**61.** B
9. B	**20.** A	**31.** C	**40.** D	**51.** D	**62.** D

Part C

The answer to some questions may depend on more than one statement in the passage. In that case more than one line will be listed in the Answer Explanations. When the answer depends on the overall meaning of the passage, the answer is indicated by "overall meaning."

63. A	67. A	71. C	75. D	79. A	83. A
64. A	68. B	72. C	76. B	80. D	84. B
65. B	69. D	73. B	77. D	81. C	85. B
66. C	70. D	74. D	78. B	82. C	

TEST 7	11. B	23. C	**Part B**	44. C	56. A
Part A	12. D	24. D	33. A	45. A	57. B
1. C	13. A	25. C	34. B	46. B	58. A
2. B	14. D	26. D	35. A	47. D	59. D
3. A	15. A	27. C	36. D	48. A	
4. D	16. A	28. A	37. D	49. C	
5. B	17. D	29. C	38. C	50. A	
6. C	18. C	30. A	39. D	51. B	
7. B	19. D	31. B	40. B	52. B	
8. A	20. A	32. B	41. A	53. D	
9. B	21. B		42. C	54. C	
10. C	22. A		43. B	55. D	

Part C

The answer to some questions may depend on more than one statement in the passage. In that case more than one line will be listed in the Answer Explanations. When the answer depends on the overall meaning of the passage, the answer is indicated by "overall meaning."

60. B	65. D	70. A	75. B	80. A	84. C
61. B	66. C	71. D	76. B	81. B	85. D
62. C	67. C	72. C	77. A	82. B	
63. A	68. D	73. A	78. D	83. C	
64. A	69. B	74. D	79. C		

TEST 8

Section I

Part A
1. C
2. A
3. B
4. D
5. C
6. A
7. D
8. C
9. B
10. B

Part B
11. A
12. B
13. D
14. B
15. C
16. A
17. D
18. A
19. B
20. B

Part C
21. B

22. C
23. B
24. A
25. D
26. C
27. B
28. A
29. B
30. A
31. C
32. C
33. A
34. B

Section II

Part A
35. A
36. D
37. B
38. D
39. A
40. C
41. B
42. C
43. D
44. D
45. C
46. A

47. A
48. C
49. C
50. A
51. C
52. C

Part B
53. D
54. C
55. A
56. A
57. B
58. C

59. D
60. D
61. B
62. C
63. B
64. A
65. C
66. D
67. A
68. C
69. D
70. A
71. B
72. C

Part C

The answer to some questions may depend on more than one statement in the passage. In that case more than one line will be listed in the Answer Explanations. When the answer depends on the overall meaning of the passage, the answer is indicated by "overall meaning."

73. A
74. C
75. D

76. A
77. A
78. A

79. D
80. C
81. A

82. D
83. C

84. B
85. B

TEST 9

Section I

Part A
1. A
2. B
3. C
4. D
5. B
6. C
7. D
8. A
9. A
10. B

Part B
11. D
12. B
13. C
14. B
15. D
16. A
17. C
18. A
19. B
20. D

Part C
21. B

22. A
23. B
24. B
25. A
26. C
27. C
28. D
29. A
30. C
31. C
32. A
33. D
34. C

Section II

Part A
35. A
36. C
37. A
38. A
39. B
40. A
41. C
42. D
43. C
44. A
45. C
46. B

47. C
48. D
49. D
50. A
51. D
52. A

Part B
53. C
54. D
55. C
56. A
57. B
58. C

59. B
60. D
61. B
62. A
63. B
64. B
65. C
66. C
67. A
68. B
69. D
70. D
71. C
72. A

Part C

The answer to some questions may depend on more than one statement in the passage. In that case more than one line will be listed in the Answer Explanations. When the answer depends on the overall meaning of the passage, the answer is indicated by "overall meaning."

73. B	76. C	79. C	82. A	84. C
74. B	77. A	80. A	83. D	85. B
75. D	78. D	81. B		

TEST 10	Part B	23. C	35. D	Part B	64. B
Section I	11. A	24. B	36. A	50. C	65. D
Part A	12. D	25. A	37. B	51. D	66. C
1. D	13. A	26. C	38. C	52. A	67. A
2. A	14. B	27. D	39. A	53. B	68. C
3. D	15. B	28. A	40. C	54. B	
4. B	16. C	29. D	41. C	55. A	
5. C	17. C	30. B	42. C	56. C	
6. C	18. A	31. B	43. B	57. D	
7. A	19. A	32. A	44. C	58. C	
8. B	20. D		45. B	59. B	
9. C		**Section II**	46. A	60. B	
10. D	Part C	Part A	47. A	61. C	
	21. B	33. A	48. B	62. A	
	22. A	34. A	49. D	63. A	

Part C

The answer to some questions may depend on more than one statement in the passage. In that case more than one line will be listed in the Answer Explanations. When the answer depends on the overall meaning of the passage, the answer is indicated by "overall meaning."

69. A	72. A	75. A	78. A	81. C	84. B
70. B	73. C	76. B	79. C	82. B	85. C
71. D	74. A	77. D	80. A	83. D	

ANSWER KEY WITH EXPLANATIONS

Note that some words that are cognates have not been translated.

TEST 1
Part A
1. **(C) todavía**–yet; nada–nothing, también–also, siempre–always; llegar a tiempo–to arrive on time
2. **(A) ¿De veras?**–Really?; ¿Qué tal?–How goes it?, ¡Salud!–Good health!, ¡Bienvenido!–Welcome!
3. **(C) ruido**–noise; viento–wind, sudor–sweat, camino–road
4. **(B) contar**–to tell (a story); repasar–to review, responder–to answer, charlar–to chat; cuentos de hadas–fairy tales
5. **(A)** the preterit is needed; *see* section 7.1
6. **(A) hacer apuntes**–to take notes; notas–notes, escritos–writings, letras–letters; prestar atención–to pay attention
7. **(C) lo**; lo + adjective–how old . . .
8. **(C) probar**–to try on; sacar–to take out, llevar–to carry, tartar–to try
9. **(D) se quite**–negative formal command; piso–floor, sucio–dirty
10. **(A) cruzar**; after *prohibir* the infinitive may be used; *see* section 13.7.1
11. **(D) capaz**–capable; profunda–deep, lenta–slow, antigua–old
12. **(A) cruda**–raw; hecha–done, mojada–wet, tostada–toasted; carne–meat
13. **(A) colgar**–to hang up; dejar–to leave, seguir–to follow, continue, buscar–to look for
14. **(B) aquello**; *see* section 5.5
15. **(C) odiara**; the subjunctive is needed after *no creer*; *see* section 13.7.3
16. **(C) hacían**; the plural is needed; *see* sections 6.10 and 6.11
17. **(B) tranquilidad**; a noun is needed
18. **(D) ladrones**–thieves; enfermeros–nurses, deportistas–athletes, periodistas–newspapermen; although any of these words could be correct, because of the context, thieves is the most appropriate response; robos–thefts
19. **(C) cobrar**–to charge; fijar–to fix, cargar–to load, romper–to break; limpiar–to clean
20. **(A) quejas**–complaints; mentiras–lies, propina–tip, lástima–pity (¡Qué lástima!–What a pity!)
21. **(B) adivinar**–to guess; saludar–to greet, seguir–to follow, continue, pedir–to request
22. **(B) contar con**–to rely or count on; pensar–to think, comenzar–to begin, reunir–to gather
23. **(B) recogieran**; the subjunctive is needed after *permitir*; *see* section 13.7.1; campesino–farmer
24. **(A) tengamos**; the subjunctive is needed after *aunque*; *see* section 13.7.6
25. **(A) consigo**; the present indicative is needed; conseguir–to get
26. **(B) tendrás**; the future is needed
27. **(A) desafortunadamente**–unfortunately; igualmente–equally, cuidadosamente–carefully, naturalmente–naturally
28. **(B) sabía**; the imperfect indicative is needed; *see* section 8.1

Part B
29. **(A) espejo**–mirror; billete–bill, ticket, cara–face, pared–wall
30. **(A) quien**; s*ee* section 5.6.2
31. **(A) soler**–to be in the habit of doing; decir–to say, tell, conseguir–to get, usar–to use
32. **(B) murieran**; the subjunctive is needed after *antes de que*; *see* section 13.7.7
33. **(B) cualquiera**–anyone (pronoun); cualquier–any (adjective)
34. **(D) creciendo**; the present participle is needed; *see* section 6.8.2

35. **(A) sólo**–only; solos, solo, sola–alone (adjectives)
36. **(C) entre**–between; además–besides, desde–from, con–with
37. **(C) temprano**–early; adelantado–advanced, fast (clock), atrasado–late, behind (time)
38. **(A) se les** (indirect object pronoun); *see* section 5.3.4
39. **(B) morir**–to die; caer–to fall, valer–to be worth, repartir–to divide up, distribute
40. **(C) saben**–to know (a fact); the present indicative is needed; conocer–to know someone
41. **(B) temor**–fear; sabor–taste, calor–heat, favor–favor
42. **(D) avergonzados**–ashamed; liberados–liberated, felicitados–congratulated
43. **(B) le** (indirect object pronoun); *see* section 5.3.3; acariciar–to caress
44. **(A) voz**–voice; lengua–tongue, language, palabra–word, mirada–look
45. **(B) tanta**–as much; menor–younger, muy–very, mejor–better
46. **(C) angustiosamente** (adverb)
47. **(B) sino**–but; *see* section 15.3
48. **(B) se**–limpiarse–to clean oneself
49. **(A) pañuelo**–handkerchief; bolsillo–pocket, anillo–ring, cartera–wallet
50. **(A) cara**–face; lengua–tongue, corazón–heart, hueso–bone
51. **(A) cabeza**–head; uña–nail, sonrisa–smile, madera–wood
52. **(A) ya**–still; también–also, pronto–soon, algo–something
53. **(D) hacia**–toward; entre–between, sin–without
54. **(D) lleno**–full; roto–broken, pesado–heavy
55. **(C) pensar**; the infinitive is needed after a preposition
56. **(D) hubiera pasado**; the subjunctive is needed after *como si*; *see* section 13.10.3
57. **(C) detrás**–behind; antes–before, adentro–inside, desde–from

Part C

The answer to some questions may depend on more than one statement in the passage. In that case more than one line will be listed.

When the answer depends on the overall meaning of the passage, the answer is indicated by "overall meaning."

58. **(B)** Lines 1–2
59. **(A)** Line 3
60. **(A)** Lines 3–4
61. **(D)** Line 5
62. **(A)** Lines 7–8
63. **(B)** Line 9
64. **(C)** Lines 10–11
65. **(C)** Lines 14–15
66. **(A)** Overall meaning
67. **(A)** Lines 20–22
68. **(A)** Lines 1–4
69. **(B)** Lines 6–7
70. **(C)** Lines 8–10
71. **(A)** Line 2
72. **(B)** Lines 4–7
73. **(B)** Lines 9–12
74. **(D)** Lines 14–17
75. **(A)** Lines 21–23
76. **(C)** Overall meaning
77. **(C)** Lines 25–27
78. **(D)** Overall meaning
79. **(A)** Overall meaning
80. **(B)** Lines 2–3
81. **(A)** Lines 4–6
82. **(C)** Lines 8–12
83. **(A)** Lines 13–14, 15
84. **(D)** Lines 16–17
85. **(B)** Line 18

TEST 2
Part A

1. **(A) ancha**–wide; soltera–single, entera–whole, sucia–dirty; **te queda ancha**–it is too big
2. **(B) perder**–to lose; peinarse–to comb one's hair, pasear–to take a walk, parar–to stop
3. **(D) lo + adverb**–how well; *see* section 1.2; salir bien (mal)–to do well (badly)
4. **(D) libremente**–freely; libre–free, libertad–freedom
5. **(A) no caber duda**–there is no doubt; cabeza–head, razón–reason, lugar–place
6. **(B) encogerse**–to shrink; escoger–to choose, extinguir–to extinguish, parecerse–to look like

7. **(B) tardar en**–to be long in
8. **(B) hacer falta**–to be lacking
9. **(A) testigo**–witness; abogado–lawyer, mesero–waiter
10. **(A) masticar**–to chew; suplicar–to beg, equivocar–to mistake, pescar–to fish
11. **(C) leer**; *see* section 13.7.1
12. **(C) en punto**–on the dot; en cambio–on the other hand, en seguida–at once, right away, en cuanto–as soon as
13. **(A) tenía**; the imperfect is needed; *see* section 8.1
14. **(B) arena**–sand; ola–wave, cartera–wallet, calcetín–sock
15. **(A) parecerse**–to look like; mirarse–to look at oneself, probarse–to try on, despedirse–to say good-bye
16. **(B) guantes**–gloves; espejuelos–eyeglasses, bolsillos–pockets, cinturones–belts
17. **(A) oigo**; the present is needed
18. **(A) bastante**–enough; antes–before, acaso–perhaps, maybe, temprano–early
19. **(D) se les**; *see* section 6.6.6
20. **(D) quedan**–to have left; *see* sections 6.10 and 6.11
21. **(A) se case**; the subjunctive is needed after *desear*; *see* section 13.7.1
22. **(C) terminara**; the subjunctive is needed; *see* section 13.7.1
23. **(B) demasiada** (adjective), agrees with *gente*
24. **(D) digas**; the subjunctive is needed after *rogar*; *see* section 13.7.1
25. **(A) visitara**; the subjunctive is needed after *ser curioso que*; *see* section 13.7.4
26. **(A) pero**–but; *see* section 15.3
27. **(C) para**; *see* section 19.5.1
28. **(D) se cayó**; the preterit is needed; *see* section 7.1
29. **(B) viniera**; the subjunctive is needed after *esperar*; *see* section 13.7.1
30. **(A) había regresado**; the pluperfect is needed; *see* section 10.1
31. **(C) los**; temas (masculine)
32. **(B) era**; the imperfect is needed; *see* section 8.1
33. **(B) ese**; *lavamanos* is singular here (no cabe–it does not fit); *see* section 2.1
34. **(B) se sentía**; the indicative is needed; *see* section 13.7.6

35. **(B) irás**; *see* section 13.10.4
36. **(C) sabemos**; the indicative is needed after *no hay duda*; *see* section 13.7.5

Part B
37. **(A) ni**; *see* section 15.1
38. **(B) jamás olvidaríamos**–would never forget
39. **(A) varias veces**–several times
40. **(B) tristeza**–sadness; ventaja–advantage, brisa–breeze, guerra–war
41. **(D) esconderse**–to hide oneself; despertarse–to wake up, caerse–to fall down, arreglarse–to get dressed up
42. **(B) sentado**–seated (adjective)
43. **(A) hubiera oído**; the subjunctive is needed after *como si*; *see* section 13.10.3
44. **(B) lo que**; *see* section 5.6.3
45. **(D) claramente**; an adverb is needed
46. **(C) marcharse**–to go away; asustarse–to be frightened, tirarse–to throw oneself, enterarse–to find out
47. **(C) que**–that; *see* section 5.6.1
48. **(A) ella**; *see* section 5.2
49. **(D) como**–as; pues–then, aun–even, así–so, thus
50. **(C) fuéramos**; the subjunctive is needed after *como si*; *see* section 13.10.3
51. **(A) nadie**–nobody, no one; *see* section 15.1
52. **(B) ya**–already; más–more, contra–against, hasta–until
53. **(A) acercarse**–to approach; conseguir–to get, obtain, pasearse–to go for a walk, ponerse–to put on
54. **(B) lugar**–place; pez–fish, cuarto–room
55. **(D) tratar de**–to try to
56. **(B) estuvieran**; the subjunctive is needed after *antes de que*; *see* section 13.7.7
57. **(D) persiguieran**; the subjunctive is needed after *como si*; *see* section 13.10.3
58. **(A) leer**–to read; medir–to measure, arreglar–to fix, preguntar–to ask
59. **(B) oscurecer**–to get dark; levantar–to raise, lift, sorprender–to suprise, aclarar–to clear up
60. **(A) poner**; ir a + infinitive; *see* section 19.1
61. **(C) descalzo**–barefoot; peinado–combed, enojado–angry, caminado–walked

Part C

The answer to some questions may depend on more than one statement in the passage. In that case more than one line will be listed. When the answer depends on the overall meaning of the passage, the answer is indicated by "overall meaning."

62. **(A)** Lines 1–2
63. **(B)** Lines 2–4
64. **(C)** Lines 5–9
65. **(A)** Lines 8–9
66. **(C)** Lines 1–2
67. **(D)** Lines 3–4
68. **(A)** Lines 4–5
69. **(C)** Lines 6–7
70. **(A)** Lines 8–9
71. **(B)** Line 10
72. **(B)** Lines 11–12
73. **(D)** Line 2
74. **(A)** Lines 3–4
75. **(C)** Lines 7–8
76. **(C)** Line 9
77. **(A)** Lines 10–14
78. **(D)** Lines 4–5, 11–13
79. **(D)** Lines 12–13
80. **(B)** Lines 14–16
81. **(D)** Line 2
82. **(A)** Lines 6–7
83. **(A)** Lines 8–9
84. **(B)** Lines 10–11
85. **(C)** Lines 11–15

TEST 3
Part A

1. **(A)** **sello**–stamp; viaje–trip, estante–bookshelf, avión–airplane
2. **(A)** **jabón**–soap; reloj–watch, piedra–stone, tierra–earth, world
3. **(B)** **dibujar**–to draw; apagar–to turn off, gastar–to spend, estacionar–to park
4. **(C)** **haz**; familiar singular command *(tú)* is needed
5. **(D)** **puente**–bridge; alfombra–rug, chaqueta–jacket, premio–prize
6. **(A)** **gusta**; singular form is needed when *gustar* is followed by an infinitive; *see* section 6.10

7. **(A)** **dolerle**–to hurt; quitarle–to take off, faltarle–to be lacking, tocarle–to be someone's turn
8. **(C)** **tener prisa**–to be in a hurry; tener éxito–to be successful, tener razón–to be right, tener suerte–to be lucky
9. **(A)** a personal *a* is needed; *see* section 19.3
10. **(D)** **de pie**–standing up; de prisa–in a hurry, de pronto–suddenly, de memoria–from memory
11. **(A)** **pescar**–to fish; recordar–to remember, enviar–to send, encontrar–to find
12. **(B)** **haya terminado**; the subjunctive is needed after *es absurdo*; *see* section 13.7.4
13. **(C)** **de nuevo**–again; con adelanto–early, tal vez–perhaps, rara vez–rarely
14. **(C)** **tormenta**–storm; torre–tower, carretera–highway, cosecha–harvest
15. **(A)** **lago**–lake; camino–road, traje–suit, ruido–noise
16. **(D)** **haya**; the subjunctive is needed after *es extraño*; *see* section 13.7.4
17. **(B)** **colgar**–to hang; aprender–to learn, envíar–to send, presentar–to present, to introduce (a person)
18. **(C)** **cuidar**–to take care of; crecer–to grow, cumplir–to fulfill, to attain, cazar–to hunt
19. **(D)** **fecha**–date; mesa–table, luna–moon, tela–material
20. **(D)** **sobre**–envelope; repaso–review, piso–floor, pastel–cake, pie; recibo–receipt
21. **(A)** **cielo**–sky; equipo–team, escritorio–desk, cajón–big box; brillar–to shine, estrella–star
22. **(B)** **fila**–row; frente–front, forehead, fábrica–factory, falda–skirt
23. **(A)** **aburrido**–bored; sucio–dirty, lleno–full, celoso–jealous
24. **(D)** **viera**; the subjunctive is needed after *antes de que*; *see* section 13.7.7
25. **(D)** **sepa**; the subjunctive is needed after an indefinite antecedent; *see* section 13.7.8
26. **(D)** **para**; *see* section 19.5.1
27. **(B)** **supe**; the preterit is needed; *see* section 7.7
28. **(C)** **hacía**; the imperfect is needed; *see* section 8.1

29. **(A) pueda**; the subjunctive is needed after *esperar*; *see* section 13.7.1
30. **(A) la**; mano (feminine); *see* section 2.1
31. **(D) traigo**; the present is needed
32. **(B) me entretengo**; the present is needed
33. **(D) criticar**; the infinitive is needed; *see* section 13.7

Part B

34. **(D) había visto**; the pluperfect is needed; *see* section 10.1
35. **(B) salía**; the imperfect is needed; *see* section 8.1
36. **(C) brazos**–arms; pies–feet, dedos–fingers, hombros–shoulders
37. **(D) pajarito**–little bird; perrito–little dog, gatito–little cat, caballito–little horse
38. **(B) para**; *see* section 19.5.1
39. **(D) quien**; *see* section 5.6.2
40. **(A) le** (indirect object pronoun); *see* section 5.3.3
41. **(C) llorar**–to cry; traer–to bring, subir–to go up, apagar–to turn off
42. **(C) ponerse contento**–to become happy; mirarse–to look at oneself, vetirse–to get dressed, llevarse–to carry off, take away
43. **(A) juntos**–together; alejados–removed, sentados–sitting, acostados–lying down
44. **(C) cantando**; the present participle is needed
45. **(C) comer**–to eat; volar–to fly, correr–to run, caminar–to walk
46. **(A) luz**–light; voz–voice, cara–face, nube–cloud
47. **(A) de arriba abajo**–from top to bottom; de hoy en adelante–from today on, de mala gana–reluctantly, de ninguna manera–by no means
48. **(B) cubierta** (la cabeza)
49. **(C) pelo**–hair; piel–skin, polvo–dust, pecho–chest
50. **(B) Era**; the imperfect is needed; *see* section 8.1
51. **(D) estaban**; the imperfect is needed; *see* section 8.1
52. **(A) pagarían**; the conditional is needed; *see* section 12.1

53. **(B) sobre**–about; según–according to, hacia–toward
54. **(D) mejores**–best; the superlative is needed; *see* section 3.6.3
55. **(D) donde**–where
56. **(A) estaba**; the imperfect is needed; *see* section 8.1
57. **(C) se oían**–one could hear; *see* section 6.9.2
58. **(B) parecían**; plural form of the verb in the imperfect is needed (las disputas)
59. **(C) bolsillo**–pocket; cartero–mailman, hombro–shoulder, zapato–shoe
60. **(B) quedar**–to be (place); sentir–to feel, sonreír–to smile

Part C

The answer to some questions may depend on more than one statement in the passage. In that case more than one line will be listed. When the answer depends on the overall meaning of the passage, the answer is indicated by "overall meaning."

61. **(C)** Lines 1–2
62. **(B)** Lines 3–4
63. **(D)** Line 6
64. **(B)** Overall meaning
65. **(A)** Lines 7, 13
66. **(D)** Lines 14–15
67. **(D)** Line 1
68. **(A)** Lines 3–4
69. **(C)** Lines 3–6
70. **(B)** Lines 7–8
71. **(B)** Lines 9–11
72. **(A)** Line 12
73. **(C)** Lines 1–3
74. **(C)** Lines 5–6
75. **(D)** Lines 6–7
76. **(A)** Lines 8–9
77. **(B)** Lines 11–13
78. **(D)** Overall meaning
79. **(D)** Lines 2–4
80. **(A)** Lines 3–4
81. **(A)** Line 6
82. **(A)** Line 6
83. **(A)** Line 9
84. **(C)** Lines 10–11
85. **(C)** Line 11

TEST 4
Part A

1. **(A) mentiroso**–liar; hermoso–beautiful, extranjero–foreign, cuidadoso–careful
2. **(C) edad**–age; años–years, época–age, epoch, temporada–season
3. **(D) esquina**–corner; ventana–window, techo–roof, anden–platform (train)
4. **(B) mangas**–sleeves; brazos–arms, bolsillos–pockets, piernas–legs
5. **(A) estacionar**–to park; volar–to fly, nadar–to swim, partir–to split up
6. **(B) el**; singular masculine article needed; *see* section 2.1
7. **(A) libertad**–freedom; juventud–youth, luz–light, voz–voice
8. **(D) delgado**–slim; estrecho–narrow, simpático–nice, divertido–amusing, entertaining
9. **(B) sacar**–to take out; saltar–to jump, colocar–to place, put, corregir–to correct
10. **(C) por**; *see* section 19.5.2
11. **(B) toallas**–towels; medias–stockings, faldas–skirts, corbatas–ties
12. **(D) acercarse**–to get near; desayunarse–to eat breakfast, tocarse–to touch oneself, vestirse–to get dressed
13. **(D) firmar**–to sign; cubrir–to cover, compartir–to share, borrar–to erase
14. **(A) envolver**–to wrap; devolver–to return, cerrar–to close, cubrir–to cover
15. **(D) beca**–scholarship; moneda–coin, propina–tip, cuenta–account, bill
16. **(D) dejar de + infinitive**–to stop doing something; pensar de–to think about, salir de–to leave, servir de–to act as
17. **(A) invitar a**; *see* verbs that take a preposition, section 19.6
18. **(C) leyes**–laws; razones–reasons, noticias–news, verdades–truths
19. **(A) hacer cola**–to queue (up); hacer apuntes–to take notes, hacer juego–to match, go well together, hacer daño–to hurt
20. **(B) lo** (direct object pronoun); *see* section 5.3.1
21. **(C) ese**; a masculine singular adjective is needed (problema, masculine)
22. **(B) han**; present of *haber* is needed to form the present perfect; *see* section 9.1

23. **(A) viajas**; *see* section 6.1
24. **(D) gravemente** (adverb)
25. **(C) se gradúa**; the present indicative tense is needed to express future action (el año que viene); *see* section 6.1
26. **(C) guste**; the subjunctive is needed after *en caso de que*; *see* section 13.7.7
27. **(B) se hicieron**; *see* section 6.6.4
28. **(A) invirtieran**; the subjunctive is needed after *no estar seguro*; *see* section 13.7.3
29. **(A) se le**; *see* section 6.6.6
30. **(D) siguieran**; the subjunctive is needed after *había sido difícil*; *see* section 13.7.4

Part B

31. **(C) fueran**; the subjunctive is needed after *no creer*; *see* section 13.7.3
32. **(A) mayoría**–majority
33. **(B) como**; *see* section 3.6.1
34. **(D) perder**–to lose; pedir–to request, prestar–to lend, pensar–to think
35. **(A) era**; the imperfect is needed; *see* section 8.1
36. **(D) fuera**–outside; encima de–on top, detrás de–behind, debajo de–under, below
37. **(B) éxitos**–successes; sucesos–events, happenings, lugares–places, cantantes–singers
38. **(D) ha alcanzado**–has reached; present perfect is needed
39. **(C) canciones**–songs; parejas–couples, películas–movies, cuentas–bills
40. **(C) ser**; the infinitive is needed after a preposition
41. **(A) orgullosos**–proud; saludables–healthy, cuidadosos–careful, amables–kind
42. **(B) llover**–to rain; llorar–to cry, caer–to fall, comenzar–to begin
43. **(B) mientras**–while; acaso–perhaps, además–besides, hasta–until
44. **(D) vecindario**–neighborhood; ascensor–elevator, lavadora–washing machine, alfombra–rug
45. **(A) rodear**–to surround; vivir–to live, habitar–to inhabit, alcanzar–to reach
46. **(C) afuera**–outside; atrás–behind, enfrente–opposite (to), facing, debajo–under, below

47. **(C) busque**; the formal command is needed (cuente, fíjese)
48. **(D) estarán**; the future is needed
49. **(B) al mismo tiempo**–at the same time; igual–equal, alike, propio–own, siguiente–following
50. **(D) se**; *see* section 6.9.2
51. **(A) lugar**–place; edad–age, ejemplo–example, lectura–reading
52. **(A) salida**–exit; rodilla–knee, sentido–sense, repaso–review
53. **(A) pueblo**–town; río–river, techo–roof, rincón–corner
54. **(D) oyeron**; the preterit is needed; *see* section 7.1
55. **(C) gritar**–to yell; escuchar–to listen, recibir–to receive, sonreír–to smile
56. **(C) estaba**; the imperfect is needed; *see* section 8.1
57. **(B) atravesar**–to cross; limpiar–to clean, saltar–to jump, conducir–to drive
58. **(B) encontraron**; the preterit is needed; *see* section 7.1
59. **(D) con los cuales**; *see* section 5.6.3
60. **(A) iban**; the imperfect is needed; *see* section 8.1
61. **(D) negocios**–businesses; pensamientos–thoughts, saludos–greetings, recuerdos–souvenirs, mementos
62. **(C) eso**; the neuter demonstrative pronoun is needed; *see* section 5.5

Part C

The answer to some questions may depend on more than one statement in the passage. In that case more than one line will be listed. When the answer depends on the overall meaning of the passage, the answer is indicated by "overall meaning."

63. **(B)** Lines 2–3
64. **(B)** Lines 6–8
65. **(A)** Lines 8–10
66. **(D)** Lines 13–14
67. **(D)** Lines 16–18
68. **(D)** Line 20
69. **(C)** Line 21
70. **(A)** Lines 25–26
71. **(C)** Lines 29–30
72. **(C)** Line 1

73. **(A)** Lines 4–6, 7
74. **(D)** Lines 6–7
75. **(B)** Lines 9–10
76. **(A)** Lines 11–12
77. **(C)** Lines 2–3
78. **(A)** Line 4
79. **(D)** Line 5
80. **(C)** Lines 9–10, 11–15
81. **(A)** Lines 12–15
82. **(B)** Lines 17–18
83. **(C)** Lines 20–21
84. **(B)** Lines 27–30
85. **(D)** Overall meaning

TEST 5
Part A

1. **(B) tercer**; *see* section 18.2, trío–trio
2. **(A) él**, prepositional pronoun; *see* section 5.2
3. **(C) nadie**–nobody, no one; *see* section 15.1
4. **(D) propina**–tip; cuenta–account, bill, bolsa–bag, cabeza–head
5. **(D) nublado**–cloudy; limpio–clean, caliente–hot, fresco–cool
6. **(B) del**; salir de + el = salir del
7. **(C) carreteras**–highways; iglesias–churches, aceras–sidewalks, cuadras–(city) blocks
8. **(C) carne**–meat; legumbres–vegetable, árboles–trees, postres–desserts
9. **(A) ahorrar**–to save (money); salvar–to save, rescue, quedar–to remain, tocar–to play, touch
10. **(D) llaves**–keys; luces–lights, muebles–furniture, vasos–glasses
11. **(A) a, acercarse a**–to approach
12. **(B) a eso de**–at about; en lugar de–in place of, acerca de–about, encima de–on top of
13. **(D) uñas**–nails; piernas–legs, narices, noses, rodillas–knees
14. **(B) algodón**–cotton; madera–wood, lana–wool, papel–paper
15. **(D) les** (indirect object pronoun); *see* section 5.3.3
16. **(C) sé, saber**–to know (a fact)
17. **(B) suya**; possessive pronoun is needed; *see* section 5.4

18. **(B) bocadillo**–sandwich; jabón–soap, cuchara–spoon, canción–song
19. **(B) a fines de**–at or about, toward the end of; a lo largo de–along, a través de–through, across, a pesar de–in spite of
20. **(A) lloviznar**–to drizzle; secar–to dry, tocar–to play, touch, enfriar–to cool, chill
21. **(B) faltaba media hora**–there was one half hour to go; echar–to throw, encontrar–to find, hacer–to do, make
22. **(D) aceite**–oil; refresco–soft drink, tenedor–fork, cuchillo–knife
23. **(C) talla**–size; salida–exit, receta–recipe, mitad–half
24. **(A) escoger**–to choose; mostrar–to show, esconder–to hide, molestar–to annoy, bother
25. **(B) vacías**–empty; aburridas–bored, felices–happy, estimadas–esteemed
26. **(A) recoger**–to pick up; pintar–to paint, quemar–to burn, cobrar–to charge
27. **(B) duro**–hard; corto–short, cómodo–comfortable, ancho–wide
28. **(A) esa**; feminine demonstrative adjective is needed; *see* section 2.3
29. **(A) cupimos**; the preterit is needed; *see* section 7.1
30. **(C) quedan**; the plural form of the verb in the present is needed; *see* sections 6.10 and 6.11
31. **(D) fuera**; the subjunctive is needed after *recomendar*; *see* section 13.7.1
32. **(A) llegara**; the subjunctive is needed (contrary-to-fact statement); *see* section 13.10.4
33. **(A) hubieran dicho**; the subjunctive is needed after *parecer mentira*; *see* section 13.7.2
34. **(A) comamos**; the subjunctive is needed after *es justo*; *see* section 13.7.4
35. **(B) salgamos**; the subjunctive is needed after *aconsejar*; *see* section 13.7.1

Part B

36. **(A) más que**–more than; *see* section 3.6.2
37. **(C) conocimientos**–knowledge; pensamientos–thoughts, sentimientos–feelings
38. **(A) sobre**–about; desde–from, con–with, contra–against
39. **(C) crecer**–to grow; ayudar–to help, andar–to walk, aprender–to learn
40. **(A) triunfar**; the infinitive is needed after a preposition
41. **(B) de, tratar de**–to try to; see verbs that take a preposition, section 19.8
42. **(D) preparados**; plural masculine adjective is needed (los estudiantes)
43. **(C) lograr**–to get, obtain, attain; pensar–to think, repasar–to review, preguntar–to ask
44. **(B) perder**–to lose; buscar–to look for, sentir–to feel, levantar–to lift
45. **(D) gustaron**; the preterit is needed; plural needed (matemáticas); *see* section 6.10
46. **(D) edad**–age; juventud–youth, talla–size, época–time, epoch
47. **(B) se pondrá**; the future is needed
48. **(C) al, al principio**–at the beginning
49. **(B) era**; the imperfect is needed; *see* section 8.1
50. **(B) se iba**; the imperfect is needed; *see* section 8.1
51. **(A) despedirse**–to say good-bye; quitarse–to take off, olvidarse–to forget, ponerse–to put on
52. **(A) escalera**–stair; pared–wall, camino–road, bosque–forest
53. **(D) tardar**–to take a long time; llegar–to arrive, creer–to believe, comenzar–to begin
54. **(B) lo**; *see* section 5.3.1
55. **(C) al lado de**–next to; arriba de–on top of, dentro de–inside, después de–after
56. **(A) mirándome**; the present participle is needed
57. **(A) atreverse**–to dare; levantarse–to get up, mudarse–to move, parecerse–to look like
58. **(D) luego**–later; vez–time (una vez–once), tarde–late, un rato–a while
59. **(D) pudiera**; the subjunctive is needed after *antes de que*; *see* section 13.7.7
60. **(C) se**, marcharse–to go away, leave

Part C

The answer to some questions may depend on more than one statement in the passage.

In that case more than one line will be listed. When the answer depends on the overall meaning of the passage, the answer is indicated by "overall meaning."

61. **(D)** Line 3
62. **(C)** Line 5
63. **(A)** Lines 9–11
64. **(B)** Lines 13–14
65. **(D)** Lines 15, 19
66. **(A)** Lines 19–20
67. **(A)** Lines 7–8
68. **(C)** Lines 1–3
69. **(B)** Lines 3–4
70. **(A)** Lines 4–5
71. **(D)** Line 7
72. **(D)** Lines 10–11
73. **(B)** Lines 11–12
74. **(C)** Lines 13–14
75. **(B)** Lines 16–17
76. **(A)** Line 17
77. **(D)** Lines 18–19
78. **(C)** Lines 22–23
79. **(C)** Line 1
80. **(D)** Lines 2–3
81. **(A)** Line 4
82. **(A)** Overall meaning
83. **(B)** Line 7
84. **(C)** Lines 13–14
85. **(A)** Line 17

TEST 6
Part A

1. **(A) pies**–feet; brazos–arms, narices–noses, orejas–ears
2. **(B) dicho**–said, told; visto–seen, hecho–done, made, puesto–put
3. **(D) parientes**–relatives; miembros–members, parejas–couples
4. **(C) cartero**–mailman; mesero–waiter, entrenador–trainer, dependiente–clerk
5. **(B) hielo**–ice; hijo–son, techo–roof, cielo–sky
6. **(A) nadie**–nobody, no one; *see* section 15.1
7. **(C) doblar la esquina**–to turn the corner; cruzar–to cross, tocar–to play, touch, bajar–to go down
8. **(A) ramas**–branches; raíces–roots, hojas–leaves, flores–flowers

9. **(B) éxito**–success; lugar–place, cuentas–bills, costumbres–customs
10. **(C) entrevista**–interview; película–movie, salida–exit, mochila–knapsack
11. **(D) sonar**–to ring; seguir–to follow, continue, soñar–to dream, sentir–to feel
12. **(A) cuadros**–pictures, paintings; lugares–places, pintores–painters, vidrios–glasses
13. **(B) entonces**–then; pues–then, anterior–previous, tarde–late
14. **(B) detrás de**–behind; al lado de–next to, al fondo de–at the bottom of, encima de–on top of
15. **(D) de**, enamorarse de; *see* section 6.6.2
16. **(A) aburrirse**–to get bored; mojarse–to get wet, vestirse–to get dressed, despertarse–to wake up
17. **(D) sentir**–to feel; quedar–to stay, remain, caer–to fall, morir–to die
18. **(A) tijeras**–scissors; cucharas–spoons, tazas–cups, piedras–stones
19. **(C) empujar**–to push; toser–to cough, tardar–to take a long time, echar–to throw
20. **(A) reírse**–to laugh; quejarse–to complain, despedirse–to say good-bye, cansarse–to get tired
21. **(D) salvavidas**–lifeguards; sacapuntas–pencil sharpener, paraguas–umbrella, lavamanos–washbasin
22. **(A) desde**–since; *see* section 6.1; entre–between, según–according to
23. **(B) servimos**; the preterit is needed; *see* section 7.1
24. **(C) le** (indirect object pronoun); *see* section 5.3.3
25. **(B) pensar en**–to think about
26. **(A) nos permitía**; the imperfect is needed; *see* section 8.1
27. **(B) cien**; *cien* is needed in front of a noun; *see* section 18.1
28. **(A) iría**; the conditional is needed (contrary-to-fact statement); *see* section 13.10.4
29. **(B) eran**; the imperfect is needed; *see* section 8.1

30. **(D) haz**; the familiar command is needed; *see* section 14.3
31. **(C) lleve**; the subjunctive is needed after *preferir*
32. **(C) el**; a masculine article is needed
33. **(B) saben**, saber + infinitive–to know how to do something
34. **(B) llegará**; the future is needed to express probability in the present; *see* section 11.1
35. **(C) trabajando**; the present participle is needed; *see* section 6.8.2
36. **(A) regrese**; the subjunctive is needed after *hasta que*; *see* section 13.7.6
37. **(B) saliera**; the subjunctive is needed after *pedir*; *see* section 13.7.1
38. **(C) supiera**; the subjunctive is needed (contrary-to-fact statement); *see* section 13.10.4
39. **(B) haya**; the subjunctive is needed after *negar*; *see* section 13.7.3

Part B
40. **(D) angustiarse**–to be distressed, to worry; depertarse–to wake up, atreverse–to dare, acordarse–to remember
41. **(B) mucha**; feminine adjective is needed (*gente*)
42. **(A) quisiera**–would like to
43. **(B) llevar a cabo**–to carry out; llegar a ser–to become, succeed in doing something, tener éxito–to be successful, estar lista–to be ready
44. **(B) me gustaron**; the plural is needed
45. **(C) hechos**–made; vistos–seen, dichos–said, told, puestos–put
46. **(A) este**; masculine demonstrative pronoun needed (*tema*)
47. **(C) avisar**–to warn; olvidar–to forget, poner–to put, contar–to tell
48. **(D) pareja**–couple; par–pair, dúo–duo, segunda–second
49. **(D) han llamdo**–have called; the present perfect is needed; *see* section 9.1
50. **(C) se**, encontrarse–to be (situated)
51. **(D) agregar**–to add; avisar–to warn, pintar–to paint, pedir–to request

52. **(A) cerca de**–near; después de–after, encima de–on top of, enfrente de–opposite, facing
53. **(B) cuyos**–whose; *see* section 5.6.4
54. **(C) tanto**; *see* section 3.6.1
55. **(B) uno**–one, you (indefinite subject)
56. **(D) orgullo**–pride; dolor–pain, mentira–lie, razón–reason
57. **(A) a lo largo de**–along; a causa de–on account of, a diferencia de–in contrast to, a la distancia de–at a distance of
58. **(C) edificios**–buildings; caminos–roads, techos–roofs, ríos–rivers
59. **(D) jardines**–gardens; jamones–hams, jurados–juries, juguetes–toys
60. **(A) encontrarás**; the future is needed
61. **(B) fue**; the preterit is needed; *see* section 7.1
62. **(D) nació**; the preterit is needed; *see* section 7.1

Part C
The answer to some questions may depend on more than one statement in the passage. In that case more than one line will be listed. When the answer depends on the overall meaning of the passage, the answer is indicated by "overall meaning."

63. **(A)** Lines 4–5
64. **(A)** Lines 9–10
65. **(B)** Line 12
66. **(C)** Lines 13–15
67. **(A)** Lines 16–17, 19–20
68. **(B)** Line 18
69. **(D)** Line 19
70. **(D)** Lines 22–23
71. **(C)** Lines 22–23
72. **(C)** Line 28
73. **(B)** Lines 29–30
74. **(D)** Overall meaning
75. **(D)** Lines 3, 8
76. **(B)** Line 7
77. **(D)** Lines 2–3
78. **(B)** Line 4
79. **(A)** Lines 6–7
80. **(D)** Line 9
81. **(C)** Lines 11–12
82. **(C)** Lines 14–15

83. **(A)** Overall meaning
84. **(B)** Lines 17–18
85. **(B)** Line 21

TEST 7
Part A

1. **(C) equipaje**–luggage; maletero–trunk (car), cartero–mailman, escritorio–desk
2. **(B) alquilar**–to rent; permitir–to allow, prestar–to lend, enseñar–to teach
3. **(A) tampoco**–neither; nadie–nobody, no one, también–also, nada–nothing
4. **(D) arreglar**–to fix; llorar–to cry, pasear–to take a walk, secar–to dry
5. **(B) apagar**–to turn off; regalar–to give (a gift), tocar–to touch, play, decir–to say, tell
6. **(C) vasos**–glasses; cuadernos–notebooks, cuadros–pictures, paintings, asientos–seats
7. **(B) caber**–to fit; pasar–to pass, pesar–to weigh, medir–to measure
8. **(A) espejo**–mirror; cristal–crystal, glass, pared–wall, cortina–curtain
9. **(B) los**; masculine plural article is needed; *see* section 3.7.1
10. **(C) aquél**; a masculine demonstrative pronoun is needed; *see* section 5.5
11. **(B) escalera**–stair; paredes–walls, muebles–funiture, piso–floor
12. **(D) olvidarse**–to forget; perderse–to get lost, esconder–to hide oneself, enjarse–to get angry
13. **(A) basura**–garbage; máquina–machine, bañadera–bathtub, pizarra–chalkboard
14. **(D) en vez de**–instead of; cada vez–each time, otra vez–again, a veces–sometimes
15. **(A) sino**–but; *see* section 15.3
16. **(A) ahogar**–to drown; pintar–to paint, acostar–to put to bed, parecer–to seem
17. **(D) débil**–weak; peligroso–dangerous, lleno–full, seguro–safe, secure
18. **(C) para**; *see* section 19.5.1
19. **(D) estrechos**–narrow; bajos–low, limpios–clean, largos–long
20. **(A) medir**–to measure; enseñar–to teach, subir–to go up, pintar–to paint
21. **(B) calvo**–bald; ciego–blind, cojo–lame, limping, zurdo–left-handed
22. **(A) me**, asustarse–to get scared

23. **(C) saludar**, al + infinitive–upon + present participle
24. **(D) dio**; the preterit is needed; *see* section 7.1
25. **(C) tantas**; feminine plural is needed (*veces*)
26. **(D) leas**; the familiar command is needed
27. **(C) costaría**; the conditional is needed (contrary-to-fact statement); *see* section 13.10.4
28. **(A) pudieras**; the subjunctive is needed after *temer*; *see* section 13.7.2
29. **(C) encontré**; the indicative is needed after *hasta que*; *see* section 13.7.6
30. **(A) podré**; the future is needed
31. **(B) recojo**; the present indicative is needed
32. **(B) tuviera**; the imperfect subjunctive is needed (contrary-to-fact statement); *see* section 13.10.4

Part B

33. **(A) un rato**–a while; vez–time (una vez–once), época–time, epoch, temporada–season
34. **(B) acababa**; the imperfect is needed, acabar de + infinitive–to have just . . .
35. **(A) haber**–to have (auxiliary); tener–to have, ser–to be, estar–to be
36. **(D) parecer**–to seem; pensar–to think, creer–to believe, llamar–to call
37. **(D) descubriera**; the subjunctive is needed after *temer*
38. **(C) estuviéramos**; the subjunctive is needed after *lamentar*; *see* section 13.7.2
39. **(D) quedar**–to remain; tener–to have, situar–to place, set, ser–to be
40. **(B) iglesia**–church; camisa–shirt, primavera–spring, fresa–strawberry
41. **(A) cita**–date; nube–cloud, ropa–clothes, cartera–wallet
42. **(C) creer**–to believe; mover–to move, huir–to flee, devolver–to return
43. **(B) preguntó**; the preterit is needed; *see* section 7.1; pedir–to request
44. **(C) llamara**; the subjunctive is needed after *gustaría*
45. **(A) flores**–flowers; comidas–meals, salas–living rooms, tiendas–stores

46. **(B) nombre**–name; dirección–address, asignatura–subject, course, lectura–reading
47. **(D) visitó**; the preterit is needed; *see* section 7.1
48. **(A) edad**–age; época–time, epoch, hora–hour, vez–time (una vez–once)
49. **(C) vio**; the preterit is needed; *see* section 7.1
50. **(A) orgullo**–pride; mentira–lie, salud–health, sentimiento–feeling
51. **(B) siglo**–century; tiempo–time, weather, cuarto–room, ciento–hundred
52. **(B) ciudad**–city; habitación–room, vivienda–housing, mundo–world
53. **(D) como**, tanto . . . como
54. **(C) sobre**–about; cerca–near, dentro–inside, entre–between
55. **(D) alrededor**–around; a menudo–often, además–besides, en lugar de–in place of
56. **(A) ya**–already; hacia–toward, según–according, entre–between
57. **(B) sido**; the past participle is needed; *see* section 9.1
58. **(A) pase**; the subjunctive is needed after *hasta que*; *see* section 13.7.6
59. **(D) sabes**; the present indicative is needed

Part C
The answer to some questions may depend on more than one statement in the passage. In that case more than one line will be listed. When the answer depends on the overall meaning of the passage, the answer is indicated by "overall meaning."

60. **(B)** Lines 1, 18
61. **(B)** Line 3
62. **(C)** Lines 4–5
63. **(A)** Lines 6–7
64. **(A)** Line 16
65. **(D)** Lines 20–26
66. **(C)** Overall meaning
67. **(C)** Overall meaning
68. **(D)** Lines 12–13, 14–15
69. **(B)** Lines 1–3
70. **(A)** Line 2
71. **(D)** Lines 6–7

72. **(C)** Lines 8–9
73. **(A)** Line 11
74. **(D)** Lines 12–13
75. **(B)** Lines 16–17
76. **(B)** Line 18
77. **(A)** Lines 17–19
78. **(D)** Lines 20–21
79. **(C)** Line 23
80. **(A)** Lines 1–2
81. **(B)** Line 6
82. **(B)** Lines 8–9
83. **(C)** Lines 12–13
84. **(C)** Line 15
85. **(D)** Lines 16–17

TEST 8
For the answers to the listening comprehension section refer to the script on pages 184–188.

Section I
Part A

1. C	4. D	7. D	9. B
2. A	5. C	8. C	10. B
3. B	6. A		

Part B

11. A	14. B	17. D	19. B
12. B	15. C	18. A	20. B
13. D	16. A		

Part C

21. B	25. D	29. B	33. A
22. C	26. C	30. A	34. B
23. B	27. B	31. C	
24. A	28. A	32. C	

Section II
Part A

35. **(A) regalo**–gift; repaso–review, pedazo–piece, pariente–relative
36. **(D) techo**–roof; ruido–noise, postre–dessert, regalo–gift
37. **(B) a fines de**–at the end of; a eso de–at about, a través de–though, a pesar de–in spite of
38. **(D) tanto**; *see* section 3.6.1
39. **(A) hacer las maletas**–to pack
40. **(C) unas**; a plural feminine article is needed (*personas*)

41. **(B) adivinar**–to guess; alejar–to move away, fumar–to smoke, romper–to break
42. **(C) beso**–kiss; bolsillo–pocket, diente–tooth, hielo–ice
43. **(D) sean**; the subjunctive is needed after an indefinite antecedent; *see* section 13.7.8
44. **(D) quitarse**–to take off; pintarse–to paint oneself, enjoarse–to get angry, atreverse–to dare
45. **(C) eso**; the neuter demonstrative pronoun is needed; *see* section 5.5
46. **(A) saliera**; the subjunctive is needed after *importar*
47. **(A) participarían**; the conditional is needed; *see* section 13.7.5
48. **(C) hayan traído**; the subjunctive is needed afer *ojalá*; *see* section 13.10.5
49. **(C) dísela**; the familiar command is needed; object pronouns are attached to the positive commands; *see* section 14.7
50. **(A) saber**, hay que + infinitive–one must
51. **(C) destruyéramos**; the subjunctive is needed after impersonal expressions; *see* section 13.7.4
52. **(C) pidieras**; the subjunctive is needed; *see* section 13.10.4

Part B

53. **(D) noticia**–news; voz–voice, firma–signature, canción–song
54. **(C) carta**–letter; papel–paper, letra–letter (a, b, c, etc.), lápiz–pencil
55. **(A) para**; *see* section 19.5.1
56. **(A) gusto**–pleasure; razón–reason, miedo–fear, vista–view
57. **(B) por**, estar por–to be about to; *see* section 19.5.2
58. **(C) reciba**; the subjunctive is needed after *en cuanto*; *see* section 13.7.6
59. **(D) va**; the present indicative is needed
60. **(D) sepa**; the subjunctive is needed after *ojalá que*; *see* section 13.10.5
61. **(B) vivirá**; the future is needed
62. **(C) sin**–without
63. **(B) pudiera**; the subjunctive is needed after *esperar*; *see* section 13.7.1
64. **(A) buscar**–to look for; durar–to last, empezar–to begin, temblar–to tremble
65. **(C) atrás**–behind; temprano–early, anteriores–previous, adelantados–advanced, fast (watch)
66. **(D) Según**–according; Detrás–behind, Entre–between, Acaso–perhaps
67. **(A) era**; the imperfect is needed; *see* section 8.1
68. **(C) reconocido**–recognized, well known; vendido–sold, atraído–attracted, influido–influenced
69. **(D) obras de teatro**–play; letras–letters, trabajos–jobs, lecturas–readings
70. **(A) cualquier**; needed before a masculine or feminine singular noun; *see* section 3.4
71. **(B) estuviera**; the subjunctive is needed after *temer*; *see* section 13.7.2
72. **(C) verdadero**–truthful

Part C

The answer to some questions may depend on more than one statement in the passage. In that case more than one line will be listed. When the answer depends on the overall meaning of the passage, the answer is indicated by "overall meaning."

73. **(A)** Lines 2–3
74. **(C)** Lines 4–5
75. **(D)** Lines 6–8
76. **(A)** Line 8
77. **(A)** Line 1 and overall meaning
78. **(A)** Line 2
79. **(D)** Line 3
80. **(C)** Lines 3–5
81. **(A)** Lines 8–9
82. **(D)** Line 10
83. **(C)** Lines 10–12
84. **(B)** Lines 12–13
85. **(B)** Lines 15–16

TEST 9

For the answers to the listening comprehension section refer to the script on pages 189–193.

Section I
Part A

1. **A**	4. **D**	7. **D**	9. **A**
2. **B**	5. **B**	8. **A**	10. **B**
3. **C**	6. **C**		

Part B

11. **D**	14. **B**	17. **C**	19. **B**
12. **B**	15. **D**	18. **A**	20. **D**
13. **C**	16. **A**		

Part C

21. **B**	25. **A**	29. **A**	33. **D**
22. **A**	26. **C**	30. **C**	34. **C**
23. **B**	27. **C**	31. **C**	
24. **B**	28. **D**	32. **A**	

Section II
Part A

35. **(A) la**; a feminine article is needed (*la moto*)
36. **(C) poco a poco**–little by little; de acuerdo–agreed, por lo menos–at least
37. **(A) complacer**–to please; ofrecer–to offer, resfriarse–to catch a cold, quitar–to take away
38. **(A) servilletas**–napkins; cortinas–curtains, toallas–towels, sábanas–sheets
39. **(B) darse prisa**–to hurry; dar gritos–to yell, dar vergüenza–to be ashamed, dar cuerda–to wind (clock)
40. **(A) tan**; *see* section 3.6.1
41. **(C) nadie**–nobody, no one; alguno–someone, alguien–someone, jamás–never
42. **(D) se puso**; *see* section 6.6.4
43. **(C) parecer**–to seem; quedar–to stay, remain, sobrar–to be left (over), tocarle a alguien–to be someone's turn
44. **(A) todavía**–yet; también–also, bastante–enough, quizás–perhaps
45. **(C) saldrás**; the future is needed
46. **(B) habrías tenido**; the perfect conditional is needed (contrary-to-fact statement); *see* section 13.10.4
47. **(C) agradecidos**–grateful; obedecidos–obedient, reconocidos–recognized, crecidos–frown
48. **(D) búscalos**; the informal command is needed; *see* section 14.7
49. **(D) encargarse de**–to take charge of something; *see* verbs that take a preposition, section 19.8
50. **(A) fueron**; the preterit is needed; *see* section 7.1
51. **(D) haya llamado**; the subjunctive is needed; *see* sections 13.10.5 and 13.8

52. **(A) fuéramos**; the subjunctive is needed; *see* section 13.7.1

Part B

53. **(C) mojada**–wet; pintada–painted, borrada–erased, pensada–thought
54. **(D) estaba**; the imperfect is needed; *see* section 8.1
55. **(C) abierto**, a masculine singular adjective is needed (*paraguas*); *see* section 2.1
56. **(A) sabía**; the imperfect is needed; *see* section 8.1
57. **(B) encontrar**–to meet; venir–to come, obligar–to force, conseguir, to get, obtain
58. **(C) le**; the indirect object pronoun is needed
59. **(B) preguntó**; the preterit is needed; preguntar–to ask a question; pedir–to request
60. **(D) descansar**–to rest; bailar–to dance, vender–to sell, nacer–to be born
61. **(B) haber**; the infinitive is needed
62. **(A) era**; the imperfect is needed; *see* section 8.1
63. **(B) dar una vuelta**–to take a stroll; razón–reason, camino–road
64. **(B) lugares**–places; cajones–boxes, pasillos–hallways, estantes–bookshelves
65. **(C) estaba**; the imperfect is needed; *see* section 8.1
66. **(C) estrellas**–stars; piedras–stones, camas–beds, sillones–armchairs
67. **(A) al llegar**–upon arriving
68. **(B) me senté**; the preterit is needed; *see* section 7.1
69. **(D) para**; *see* section 19.5.1
70. **(D) oídos**–ears; piernas–legs, brazos–arms, pelos–hairs
71. **(C) lo**; *see* section 5.3.2
72. **(A) obligar a**; see verbs that take a preposition, section 19.6

Part C

The answer to some questions may depend on more than one statement in the passage. In that case more than one line will be listed. When the answer depends on the overall meaning of the passage, the answer is indicated by "overall meaning."

73. **(B)** Line 1
74. **(B)** Line 3
75. **(D)** Lines 3–5
76. **(C)** Lines 1–2, 6–7
77. **(A)** Lines 7–8
78. **(D)** Lines 8–9
79. **(C)** Lines 2–3
80. **(A)** Lines 3–5
81. **(B)** Lines 6–7
82. **(A)** Line 9
83. **(D)** Lines 10–11
84. **(C)** Lines 12–13
85. **(B)** Line 16

TEST 10

For the answers to the listening comprehension section refer to the script on pages 194–198.

Section I
Part A

1. **D**	4. **B**	7. **A**	9. **C**
2. **A**	5. **C**	8. **B**	10. **D**
3. **D**	6. **C**		

Part B

11. **A**	14. **B**	17. **C**	19. **A**
12. **D**	15. **B**	18. **A**	20. **D**
13. **A**	16. **C**		

Part C

21. **B**	24. **B**	27. **D**	30. **B**
22. **A**	25. **A**	28. **A**	31. **B**
23. **C**	26. **C**	29. **D**	32. **A**

Section II
Part A

33. **(A) borrar**–to erase; firmar–to sign, romper–to break, nevar–to snow
34. **(A) tener cuidado**–to be careful
35. **(D) dar una vuelta**–to take a stroll; camino–road, abrazo–hug, cuenta–bill, account
36. **(A) esa**; the feminine singular demonstrative pronoun is needed (*calle*)
37. **(B) bastante**–enough, plenty; apenas–hardly, acaso–perhaps, demasiado–too much
38. **(C) hechas**–made; oídas–heard, vistas–seen, dichas–said, told

39. **(A) encender**–to turn on; aprender–to learn, devolver–to return, levantar–to raise
40. **(C) con cuidado**–carefully
41. **(C) el**; a masculine singular article is needed (*programa*)
42. **(C) vestirnos** (tú y yo = nosotros)
43. **(B) esperamos**; *see* section 6.1
44. **(C) bigote**–mustache; brazo–arm, oreja–ear, lengua–tongue
45. **(B) con retraso**–late; con adelanto–early, con prisa–in a hurry, con cuidado–carefully
46. **(A) raramente**; an adverb is needed
47. **(A) crea**; the subjunctive is needed after *ojalá que*; *see* section 13.10.5
48. **(B) habría llegado**; the conditional perfect is needed; *see* section 12.3
49. **(D) vi**; the preterit is needed; *see* section 7.1

Part B

50. **(C) correr**–to run; saltar–to jump, bailar–to dance, recoger–to pick up
51. **(D) alimentos**–food; pensamientos–thoughts, sentimientos–feelings, conocimientos–knowledge
52. **(A) ser**–to be; tener–to have, haber–to have (auxiliary), estar–to be
53. **(B) ayudar**–to help; perder–to lose, aumentar–to increase, salir–to leave
54. **(B) mucha**; a feminine singular adjective is needed
55. **(A) al día**–a day
56. **(C) tendrás**; the future is needed
57. **(D) antes de**–before; al lado de–next to, enfrente de–opposite (to), facing, dentro de–inside
58. **(C) hambre**–hunger; suerte–luck, vergüenza–shame, miedo–fear
59. **(B) e**; *y* becomes *e* in front of a word beginning with *i* or *hi*
60. **(B) pedazo**–piece; tamaño–size, lugar–place, rato–time, while
61. **(C) dudara**; the subjunctive is needed; *see* section 13.10.3
62. **(A) me lo**; the singular direct object pronoun is needed (*pedazo de pan*)
63. **(A) lo mismo**–the same thing; él mismo–he himself, igual–equal, igualmente–equally

64. **(B) acordarse**–to remember; sentarse–to sit down, quitarse–to take off, salirse (de)–to escape, get out
65. **(D) siguiente**–following; próxima–next, seguida–followed
66. **(C) eso**; the neuter demonstrative pronoun is needed; *see* section 5.5
67. **(A) sacar**–to take out; romper–to break, cerrar–to close, tirar–to throw
68. **(C) estaba**; the imperfect is needed; *see* sections 8.1 and 6.7.2

Part C
The answer to some questions may depend on more than one statement in the passage. In that case more than one line will be listed. When the answer depends on the overall meaning of the passage, the answer is indicated by "overall meaning."

69. **(A)** Line 1
70. **(B)** Line 3
71. **(D)** Line 7
72. **(A)** Lines 8–9
73. **(C)** Lines 9–10
74. **(A)** Overall meaning
75. **(A)** Line 1
76. **(B)** Overall meaning
77. **(D)** Lines 4–5
78. **(A)** Line 4
79. **(C)** Lines 7–8
80. **(A)** Lines 2–3
81. **(C)** Lines 4–5
82. **(B)** Lines 4, 5
83. **(D)** Line 7
84. **(B)** Line 11
85. **(C)** Overall meaning

JUDGING YOUR SCORE

Because the population and difficulty of the test vary from year to year, it would be misleading to offer you a sure-fire way to judge your score. This guide will provide you with a general idea of how well you do in the practice tests.

To compute your approximate scaled score:

_____ (number of correct answers) – _____ (number of incorrect answers) / 3 = _____ (raw score)

A raw score between:	Roughly corresponds to a scaled score of:
–28 and –10	200 to 250
–10 and 0	250 to 300
0 and 7	300 to 350
7 and 15	350 to 400
15 and 25	400 to 450
25 and 35	450 to 500
35 and 42	500 to 550
42 and 50	550 to 600
50 and 57	600 to 650
57 and 65	650 to 700
65 and 72	700 to 750
72 and 80	750 to 800
80 and 85	800

TAPESCRIPT FOR LISTENING COMPREHENSION

TEST 8
Part A

Directions: In this part of the exam, you will hear four statements, designated (A), (B), (C), and (D). You will hear each statement only once. These statements are not printed in your test booklet. While listening, look carefully at the picture in your test booklet and choose the statement that best represents what you see in the picture or what someone in the picture might say. Choose the most appropriate response and fill in the corresponding oval on the answer sheet.

Now listen to the following example:

You see: (See p. 109.)

You hear:
(A) Me encanta montar a caballo.
(B) Espérame José, vengo detrás de ti.
(C) Ay, qué dolor . . . me caí de la bicicleta.
(D) ¡Cuidado! El perro está delante de la bicicleta.

Of the four statements you heard, the statement that best represents what the picture shows or what someone in the picture might say is statement (B) "Espérame José, vengo detrás de ti". For that reason, you should select answer (B).

Now get ready to listen to the four statements and look at the picture.

Número 1. (See p. 110.)

(A) Este árbol es demasiado pequeño.
(B) Me encanta dormir al aire libre.
(C) Por fin puedo leer con tranquilidad.
(D) ¿Me puedes prestar otros libros?

Número 2. (See p. 110.)

(A) Gerardo monta en bicicleta todas las tardes.
(B) Ese señor arregla su bicicleta porque se le rompió.
(C) Mucha gente esta mirando la competencia de bicicletas.
(D) Julio se pone esa camiseta cuando monta en bicicleta.

Número 3. (See p. 111.)

(A) ¿Por qué hay tanta gente en la playa hoy?
(B) Nadábamos en este río cuando éramos jóvenes.
(C) Mira esas montañas, están todas cubiertas de nieve.
(D) Hay mucha gente pescando en el río hoy.

Número 4. (See p. 111.)

(A) Me encanta montar a caballo.
(B) Ese perro asustó las vacas.
(C) Las vacas beben agua en el río.
(D) ¡Qué bonitas son esas vacas!

Número 5. (See p. 112.)

(A) El agua de la piscina está muy fría.
(B) Los papeles están encima del banco.
(C) Ese cesto es para echar la basura.
(D) Saca la basura antes de acostarte.

Número 6. (See p. 112.)

(A) Venimos aquí para trabajar un poco antes de ir a la escuela.
(B) Esos campesinos están recogiendo café en el campo.
(C) ¿Te gusta el nuevo sofá que acabo de comprar para la sala?
(D) ¿Quieres sentarte en este café al aire libre?

Número 7. (See p. 113.)

   (A) ¡Mira cuántas águilas hay en el cielo!

   (B) ¿Dónde cazaste esos animales tan grandes?

   (C) Por favor, no pongas ese pájaro en una jaula.

   (D) ¡Qué bonito es ese monumento con el águila!

Número 8. (See p. 113.)

   (A) No me gusta conducir en tanto tráfico.

   (B) Ese coche va lleno de plantas.

   (C) No hay muchos coches en el estacionamiento.

   (D) Lo siento, pero tú no cabes en el coche.

Número 9. (See p. 114.)

   (A) ¡Hola, Sara! Este teléfono no funciona.

   (B) ¡Ojalá que yo pueda terminar todo el trabajo hoy!

   (C) Ya puse la computadora en mi sillón.

   (D) Ese hombre está limpiando las ventanas de su oficina.

Número 10. (See p. 114.)

   (A) ¿Por qué están jugando al fútbol en el avión?

   (B) Ese equipo está a punto de ganar el partido.

   (C) Ese jugador no puede caminar; se le rompió la pierna.

   (D) Necesitan una pelota para terminar el partido.

Part B

Directions: You will now listen to a selection of short exchanges or parts of conversations. Each selection is followed by four statements, designated (A), (B), (C), and (D). Neither these exchanges nor the statements are printed in your test booklet. After listening to the four statements, choose the statement that most logically continues or finishes the conversation and fill in the corresponding oval on your answer sheet.

To become familiar with this part of the test, listen to the following example:

You hear:
(Male)   —No recuerdo donde puse los anteojos.

You also hear:

(Female)   (A) Allí están, sobre la mesa.
            (B) Todos están de acuerdo.
            (C) Se cubrió los ojos.
            (D) Se le olvidó el disco.

The statement that continues the conversation in the most logical way is statement (A) "Allí están, sobre la mesa". For that reason, you should select answer (A).

Now get ready to listen to the first exchange and the four statements.

Número 11

(Female)   —Antes de salir, tienes que hacer la cama.

(Male)   (A) ¡Ay mamá! No tengo tiempo hoy.
          (B) Sí, la cama es muy cómoda.
          (C) Sí, salí para comprar una cama.
          (D) ¡Por supuesto! Pon la cama en la sala.

[7 seconds]

Número 12

(Male)   —¿Puedo entrar ahora?

(Female)   (A) ¡Felicidades!
            (B) ¡Adelante!
            (C) ¡Buen viaje!
            (D) ¡Hasta pronto!

[7 seconds]

Número 13

(Male) —Hace tres días que no para de llover.

(Female) —Y yo estoy aburrida porque no puedo salir.

(Male)
(A) Yo no puedo ver nada porque hay mucha gente.
(B) Él no paró en la esquina porque tenía prisa.
(C) Ese paraguas ya no sirve para nada.
(D) Lo sé, pero a las flores les hace falta agua.

[7 seconds]

Número 14

(Female) —Tenemos que llegar al teatro a las siete.

(Male) —¿Por qué no tomamos el autobús?

(Female)
(A) Buena idea, vamos a buscar el auto.
(B) Porque no aceptan billetes, sólo monedas.
(C) Porque el autobús es más rápido.
(D) Sí, podemos tomar algo en el café.

[7 seconds]

Número 15

(Male) —Señorita, necesito devolver este televisor.

(Female) —¿Por qué quiere devolverlo, señor?

(Male)
(A) No camina.
(B) No volvió.
(C) No funciona.
(D) No escucha.

[7 seconds]

Número 16

(Female) —¿Cómo te va con la nueva dieta, Rosario?

(Male) —Ni me hables, he aumentado cinco libras en la última semana.

(Female)
(A) Pues, no comas tanto.
(B) La comida es demasiado cara.
(C) Nos encontramos en el restaurante.
(D) Es la semana que viene.

[7 seconds]

Número 17

(Female) —Oye, Jorge hace días que no te veo en el autobús de la escuela.

(Male) —Voy a la escuela en bicicleta pero hay mucho tráfico.

(Female)
(A) Yo no puedo ir; estoy muy ocupado.
(B) El coche se rompió en la carretera.
(C) Las clases no terminan hasta las dos.
(D) Ten cuidado. Puede ser peligroso.

[7 seconds]

Número 18

(Male) —Recuerda que mañana salimos de vacaciones.

(Female) —¿Necesito llevar mucha ropa?

(Male)
(A) No, vamos a pasar mucho tiempo en la playa.
(B) No, la ropa cuesta mucho en esa tienda.
(C) Saca la ropa de la lavadora antes de salir.
(D) Me gusta vestirme en el baño.

[7 seconds]

Número 19

(Female) —Vamos a escuchar música en la sala.

(Male) —No hagan mucho ruido, Guillermo está durmiendo.

(Female) (A) Nunca escucho ese tipo de música.
(B) El pobre, necesita descansar.
(C) No tengo sueño ahora.
(D) Estoy cansada; voy a acostarme.

[7 seconds]

Número 20

(Male) —Oficina del Sr. Márquez. Buenas tardes.

(Female) —¿Puedo hablar con el Sr. Márquez, por favor?

(Male) (A) El Sr. Márquez siempre llega temprano.
(B) Acaba de salir en este momento.
(C) Sí, puedes marcar el número.
(D) No se preocupe si llega tarde.

[7 seconds]

Part C

Directions: In this part of the exam you will listen to a number of selections. They can be conversations or short narratives. Printed in your test booklet, you will find one, two, or three questions, each with four possible answers. Press the pause button on your CD player while you choose the best answer to each question according to the information you have heard. Fill in the corresponding ovals on your answer sheet allowing twelve seconds for each question. When your answers are complete, press the play button to continue with the next selection.

You will not hear the questions or the possible answers.

Now get ready to listen to the first selection.

(Narrator) [Selección número 1. Escucha esta conversación por teléfono.]

(Female) —Ricardo, ¿por qué no me contestaste la carta que te envié anoche?

(Male) —¿Qué carta, Clara? No he recibido nada de ti.

(Female) —Te envié correo electrónico a eso de las seis.

(Male) —Ah, claro por eso no la recibí. Cambié de compañía y ahora tengo una nueva dirección.

Contesta la pregunta 21. [12 seconds]

(Narrator) [Selección número 2. Escucha esta conversación entre un padre y su hija.]

(Male) —Adelaida, Felipe . . . ¡tranquilos por favor!

[Raising his voice]

(Female) —Felipe me quitó el libro y no me deja leer.

(Male) —Felipe, dale el libro a tu hermana.

(Female) —Sí, papá . . . que me lo devuelva. [Almost crying]

(Male) —Si continúan peleando regreso a casa y los dejo allí. No puedo conducir mientras Uds. pelean. Voy a tener un accidente.

Contesta las preguntas 22 y 23. [24 seconds]

(Narrator) [Selección número 3. Escucha este anuncio radial.]

(Male) Los precios más bajos de la temporada. La calidad de siempre. El servicio que Ud. espera y se merece. Venga a los Mercados Rojas y se dará de cuenta de lo que es ahorrar. No se olvide que nuestras tarjetas de crédito le facilitan sus compras también. Además para celebrar la abertura de nuestra nueva tienda en el centro comercial, Ud. recibirá un regalo especial cuando haga compras de cincuenta dólares o más.

Contesta las preguntas 24 y 25.   [24 seconds]

(Narrator) [Selección número 4. Escucha esta conversación entre Mónica y Alejandro en la puerta de su casa.]

(Male) —Mónica, no salgas afuera sin zapatos.

(Female) —¿Por qué no? Me encanta caminar en la lluvia y mojarme los pies.

(Male) —A mí también pero la semana pasada tenías un resfriado y te vas a enfermar de nuevo.

(Female) —No te preocupes Alejandro. Sólo voy a salir por unos minutos.

(Male) —Bueno, no me molestes cuando te de fiebre y empieces a toser.

(Female) —Te prometo que no me voy a enfermar.

(Male) —Ya veremos.

Contesta las preguntas 26, 27 y 28.   [36 seconds]

(Narrator) [Selección número 5. Escucha una conversación por teléfono entre Elena y Eduardo.

(Female) —Hola Eduardo, ya hace varios días que te llamé y no me has respondido la llamada.

(Male) —Lo siento Elena, he estado ocupadísimo. Desde que regresé del Perú estoy tratando de terminar lo que dejé de hacer antes de irme.

(Female) —Bueno eso te pasa por tomar vacaciones tan largas.

(Male) —Verdaderamente no fueron unas vacaciones, necesitaba ayudar a mi tía a resolver algunos problemas que tenía.

(Female) —Admiro lo que haces por tu familia. Pero no te puedes olvidar de tus obligaciones.

(Male) —De acuerdo. Pero ahora no hay manera de resolver la situación tendré que quedarme en la oficina tarde hasta que me ponga al día.

(Female) —Bueno, ya sabes que si necesitas ayuda, aquí estoy.

(Male) —Gracias Elena, te lo agradezco.

Contesta las preguntas 29, 30 y 31.   [36 seconds]

(Narrator) [Selección número 6. Escucha esta conversación en una tienda.]

(Male) —Señorita, necesito devolver estas toallas.

(Female) —¿No le gustan?

(Male) —Me gustan mucho pero encontré una tienda que las vende más baratas.

(Female) —Bueno, en ese caso no tiene que devolverlas. Si nos trae prueba del precio más bajo, le devolveremos la diferencia.

(Male) —Aquí tiene el catálogo. Éstas son las mismas toallas que aparecen en la página tres.

(Female) —Tiene razón. [Pause] Aquí tiene la diferencia . . . quince dólares.

(Male) —Mil gracias. Ud. es muy cortés.

(Female) —Es mi trabajo, señor. Siempre tratamos de complacer al cliente.

Contesta las preguntas 32, 33 y 34.   [36 seconds]

TEST 9
Part A

Directions: In this part of the exam, you will hear four statements, designated (A), (B), (C), and (D). You will hear each statement only once. These statements are not printed in your test booklet. While listening, look carefully at the picture in your test booklet and choose the statement that best represents what you see in the picture or what someone in the picture might say. Choose the most appropriate response and fill in the corresponding oval on the answer sheet.

Now listen to the following example:

You see: (See p. 127.)

You hear:
(A) Me encanta montar a caballo.
(B) Espérame José, vengo detrás de ti.
(C) Ay, qué dolor . . . me caí de la bicicleta.
(D) ¡Cuidado! El perro está delante de la bicicleta.

Of the four statements you heard, the statement that best represents what the picture shows or what someone in the picture might say is statement (B) "Espérame José, vengo detrás de ti". For that reason, you should select answer (B).

Now get ready to listen to the four statements and look at the picture.

Número 1. (See p. 128.)

    (A) Subimos a esas montañas el verano pasado.
    (B) Está lloviendo mucho en las montañas.
    (C) No hay ni una nube en el cielo.
    (D) ¡Qué oscuro está el cielo! Viene una tormenta.

Número 2. (See p. 128.)

    (A) Esos hombres están construyendo un barco.
    (B) Los trabajadores arreglan el edificio.
    (C) Hay varios hombres en el ascensor.
    (D) ¿Por qué no se bajan del coche esos hombres?

Número 3. (See p. 129.)

    (A) No puedo salir al patio porque está lleno de agua.
    (B) Se murieron todas las plantas en el patio.
    (C) Las fuentes del patio son muy bonitas.
    (D) ¿Por qué no sale agua de esas fuentes?

Número 4. (See p. 129.)

    (A) Las carreteras están llenas de autos.
    (B) ¿Quién es ese hombre que cruza la calle?
    (C) Los coches van despacio porque está lloviendo.
    (D) ¡Cuidado, Raúl! ¡Vas a chocar con ese coche!

Número 5. (See p. 130.)

    (A) ¿Por qué te estás riendo tanto?
    (B) Siempre que hablo contigo me pongo enojada.
    (C) Mira cuánta gente viene detrás de nosotros.
    (D) El traje de baño que llevas es muy bonito.

Número 6. (See p. 130.)

    (A) No te debes poner esa blusa porque está rota.
    (B) Ya te has caído tres veces de la cama.
    (C) En cuanto termines de cepillarte los dientes vamos a dar un paseo.
    (D) En este cuarto no hay luces.

Número 7. (See p. 131.)

    (A) Me da pena ver ese barco hundido.
    (B) ¡Qué suerte! Pescaste muchos peces.
    (C) Hace más de una hora que ellos están nadando.
    (D) Ayer dimos un paseo en ese barco pequeño.

Número 8. (See p. 131.)

(A) Nos divertimos cuando jugamos al béisbol.
(B) El equipo de natación ganó varias medallas.
(C) El estadio está completamente lleno.
(D) Parece que hay demasiados jugadores es el equipo.

Número 9. (See p. 132.)

(A) Nunca me he caído porque sé patinar muy bien.
(B) ¿Cómo puedes patinar cuando hace tanto frío?
(C) Me tuve que poner un abrigo porque hace viento.
(D) Es una lástima que desde aquí no podamos ver el río.

Número 10. (See p. 132.)

(A) Qué emocionante son las carreras de caballo.
(B) Si quieres podemos montar a caballo por un rato.
(C) Es extraño ver dos caballos en medio de la ciudad.
(D) ¡Ay! ¡Ayúdame! Ese chico se acaba de caer del caballo.

Part B

Directions: You will now listen to a selection of short exchanges or parts of conversations. Each selection is followed by four statements, designated (A), (B), (C), and (D). Neither these exchanges nor the statements are printed in your test booklet. After listening to the four statements, choose the statement that most logically continues or finishes the conversation and fill in the corresponding oval on your answer sheet.

To become familiar with this part of the test, listen to the following example:

You hear:
(Male)   —No recuerdo donde puse los anteojos.

You also hear:
(Female)   (A) Allí están, sobre la mesa.
            (B) Todos están de acuerdo.
            (C) Se cubrió los ojos.
            (D) Se le olvidó el disco.

The statement that continues the conversation in the most logical way is statement (A) "Allí están, sobre la mesa". For that reason, you should select answer (A).

Now get ready to listen to the first exchange and the four statements.

————————————————

Número 11

(Female)   —Si te acercas a esa fuente, te vas a mojar.

(Male)   (A) Claro, aquí no podemos cruzar.
          (B) No te preocupes, no está lloviendo.
          (C) Sí, la acabo de lavar.
          (D) No me importa. Hace mucho calor.

[7 seconds]

Número 12

(Male)   —¿Hiciste la tarea para hoy?

(Female)   —Claro, hoy sí puedo responder a las preguntas del profesor.

(Male)   (A) Envíale una tarjeta postal.
          (B) Pues, levanta la mano.
          (C) Pregúntale la hora.
          (D) La respuesta es complicada.

[7 seconds]

Número 13

(Female) —¿Qué le pasó a Isabel?

(Male) —Tuvieron que llevarla a la sala de emergencia.

(Female) —Claro, yo vi cuando ella se cayó del árbol.

(Male)
(A) Me encanta caminar por esa calle.
(B) Sí, lo sé. Ella nunca se calla.
(C) ¿Se hizo mucho daño?
(D) Siéntate en la sala por un rato.

[7 seconds]

Número 14

(Male) —¿Ya leíste la última novela de Isabel Allende?

(Female) —No, no la encontré en la librería. ¿Me la puedes prestar?

(Male)
(A) Hoy no traje mucho dinero.
(B) Ya la devolví a la biblioteca.
(C) No veo a Isabel hace días.
(D) Siempre es la última en llegar.

[7 seconds]

Número 15

(Female) —Necesito comprar un buen regalo para Ignacio.

(Male) —Si quieres ir a las mejores tiendas de la ciudad tienes que ir al centro.

(Female) —¿Puedo ir a pie?

(Male)
(A) Estos zapatos son excelentes para correr.
(B) Me duelen los pies desde la semana pasada.
(C) Se me perdió el regalo en el metro.
(D) Por supuesto, el centro no queda muy lejos.

[7 seconds]

Número 16

(Female) —¿Qué fue lo que dijiste?

(Male) —¡Oye! Te estoy hablando. Presta atención.

(Female)
(A) Hoy no me puedo concentrar.
(B) Hablé con él anoche.
(C) Nunca oigo las noticias.
(D) Le presté el libro.

[7 seconds]

Número 17

(Male) —¿Cómo te fue en la clase de historia?

(Female) —No salí bien en el examen final.

(Male)
(A) Sí, es el último del semestre.
(B) ¡Felicidades! Eres muy inteligente.
(C) ¿Tienes que repetir el curso?
(D) Esa historia es larga pero interesante.

[7 seconds]

Número 18

(Male) —Violeta, tú llevas una vida muy interesante.

(Female) —Un poco. Pero, ayer te vi hablando con Jorge.

(Male) —Ay, sí, déjame contarte lo que me pasó ayer.

(Female)
(A) Sí, me encantan los chismes.
(B) Sí, he leído muchos cuentos.
(C) No quise ir ayer.
(D) No conté todo el dinero.

[7 seconds]

Número 19

(Female) —Hoy me gustaría comer una buena cena.

(Male) —Voy a cocinar la carne que compraste anteayer.

(Female) —No me parece buena idea; esa carne huele mal.

(Male)
(A) Pues, la cocina está muy limpia.
(B) No puede ser, la acabas de comprar.
(C) Me encanta como huele ese perfume.
(D) La comida está lista desde esta mañana.

[7 seconds]

Número 20

(Male) —Me voy a acostar ahora, Carmen.

(Female) —Nos tenemos que levantar muy temprano.

(Male) —Sí, tengo el despertador en el cuarto.

(Female)
(A) No, me levanté temprano.
(B) Sí, me desperté inmediatamente.
(C) Claro, ya estoy despierta.
(D) Buena idea, no podemos llegar tarde.

[7 seconds]

Part C

Directions: In this part of the exam you will listen to a number of selections. They can be conversations or short narratives. Printed in your test booklet, you will find one, two, or three questions, each with four possible answers. Press the pause button on your CD player while you choose the best answer to each question according to the information you have heard. Fill in the corresponding ovals on your answer sheet allowing twelve seconds for each question. When your answers are complete, press the play button to continue with the next selection.

You will not hear the questions or the possible answers.

Now get ready to listen to the first selection.

——————————

(Narrator) [Selección número 1. Escucha una conversación entre Petra y Alberto en la oficina donde trabajan]

(Female) —¿Dónde está Cristóbal, Alberto? Estoy enojadísima con él.

(Male) —No lo he visto todavía.

(Female) —¿Como? Ya son casi las dos de la tarde. Él tenía que reunirse conmigo antes de la presentación que tenemos a las tres.

(Male) —Petra, ayer salió a eso de las tres y dijo que iba a su casa a terminar el trabajo. Yo lo llamé varias veces anoche pero nadie respondió el teléfono.

(Female) —Eso me preocupa. ¿Le habrá pasado algo?

(Male) —No te preocupes. Probablemente trabajó hasta tarde anoche y todavía está durmiendo.

(Female) —Bueno, Alberto, llámalo a la casa y si no responde, yo misma iré a buscarlo. Esta presentación es demasiado importante. Él tiene que estar presente.

Contesta las preguntas 21, 22 y 23. [36 seconds]

(Narrator) [Selección número 2. Escucha esta selección de un noticiero.]

Un reciente estudio de la Universidad de Chicago sobre el sueño revela interesantes resultados. Aparentemente los problemas que las personas tienen en dormir bien empiezan mucho antes de lo que pensaban los expertos. La calidad del sueño empieza a disminuir cuando las personas tienen veinticinco años. Las personas mayores de cincuenta años empiezan a perder unos veintisiete minutos de sueño cada diez años. Está comprobado que una persona que deja de dormir por varios días se pone irritable, se desorienta y en algunos casos hasta llega a alucinar. Es obvio que la lección que todos debemos aprender es que el dormir es una actividad que no podemos dejar para otro día.

Contesta las preguntas 24 y 25. [24 seconds]

(Narrator) [Selección número 3. Escucha esta conversación en el pasillo de la escuela.]

(Male) —Hola, Caridad.

(Female) —Hola, Tomás.

(Male) —¿Me trajiste el libro que te pedí?

(Female) —Ay, Tomás . . . que tonta soy. Lo puse en el escritorio pero se me olvidó ponerlo en la mochila.

(Male) —Oye, ¿te molesta si paso por tu casa a recogerlo?

(Female) —No, puedes venir conmigo después de las clases.

(Male) —De acuerdo. Lo necesito para preparar un monólogo para la clase de teatro.

(Female) —No sabía que te interesaba el teatro.

(Male) —Sí, siempre me ha gustado actuar. Y por fin decidí tomar una clase.

(Female) —Fantástico. Eso sí, me tienes que prometer invitarme a tu primera actuación.

(Male) —De acuerdo. Y te daré las gracias cuando me elijan el mejor actor del año.

(Female) —No dudo que lo puedas lograr. Tienes muchos talentos.

(Male) —Gracias, Caridad. Eres muy amable.

Contesta las preguntas 26, 27 y 28. [36 seconds]

(Narrator) [Selección número 4. Escucha esta conversación en una estación de tren.]

(Female) —Señor, le aseguro que compré cuatro billetes antes de subir al tren.

(Male) —Lo siento, señora. Pero no le puedo permitir que continúe su viaje sin pagar.

(Female) —Pero yo ya pagué. Le acabo de dar todos los billetes que me dieron en la ventanilla.

(Male) —Aquí sólo hay tres billetes y Uds. son cuatro.

(Female) —¿Y qué voy a hacer? Mi familia y yo vamos a visitar a mis tíos y primos. Tenemos que ir todos juntos.

(Male) —A ver . . . en la próxima estación, baje y compre otro billete. De esa manera podrá continuar el viaje con el resto de la familia.

Contesta las preguntas 29, 30 y 31. [36 seconds]

(Narrator) [Selección número 5. Escucha esta conversación al terminar una clase.]

(Male) —¿Tienes hambre, Beatriz?

(Female) —Sí, un poco. Aunque hace poco me comí dos perros calientes.

(Male) —Entonces, ¿no vas a acompañarme a la cafetería?

(Female) —Por supuesto. Necesito mucha energía para el partido de esta tarde.

(Male) —Oye, no debes estar comiendo tanto antes de un partido. No te vas a sentir bien.

(Female) —Lo sé, pero esta tarde tengo un hambre incontrolable.

(Male) —Entonces, vamos . . . , pero trata de no comer mucho.

Contesta las preguntas 32, 33 y 34. [36 seconds]

TEST 10
Part A

Directions: In this part of the exam, you will hear four statements, designated (A), (B), (C), and (D). You will hear each statement only once. These statements are not printed in your test booklet. While listening, look carefully at the picture in your test booklet and choose the statement that best represents what you see in the picture or what someone in the picture might say. Choose the most appropriate response and fill in the corresponding oval on the answer sheet.

Now listen to the following example:

You see: (See p. 145.)

You hear:
(A) Me encanta montar a caballo.
(B) Espérame José, vengo detrás de ti.
(C) Ay, qué dolor . . . me caí de la bicicleta.
(D) ¡Cuidado! El perro delante de la bicicleta.

Of the four statements you heard, the statement that best represents what the picture shows or what someone in the picture might say is statement (B) "Espérame José, vengo detrás de ti". For that reason, you should select answer (B).

Now get ready to listen to the four statements and look at the picture.

Número 1. (See p. 146.)

    (A) ¡Cuidado! Esas vacas vienen corriendo hacia nosotros.
    (B) No se pueden ver bien las esculturas en este cuarto.
    (C) Esos pájaros fueron pintados por un artista muy famoso.
    (D) ¡No seas tonto! Esas vacas son parte de una exhibición.

Número 2. (See p. 146.)

    (A) Allí están los sacos de basura.
    (B) Estas maletas son muy pesadas.
    (C) Esas bolsas están en el medio de la calle.
    (D) Las calles están llenas de basura.

Número 3. (See p. 147.)

    (A) Todas las ventanas están cubiertas por los árboles.
    (B) La florería está abierta los fines de semana.
    (C) Esas plantas no han dado flores este año.
    (D) Me encantan esas flores cerca de las ventanas.

Número 4. (See p. 147.)

    (A) ¡Mira cuántos pájaros hay en las ramas de los árboles!
    (B) Me gusta sentarme debajo de esos árboles porque dan sombra.
    (C) Esa pareja está sentada debajo de un árbol enorme.
    (D) ¡Bájate del árbol! Te vas a caer.

Número 5. (See p. 148.)

    (A) Por ese puente podemos cruzar el río.
    (B) Se les han caído las hojas a los árboles.
    (C) Allí va mi amigo caminando por debajo del puente.
    (D) Todas las tardes damos un paseo por el centro.

Número 6. (See p. 148.)

    (A) Yo no corro porque me duelen mucho los pies.
    (B) Siempre hago ejercicios antes de salir de la casa.
    (C) Cada vez que corro me siento muy energética.
    (D) Hace dos días que se me perdieron los zapatos.

Número 7. (See p. 149.)

    (A) Ese parece el lugar ideal para descansar un poco.
    (B) Me encanta pasar tiempo en la sala de mi casa.
    (C) Los chicos sentados allí son los hijos del campesino.
    (D) Corté todos esos árboles que están en el patio.

Número 8. (See p. 149.)

(A) Parece que llovió mucho; el coche está muy sucio.
(B) ¿Por qué no pones el coche dentro del garaje?
(C) Ya abrí el garaje para que pusieras el coche adentro.
(D) ¿Por qué pusiste todas las cajas encima del coche?

Número 9. (See p. 150.)

(A) Siempre se me olvida traer el traje de baño.
(B) ¡Mira qué alto están volando esos pájaros!
(C) Venimos aquí para ver nadar los patos.
(D) A esos pollos se les están cayendo las plumas.

Número 10. (See p. 150.)

(A) ¡Mira, ese oso está durmiendo en el bosque!
(B) Por el camino viene mucha gente.
(C) No podemos andar porque hay árboles en el camino.
(D) Por aquí no se ve ningún rascacielos.

Part B

Directions: You will now listen to a selection of short exchanges or parts of conversations. Each selection is followed by four statements, designated (A), (B), (C), and (D). Neither these exchanges nor the statements are printed in your test booklet. After listening to the four statements, choose the statement that most logically continues or finishes the conversation and fill in the corresponding oval on your answer sheet.

To become familiar with this part of the test, listen to the following example:

You hear:
(Male)   —No recuerdo donde puse los anteojos.

You also hear:
(Female)   (A) Allí están, sobre la mesa.
            (B) Todos están de acuerdo.
            (C) Se cubrió los ojos.
            (D) Se le olvidó el disco.

The statement that continues the conversation in the most logical way is statement (A) "Allí están, sobre la mesa". For that reason, you should select answer (A).

Now get ready to listen to the first exchange and the four statements.

_____

Número 11

(Female)   —Gerardo no regresa de México hasta el año próximo.

(Male)   (A) Ay, qué pena. Le echo mucho de menos.
          (B) De acuerdo vuelo a México el año próximo.
          (C) La próxima vez mira el mapa de México.
          (D) El avión llegó con retraso.

[7 seconds]

Número 12

(Female)   —¡Qué despacio conduces! No vamos a llegar nunca.

(Male)   (A) Vamos a alquilar un coche.
          (B) No hay ni un coche en la carretera.
          (C) Apúrate, ya llega el cartero.
          (D) No quiero tener un accidente.

[7 seconds]

Número 13

(Male) —Ya terminé toda la tarea de matemáticas.

(Female) —¿Cuál es la respuesta del problema?

(Male) —La respuesta es veinte.

(Female) (A) Lo siento, estás equivocado.
(B) Es verdad; hace muchas preguntas.
(C) No, él no tiene veinte años.
(D) No, nunca tengo problemas en la clase.

[7 seconds]

Número 14

(Male) —Ay, qué cansado estoy esta mañana.

(Female) —Parece que no dormiste bien anoche.

(Male) (A) Me desperté demasiado tarde.
(B) Me acosté tarde; no tenía sueño.
(C) Hace mucho fresco por la noche.
(D) Él se levantó de aquella silla.

[7 seconds]

Número 15

(Female) —Mira el regalo que me dio mamá.

(Male) —¡Qué bonita cámara! Parece muy cara.

(Female) —Me encanta sacar fotos.

(Male) (A) No te sientes en la cama.
(B) ¿Eres una buena fotógrafa?
(C) No quiero que me vean la cara.
(D) Claro, fue el cumpleaños de mamá.

[7 seconds]

Número 16

(Male) —¿Qué le pasó a tu falda, Elena?

(Female) —Estaba bebiendo una limonada y se me cayó el vaso.

(Male) —Pues, lava el vestido inmediatamente.

(Female) (A) Sí, me lavo las manos antes de salir.
(B) No, prefiero llevar pantalones.
(C) Sí, tiene una mancha horrible.
(D) No, me visto después de bañarme.

[7 seconds]

Número 17

(Female) —Ahora sí que estoy lista para salir.

(Male) —Angela, ¿estás segura de que pusimos todo el equipaje en el maletero?

(Female) (A) Claro, yo me siento bastante mal.
(B) Sí, el equipo está seguro de que ganará.
(C) Por supuesto, yo conté todas las maletas.
(D) Sí, ya saqué toda la ropa de la maleta.

[7 seconds]

Número 18

(Female) —¿Oíste ese ruido Alberto?

(Male) —Me parece que hay alguien a la puerta.

(Female) (A) Déjame ver, creo que sonó el timbre.
(B) Puedes entrar por la puerta si quieres.
(C) Ese chico se parece a alguien famoso.
(D) No pudimos entrar porque cerraron las puertas.

[7 seconds]

Número 19

(Male) —Quizás Carlos se enoje mucho cuando le diga lo que pasó.

(Female) —Es mejor que le digas toda la verdad.

(Male) (A) De acuerdo, yo quiero que él sepa todo.
(B) Tienes razón él siempre pierde mucho tiempo.
(C) Pintaron toda la pared de color verde.
(D) Dicen que ellos se sienten mejor.

[7 seconds]

Número 20

(Male) —Estoy preparando tu plato favorito.

(Female) —Gracias, pero no le eches tanta sal.

(Male) (A) Sal temprano esta tarde.
(B) Come poco si quieres perder peso.
(C) Echa la carta al correo.
(D) Verdad, no es bueno para la salud.

[7 seconds]

Part C

Directions: In this part of the exam you will listen to a number of selections. They can be conversations or short narratives. Printed in your test booklet, you will find one, two, or three questions, each with four possible answers. Press the pause button on your CD player while you choose the best answer to each question according to the information you have heard. Fill in the corresponding ovals on your answer sheet allowing twelve seconds for each question. When your answers are complete, press the play button to continue with the next selection.

You will not hear the questions or the possible answers.

Now get ready to listen to the first selection.

———————————————————

(Narrator) [Selección número 1. Escucha esta conversación en la oficina del Profesor Carrasco.]

(Female) —Profesor Carrasco, ¿me permite salir de la clase unos minutos antes de que se termine?

(Male) —No creo que sea una buena idea. Hoy tenemos que terminar el capítulo que comenzamos la semana pasada.

(Female) —Yo ya lo leí. Y creo que comprendo todo.

(Male) —Bueno, aunque lo hayas leído no me parece una buena idea que no estés aquí para la discusión.

(Female) —En ese caso, me tendré que quedar. Llamaré a mi madre para que ella busque a mi hermanito.

(Male) —Lo siento, Sara. Ya verás que la discusión te ayudará mucho.

(Female) —No se preocupe. Mis estudios me importan mucho.

Contesta las preguntas 21, 22 y 23. [36 seconds]

(Narrator) [Selección número 2. Escucha esta conversación en la casa de Roberto.]

(Female) —Roberto, ¿llamaste a Julia?

(Male) —No, no sabía que había llamado.

(Female) —Ay, lo siento. Llamó cuando tú estabas en el garaje. Quiere reunirse contigo más tarde.

(Male) —¿Le dijiste que yo estaba aquí? No tengo ganas ni de hablar ni de salir con ella.

(Female) —Por supuesto. No le iba a mentir.

(Male) —Estoy seguro de que me va a invitar a salir y yo no quiero salir con ella y su primo. Él es un antipático.

(Female) —Bueno, llámala y dile que tienes que salir conmigo. Quiero que me acompañes a cómprale un regalo a tu papá.

(Male) —Con mucho gusto. Y . . . gracias por darme una buena excusa.

(Female) —Es la primera vez que quieres salir conmigo con tanto gusto.

Contesta las preguntas 24, 25, 26 y 27. [48 seconds]

(Narrator) [Selección número 3. Escucha esta conversación entre una chica y su novio.]

(Female) —¿Cuándo fue la última vez que te cortaste el pelo, Genaro?

(Male) —Ya hace unas semanas. El problema es que me crece muy rápido. ¿Por qué me lo preguntas, Tina?

(Female) —Nada, me parece muy largo y siempre pienso que te ves mejor con pelo corto.

(Male) —En ese caso me lo cortaré. Pero tengo que esperar hasta la semana que viene pues mi peluquero está de vacaciones.

Contesta las preguntas 28, 29 y 30. [36 seconds]

(Narrator) [Selección número 4. Escucha la siguiente selección sobre el gran pintor español Francisco Zurbarán.]

Uno de los grandes pintores españoles más conocidos internacionalmente es Francisco de Zurbarán. Aunque de su vida se sabe poco, sí sabemos que ya a los quince años empezó su aprendizaje como pintor. Muchos de los cuadros que pintó a través de su vida fueron pedidos para conventos o iglesias. En 1634 debido a que su obra ya era muy conocida, el rey Felipe IV le pidió pintar el Palacio del Buen Retiro en Madrid. Casado tres veces, Zurbarán perdió a varios de sus hijos a causa de una gran epidemia, la peste que afectó a toda Europa. Esta epidemia también disminuyó las posibilidades de vender sus cuadros y para evitar la pobreza tuvo que cambiar su maravilloso estilo para satisfacer los gustos de la época.

Contesta las preguntas 31 y 32. [24 seconds]

UNIT II

GRAMMAR REVIEW

1. ARTICLES

1.1 The definite article

The definite article in English has only one form. In Spanish it has four forms.

	Singular	Plural	
masculine	**el**	**los**	the
feminine	**la**	**las**	the

Definite articles must agree with the nouns in gender (masculine or feminine) and number (singular or plural).

el camino	**los caminos**	the road(s)
la puerta	**las puertas**	the door(s)

When the preposition **a** or **de** appears in front of the definite article **el**, a contraction is formed as follows:

a + **el** = **al** (to the, at the, etc.)

Hoy vamos al centro.
Today we are going downtown.

de + **el** = **del** (from the, of the)

Ellos llegan del aeropuerto tarde.
They arrive late from the airport.

But, a contraction is not formed with the personal pronoun **él**.

Voy a darle mi cámara a él.
I am going to give my camera to him.

El coche no es de él.
The car is not his.

The definite article **el** is used when followed by a feminine noun beginning with stressed **a** or **ha**.

el águila	the eagle, but **las águilas**
el hacha	the hatchet, but **las hachas**
el aula	the classroom, but **las aulas**

The definite article is used with abstract nouns and nouns used in the general sense.

La amistad es importante.
Friendship is important.

The definite article is used when talking about a person, before **señor, señora, señorita**, and all other titles.

La señora Márquez es mi tía.
Mrs. Márquez is my aunt.

El doctor Fonseca es famoso.
Dr. Fonseca is famous.

But, when addressing the person directly, the definite article is not used.

Señorita González, ¿está Ud. enferma?
Miss González, are you sick?

The definite article is used before the names of languages.

Estudiamos el español.
We study Spanish.

But, it is omitted with names of languages, usually immediately after **aprender, enseñar, hablar**, and **saber**, and after **de** or **en**.

Gilberto habla español muy bien.
Gilberto speaks Spanish very well.

Esa novela está escrita en alemán.
That novel is written in German.

El profesor de italiano es de Roma.
The Italian professor is from Rome.

The definite article is used before the days of the week (meaning *on*).

Salgo para Puerto Rico el lunes.
I leave for Puerto Rico on Monday.

But, after the verb **ser**, the definite article is omitted.

Mañana es lunes.
Tomorrow is Monday.

The definite article is also used to tell time.

Es la una.
It is one o'clock.

The definite article is used before infinitives used as nouns.

El correr es beneficioso para la salud.
Running is beneficial for your health.

The definite article is generally used when referring to articles of clothing or parts of the body instead of the possessive adjective.

Me cepillo los dientes.
I brush my teeth.

Él se pone la camisa.
He puts on his shirt.

When more than one noun is listed, the definite article appears in front of each noun.

Ella trae la pluma y el lápiz.
She brings the pen and pencil.

1.2 The neuter article *lo*

The neuter article **lo** is used mainly before a masculine singular adjective or past participle, and sometimes before an adverb.

Lo importante es estudiar.
The important thing is to study.

Lo escrito es la verdad.
What is written is the truth.

Ella no sabe lo difícil que es viajar sola.
She does not know how difficult it is to travel alone.

1.3 The indefinite article

In English the indefinite article has two forms, *a* and *an*. In Spanish it has four forms.

	Singular		Plural	
masculine	**un**	a, an	**unos**	some, a few
feminine	**una**	a, an	**unas**	some, a few

Indefinite articles must agree with the nouns in gender (masculine or feminine) and number (singular or plural).

un edificio/unos edificios
a building/some buildings

una casa/unas casas
a house/some houses

The indefinite article is used with numbers to express approximation.

Compré unos diez libros.
I bought about ten books.

The indefinite article is omitted in Spanish after the verb **ser** before occupations and professions.

Su padre es veterinario.
His father is a veterinarian.

But, if the noun is modified, the indefinite article is used.

Su padre es un veterinario amable.
His father is a kind veterinarian.

The indefinite article is also omitted after the verb **ser** before nationalities, religions, or political affiliations.

Santiago no es chileno, es argentino.
Santiago is not a Chilean, he is an Argentinian.

Eduardo es judío.
Eduardo is a Jew.

Rosa es democráta.
Rosa is a Democrat.

But, if the noun is modified, then the indefinite article is needed.

Eduardo es un judío muy religioso.
Eduardo is a very religious Jew.

The indefinite article is not used before **cien**/a (one) hundred, **mil**/a (one) thousand, **otro**/another, **medio(a)**/half, **cierto**(a)/certain, or **tal**/such.

Mil ciento noventa.
A thousand one hundred and ninety.

Voy a visitarlo otro día.
I am going to visit Juan another day.

Corremos una milla y media.
We run a mile and a half.

Cierta profesora enseña la clase.
A certain professor teaches the class.

Ellos no saben que yo tengo tal problema.
They do not know that I have such a problem.

The indefinite article is also omitted after phrases with **¡qué . . . !**.

¡Qué jefe tan exigente!
What a demanding boss!

2. NOUNS

Nouns are words that denote a person, place, or thing. In Spanish nouns have gender: masculine or feminine.

One can tell the gender of a Spanish noun by its meaning according to its being.

el hombre	the man
el padre	the father
el actor	the actor
la mujer	the woman
la madre	the mother
la actriz	the actress

One can also tell the gender of a Spanish noun by its ending. If you cannot tell the gender of the noun by either its being or the ending, you must learn it with its article.

2.1 Masculine nouns

Nouns that end in **-o** are generally masculine. Nouns that end in **-a** are generally feminine.

el cuarto	the room
el baño	the bathroom
la ventana	the window
la puerta	the door

There are some exceptions to this rule, and you must learn them with their article.

la mano	the hand
la radio	the radio
la foto	the photograph
la moto	the motorcycle

The following are some nouns that end in **-ma**, but are masculine.

el aroma	the aroma
el clima	the climate
el cucigrama	the crossword puzzle
el diploma	the diploma
el drama	the drama
el fantasma	the ghost
el idioma	the language
el poema	the poem
el problema	the problem
el programa	the program
el sistema	the system
el telegrama	the telegram
el tema	the theme

The following nouns are also masculine:

days of the week
| **el miércoles** | Wednesday |
names of rivers
| **el Nilo** | the Nile |
names of seas
| **el Caribe** | the Caribbean |
names of oceans
| **el Pacífico** | the Pacific |
names of mountains
| **los Andes** | the Andes |

names of lakes
> **el Superior**   the Superior

numbers
> **el cuatro**   four

colors
> **el verde**   green

trees
> **el manzano**   the apple tree

Nouns with the following endings are masculine:

-aje
el garaje   the garage

-or
el dolor   the pain

Exceptions:

la labor   the labor
la flor   the flower

-ambre
el alambre   the wire

Compound nouns are also masculine.

el/los abrelatas	the can opener(s)
el/los lavamanos	the washbasin(s)
el/los parabrisas	the windshield(s)
el/los paraguas	the umbrella(s)
el/los rascacielos	the skyscraper(s)
el/los tocadiscos	the record player(s)

2.2 Feminine nouns

Nouns ending in **-a** are usually feminine.

la ventana   the window
la chimenea   the chimney

Some exceptions are

el poeta	the poet
el día	the day
el mapa	the map
el planeta	the planet
el mediodía	noon
el tranvía	the streetcar

The following nouns are feminine:

nouns ending in **-ción** and **-sión**
> **la canción**   the song
> **la pasión**   the passion

nouns ending in **-dad**, **-tad**, and **-tud**
> **la ciudad**   the city
> **la libertad**   the freedom
> **la actitud**   the attitude

nouns ending in **-ie**
> **la serie**   the series

nouns ending in **-umbre**
> **la costumbre**   the custom

nouns ending in **-sis**
> **la diagnosis**   the diagnosis

nouns ending in **-itis**
> **la bronquitis**   the bronchitis

names of letters
> **la be**   the *b*
> **la equis**   the *x*

names of islands
> **las Azores**   the Azores

2.3 Other rules about nouns

Some nouns ending in **-a**, **-nte**, and **-ista** are invariable. Their endings do not change, but the article is used to identify its gender.

el atleta/la atleta	the athlete
el cantante/la cantante	the singer
el dentista/la dentista	the dentist

Some nouns have the same form for both genders, but the article does not change.

la víctima	the victim
el personaje	the character (in a novel, etc.)
la persona	the person
la estrella	the star (movie, etc.)
el ángel	the angel

María Felix es una estrella del cine mexicano.
María Felix is a star of the Mexican cinema.
Mario Moreno es también una estrella.
Mario Moreno is also a star.

The feminine of nouns ending in **-és, -ín, -ón,** and **-or** is formed by adding an **-a**. In the feminine the accent is dropped. Note that these nouns usually refer to people and some animals.

el francés	the Frenchman
la francesa	the Frenchwoman
el bailarín	the male dancer
la bailarina	the female dancer
el anfitrión	the host
la anfitriona	the hostess
el campeón	the male champion
la campeona	the female champion
el contador	the male accountant
la contadora	the female accountant

The following nouns change their meaning depending on the gender.

el capital	the capital (money)
la capital	the capital (city)
el corte	the cut
la corte	the court
el cura	the priest
la cura	the cure
el editorial	the editorial
la editorial	the publishing house
el guía	the guide
la guía	the telephone guide
el orden	the order (sequence)
la orden	the order (command or religious order)
el papa	the pope
la papa	the potato
el policía	the policeman
la policía	the police force

Some nouns have different forms for each gender. These nouns must be learned separately.

el actor	the actor
la actriz	the actress
el caballo	the horse
la yegua	the mare
el gallo	the rooster
la gallina	the hen
el héroe	the hero
la heroína	the heroine

el hombre	the man
la mujer	the woman
el poeta	the poet
la poeta	the poetess
el príncipe	the prince
la princesa	the princess
el rey	the king
la reina	the queen
el toro	the bull
la vaca	the cow
el yerno	the son-in-law
la nuera	the daughter-in-law

2.4 Plural of nouns

The plural of nouns ending in a vowel is generally formed by adding **-s** to the ending.

camisa/camisas
estudiante/estudiantes

If the noun ends in a consonant, or in **-y**, the plural is formed by adding **-es**.

árbol/árboles
rey/reyes

If the noun ends in **-z**, the **-z** is changed to **-c** before adding **-es**.

lápiz/lápices

When forming the plural of compound nouns, the ending of the noun does not change; what differentiates the singular from the plural is the article.

el lavamanos	the washbasin
los lavamanos	the washbasins

3. ADJECTIVES

Adjectives are words that modify or describe a noun or a pronoun. Past participles can also be used as adjectives, and they usually follow the verb **estar**.

3.1 Gender of adjectives

An adjective agrees in gender (masculine or feminine) and number (singular or plural) with the noun or pronoun it modifies.

Adjectives that end in **-o** in the masculine singular change their endings as follows to agree with the noun they modify.

el cuaderno pequeño
the small notebook

los lagos profundos
the deep lakes

la computadora rápida
the fast computer

las avenidas estrechas
the narrow avenues

Adjectives that do not end in **-o** in the masculine singular are invariable. That is to say, they remain unchanged.

el trabajo difícil
the difficult job

la lección difícil
the difficult lesson

But, adjectives of nationality that in the masculine singular form end in a consonant and other adjectives that end in **-án**, **-ín**, **-ón**, and **-or** add an **-a** to form the feminine. If the last syllable has a written accent and ends in **-n** or **-s**, the written accent is dropped.

alemán/alemana	German
francés/francesa	French
haragán/haragana	lazy
saltarín/saltarona	dancer
mandón/mandona	bossy
trabajador/trabajadora	hardworking

But, adjectives that end in **-or** in the comparative form (**mayor**, **peor**, **mejor**, etc.) do not change in the feminine.

mi hermana mayor
my oldest sister

3.2 Plural of adjectives

The plural of adjectives is formed in the same way as the plural of nouns. If the adjective ends in a vowel, add **-s**. If it ends in a consonant, add **-es**.

alto	**altos**
inteligente	**inteligentes**
difícil	**difíciles**

If the adjective ends in **-z**, the **-z** changes to **-c** before adding **-es**.

feliz   felices

If the adjective modifies two or more nouns, even if they are of different genders, the masculine plural is used.

La camisa y los pantalones son caros.
The shirt and the pants are expensive.

But, if it modifies two or more feminine nouns, the feminine plural is used.

La blusa y la falda amarillas son de Elisa.
The yellow blouse and yellow skirt are Elisa's.

3.3 Position of adjectives

Descriptive adjectives are generally placed after the noun.

una mesa redonda
a round table

But, if the adjective denotes an inherent quality, a quality attributed to the noun, it is placed before the noun.

la oscura noche
the dark night

The adjectives **otro**, **alguno (algún)**, **ninguno (ningún)**, **mucho**, **ambos**, **bastante**, **poco**, **suficiente**, and **varios** are customarily placed in front of the noun.

No tenemos suficientes libros.
We do not have enough books.

¿Ves algún barco?
Do you see any ship?

Demonstrative adjectives are always placed in front of the noun.

aquella montaña
that mountain

Possesive adjectives are customarily placed in front of the noun, but at times they may follow the noun. In this case, the long form of the adjective is used.

Nuestros primos están en Inglatera.
Our cousins are in England.

Elena es una prima mía.
Elena is a cousin of mine.

Numerical adjectives are usually placed in front of the noun.

diez habitaciones
ten rooms

la tercera vez
the third time

When a cardinal number is used in place of an ordinal number, it follows the noun.

el siglo veinte
the twentieth century

Some adjectives change their meaning depending on the position. Some of the most common are

un cantante pobre	a poor (not rich) singer
un pobre cantante	a poor (unfortunate) singer
un barrio grande	a large/big neighborhood
un gran barrio	a great neighborhood
un viejo amigo	an old (longtime) friend
un amigo viejo	an old (age) friend
una doctora única	a unique doctor
la única doctora	the only doctor
canciones diferentes	different songs
diferentes canciones	various songs
la secretaria misma	the secretary herself
la misma secretaria	the same secretary
los calcetines nuevos	the brand new (not old) socks
los nuevos calcetines	the new (different) socks
el edificio antiguo	an ancient building
el antiguo edificio	a former building

3.4 Shortening of adjectives

Some adjectives in Spanish drop the final **-o** when they precede a masculine noun.

alguno
bueno
malo
ninguno
primero
tercero
uno

el buen hombre
the good man

el primer capítulo
the first chapter

Note that when **alguno** and **ninguno** are placed before a noun, an accent is added.

ningún edificio
no building

Grande becomes **gran** before a masculine or feminine singular noun, but its meaning changes to "great."

un barco grande
a big ship

un gran barco
a great ship

Santo becomes **San** before a masculine singular noun.

> **San Antonio**
> **San José**

If the noun begins with **to-** or **do-**, then **santo** is used.

> **Santo Tomás**
> **Santo Domingo**

Cualquiera becomes **cualquier** in front of a masculine and feminine singular noun.

> **cualquier cuarto**   any room
> **cualquier avenida**   any avenue

After a noun of either gender **cualquiera** is used. When it is used with people it is often pejorative.

   The plural form of **cualquiera** is **cualesquiera**, but its use is disappearing.

   Ciento becomes **cien** before a masculine or feminine plural noun, and when a number larger than itself follows.

> **cien dólares**
> a hundred dollars
>
> **cien mil**
> a hundred thousand
>
> **cien millones**
> a billion

But, **ciento** is used when a number smaller than itself follows (101–199).

> **ciento dos hombres**
> **ciento noventa dólares**

3.5 Adjectives used as nouns

An adjective preceded by a definite article may be used as a noun when the noun it refers to is clear in the context.

> **En ese barrio no hay pobres.**
> In that neighborhood there are no poor people.
>
> **Una joven dice adiós.**
> A young woman says good-bye.

In English, nouns can be used as adjectives. In Spanish this idea is expressed with the construction **de** + noun.

> **una caja de cartón**   a cardboard box
> **la cuenta de cheques**   the checking account

3.6 Comparisons

3.6.1 Comparison of equality

To compare adjectives and adverbs in Spanish use the following construction:

> **tan** + adjective (adverb) + **como** (as . . . as)
>
> **La película es tan interesante como el libro.**
> The film is as interesting as the book.
>
> **Ese hombre cocina tan bien como la cocinera.**
> That man cooks as well as the cook.

To compare in terms of a noun, use

> **tanto, tanta, tantos, tantas** + noun + **como** (as much . . . as) (as many . . . as)
>
> **Yo tengo tanto trabajo como Eduardo.**
> I have as much work as Eduardo.
>
> **Elena tiene tantas blusas como su hermana.**
> Elena has as many blouses as her sister.

3.6.2 Comparison of inequality

The comparison of inequality is expressed in Spanish by placing **más** or **menos** before the adjective, adverb, or noun.

Nosotros somos más cariñosos que ella.
We are more affectionate than she is.

Ella es menos elegre que él.
She is less happy than he is.

Yo tengo más trabajo que tú.
I have more work than you do.

In comparisons, *than* is usually translated in Spanish as **que**, but before a cardinal number in affirmative statements it is expressed by **de**.

Compramos más de tres libras de queso.
We bought more than three pounds of cheese.

In negative sentences **que** is used and is translated as *only*.

No tiene más que cuatro hijos.
He has only four children.

3.6.3 Superlative

The superlative is formed by placing the definite article or the possessive pronoun before the comparative construction (**el/la/los/las** + **más/menos** + adjective + **de**).

David es el atleta más fuerte del equipo.
David is the strongest athlete on the team.

Note that **de** is ordinarily used after the superlative in Spanish. In English it's followed by *in*.

There are four adjectives that have irregular forms when used in comparisons:

viejo	old
mayor que	older
el (la) mayor de (age)	the oldest
joven	young
menor que	younger
el (la) menor de (age)	the youngest
bueno	good

mejor que	better
el (la) mejor de	the best
malo	bad
peor que	worse
el (la) peor de	the worst

If the comparison refers to size, **más grande** (bigger, larger, etc.), **más pequeño** (smaller, etc.) is used. If it refers to age, then **mayor** and **menor** are used.

When the adverbs **bien** and **mal** are used in comparisons of inequality, they have irregular forms.

bien	mejor que	(better than)
mal	peor que	(worse than)

3.6.4 Absolute superlative

The absolute superlative is expressed by dropping the final vowel of the adjective and adding **-ísimo** (**-a, -os, -as**).

Ricardo es inteligentísimo.
Ricardo is very (highly, extremely) intelligent.

If after dropping the final vowel the following letters remain, the following changes are necessary:

c→qu	riquísimo
g→gu	larguísimo
z→c	felicísimo

Muy + adjective can also be used to express the absolute superlative.

Ricardo es muy inteligente.
Ricardo is very intelligent.

3.7 Possessive adjectives

3.7.1 Short forms of the possessive adjectives

Possessive adjectives are used to express possession or ownership.

Singular		Plural		
Masculine	Feminine	Masculine	Feminine	
mi	**mi**	**mis**	**mis**	my
tu	**tu**	**tus**	**tus**	your
su	**su**	**sus**	**sus**	his, her, your, its
nuestro	**nuestra**	**nuestros**	**nuestras**	our
vuestro	**vuestra**	**vuestros**	**vuestras**	your
su	**su**	**sus**	**sus**	your, their

Possessive adjectives agree in gender and number with the object possessed and not with the possessor.

> **Elena trae nuestros libros.**
> Elena brings our books.

The short forms of the possessive adjectives are placed before the nouns they modify.

> **mis hermanas**   my sisters

If a possessive adjective modifies two or more nouns, it is repeated before each noun.

> **Yo llevo mis lápices y mis cuadernos.**
> I take my pencils and my notebooks.

The definite article is used instead of the possessive adjective when referring to articles of clothing or parts of the body.

> **Quítate el abrigo.**
> Take off your coat.

> **Me rompí la pierna.**
> I broke my leg.

If the meaning of the possessive adjective **su** and **sus** is not clear, the following construction is used to clarify:

> article + noun + | **de él** | his
> | **de ella** | her
> | **de Ud.** | your
> | **de ellos** | their
> | **de ellas** | their
> | **de Uds.** | your

> **Vamos en su coche.**   or
>   **Vamos en el coche de él.**
> We are going in his car.

3.7.2 *Stressed or long forms of the possessive adjectives*

Stressed or long forms of the possessive adjectives are placed after the noun. They are equivalent to the English (*of*) *mine*, (*of*) *yours*, etc.

Singular		Plural		
mío	**mía**	**míos**	**mías**	(of) mine
tuyo	**tuya**	**tuyos**	**tuyas**	(of) yours
suyo	**suya**	**suyos**	**suyas**	(of) his, hers, yours, its
nuestro	**nuestra**	**nuestros**	**nuestras**	(of) our
vuestro	**vuestra**	**vuestros**	**vuestras**	(of) yours
suyo	**suya**	**suyos**	**suyas**	(of) yours, theirs

If the verb **ser** links the noun with the possessive adjective, only this form can be used.

> **Los programas de computadora son míos.**
> The computer programs are mine.

The long forms of the possessive adjectives are placed after the nouns they modify.

> **Jacinto fue de vacaciones con el tío suyo.**
> Jacinto went on vacation with his uncle.

If the meaning of the possessive adjective **suyo**, **suya**, **suyos**, and **suyas** is not clear, the following is used to clarify:

> **el/la/los/las** + noun + **de él**   his
> **el/la/los/las** + noun + **de ella**   hers
> **el/la/los/las** + noun + **de Ud.**   yours
> **el/la/los/las** + noun + **de ellos**   theirs
> **el/la/los/las** + noun + **de ellas**   theirs
> **el/la/los/las** + noun + **de Uds.**   yours

> **Jacinto fue de vacaciones con el tío suyo (el tío de él).**
> Jacinto went on vacation with his uncle.

3.7.3 *Possession or ownership*

Possession or ownership is expressed in Spanish by using **de** and the noun or pronoun.

La mochila es de Eduardo.
The backpack is Eduardo's.

To ask the ownership of an object in Spanish, use the following question:

¿De quién es el disco compacto?
Whose compact disc is it?

If the expected answer is plural, use

¿De quiénes es el disco compacto?
Whose compact disc is it?

3.8 Demonstrative adjectives

Demonstrative adjectives are used to point out, distinguish, or demonstrate objects, people, or ideas from each other. They can do this by taking into consideration the proximity to the speaker or the time elapsed more definitely than the definite article.

Singular

Masculine	Feminine	
este	**esta**	this (near the person who is speaking, or present time)
ese	**esa**	that (near the person spoken to, or a period of time somewhat near)
aquel	**aquella**	that (away from both, or to a distant period of time)

Plural

Masculine	Feminine	
estos	**estas**	these
esos	**esas**	those
aquellos	**aquellas**	those

Demonstrative adjectives agree in gender (masculine or feminine) and number (singular or plural) with the nouns they modify.

este banco
this bank

aquellas calles
those streets

4. ADVERBS

Adverbs are words that modify a verb, an adjective, another adverb, a phrase, or a clause. They express the degree, cause, manner, place, time, etc. You can recognize them easily in English because they end in -*ly*.

4.1 Formation of adverbs

Adverbs are formed by using the feminine singular form of the adjective and adding **-mente**. This ending corresponds to the English -*ly*.

claro–clara–claramente
inteligente–inteligente–inteligentemente

If the adjective has a written accent, the accent is kept after adding **-mente**.

rápido–rápida–rápidamente
espontáneo–espontánea–
    espontáneamente

If two or more adverbs are used successively, **-mente** is added only to the last adverb. The rest of the adverbs appear in the feminine form.

Ricardo sale lenta y tranquilamente.
Ricardo leaves slowly and quietly.

Demasiado, mejor, mucho, poco, and **peor** when used as adverbs do not change form, but used as adjectives they must agree with the noun they modify.

Ella habla demasiado.
She speaks too much.

Hay demasiadas personas en el teatro.
There are too many people in the theater.

4.2 Adverbial phrases

Adverbial phrases can also be formed by using **con** + a noun.

Me habló inteligentemente.
Me habló con inteligencia.
He spoke to me intelligently.

or by using **de manera** or **de modo** + an adjective.

de manera apasidonada
passionately

4.3 Common adverbs

There are many common adverbs you should learn. Here is a partial list.

a menudo	often
acaso	perhaps
ahí	there (near the speaker or the person spoken to)
ahora	now
ahora mismo	right now
allá	way over there
allí	there (far from the speaker or the person spoken to)
antes	before
apenas	hardly
aquí	here
bastante	enough
bien	well
con adelanto	ahead
con retraso	with delay
de nuevo	again
de prisa	in a hurry
de pronto	suddenly
de repente	suddenly
demasiado	too much
despacio	slowly
en seguida	right away
luego	then, afterward
mal	badly
mejor	better
peor	worse
por desgracia	unfortunately
quizás	perhaps
rara vez	rarely
siempre	always
tal vez	perhaps

tarde	late
temprano	early
todavía	still
todavía no	not yet
ya	already
ya no	no longer

5. PRONOUNS

Pronouns are words that take the place of a noun.

5.1 Subject pronouns

Subject pronouns replace the person or object referred to in a sentence.

	Singular		Plural
yo	I	**nosotros(as)**	we
tú	you (familiar)	**vosotros(as)**	you (familiar)
él	he, it	**ellos**	they
ella	she, it	**ellas**	they
ustedes	you (formal)	**ustedes**	you (formal)

Remember that unless you need to clarify or to emphasize, subject pronouns are generally not used in Spanish since the ending of the verb indicates the person.

Vosotros is the plural of **tú**. You should become familiar with it and its conjugation, but only for recognition. It may appear in reading passages, but usually it does not appear on other parts of the exam.

5.2 Prepositional pronouns

The following pronouns are used after a preposition:

	Singular		Plural
mí	me	**nosotros(as)**	us
ti	you	**vosotros(as)**	you
él	him, it	**ellos**	them
ella	her, it	**ellas**	them
Ud.	you	**Uds.**	you

¡Ojo! **Con** followed by **mí** or **ti** becomes **conmigo** and **contigo**.

5.3 Object pronouns

5.3.1 Direct object pronouns

Direct objects receive the direct action of the verb. They answer the question who? or what? They can be replaced by the following pronouns:

	Singular		Plural
me	me	**nos**	us
te	you	**os**	you
lo	him, you, it	**los**	them, you
la	her, you, it	**las**	them, you

5.3.2 The neuter pronoun lo

Lo is used to refer to or replace an idea or situation already mentioned. It can replace an adjective or a phrase.

> —¿Estás cansado?
> —Sí, lo estoy.

> —¿Sabes que Elena viene mañana?
> —Sí, lo sé.

5.3.3 Indirect object pronouns

The indirect object indicates the person(s) or things(s) that are affected or receive the action of the verb. They answer the following questions: To whom? For whom? To what? For what? They can be replaced by the following pronouns:

	Singular		Plural
me	to me	**nos**	to us
te	to you	**os**	to you
le	to him, to her,	**les**	to them,
	to it, to you		to you

To clarify the pronoun **le** you may add **a él, a ella**, or **a Ud**. To clarify **les**, add **a ellos, a ellas**, or **a Uds**.

You may also add **a mí, a ti**, etc., to emphasize.

5.3.4 Position of object pronouns

1. Object pronouns are generally placed in front of the verb.
2. If two pronouns appear in a sentence, the indirect object pronoun is always placed before the direct object pronoun.

   Me lo dio ayer.
   He gave it to me yesterday.

3. If both pronouns begin with the letter **l**, the indirect becomes **se**.

		lo		se lo
le	+	la	=	se la
les		los		se los
		las		se las

   Se lo dije a él.
   I told it to him.

   Dígaselo.
   Tell it to him.

   Voy a dárselo.
   Se lo voy a dar.
   I am going to give it to him/to her.

   To clarify the pronoun **se** you may add **a él, a ella, a Ud., a ellos, a ellas**, or **a Uds**.

4. Object pronouns are placed in front of a compound tense, immediately in front of the auxiliary verb **haber**.

   Tú los has escrito.
   You have written them.

5. Object pronouns are attached to affirmative commands.

   ¡Piénsalo bien!
   Think about it well!

6. Object pronouns are placed in front of negative commands.

No lo mires ahora.
Do not look at it now.

7. If the conjugated verb is followed by an infinitive, the object pronoun can be either placed before the conjugated verb or attached to the infinitive.

Espero venderla.
La espero vender.
I hope to sell it.

8. In the progressive, you can place the object pronoun either in front of the conjugated verb or attached to the present participle.

Lo estamos pensando.
Estamos pensándolo.
We are thinking about it.

¡Ojo! Generally speaking, any given clause in Spanish should not contain a direct object and its corresponding replacement pronoun.

Escribí el ensayo ayer.
I wrote the essay yesterday.

Lo escribí el ensayo. INCORRECT

Lo escribí ayer. CORRECT
I wrote it yesterday.

However, a single clause may contain an indirect object and its corresponding indirect object pronoun, especially when it clarifies the object pronoun.

Le escribí a mi tía.
I wrote to my aunt.

5.4 Possessive pronouns

Possessive pronouns are formed by placing the definite article in front of the stressed or long form of the possessive adjective. Note that the possessive pronoun agrees in gender and number with the noun it replaces.

el mío, la mía, los míos, las mías
mine
el tuyo, la tuya, los tuyos, las tuyas
yours
el suyo, la suya, los suyos, las suyas
his, hers, yours, its
el nuestro, la nuestra, los nuestros, las nuestras
ours
el vuestro, la vuestra, los vuestros, las vuestras
yours
el suyo, la suya, los suyos, las suyas
yours, theirs

Tu computadora es vieja; la nuestra es nueva.
Your computer is old; ours is new.

But, if the sentence is an answer to the question *Whose?* after **ser**, the article may be omitted.

Es tuyo.
It's yours.

The article is used if the sentence is an answer to the question *Which?*

¿Cuál es tu mochila?
Which is your backpack?

La roja es la mía.
The red one is mine.

If the meaning of the possessive pronouns **el suyo, la suya, los suyos,** and **las suyas** is not clear, the following is used to clarify:

el/la/los/las de + él	his
el/la/los/las de + ella	hers
el/la/los/las de + Ud.	yours
el/la/los/las de + ellos	theirs
el/la/los/las de + ellas	theirs
el/la/los/las de + Uds.	yours

Mis padres son comprensivos; los suyos (los de ellos) son muy estrictos.
My parents are understanding; theirs are very strict.

5.5 Demonstrative pronouns

Demonstrative pronouns replace nouns keeping the same gender and number as the nouns they replace. Note that what distinguishes demonstrative pronouns from demonstrative adjectives is the written accent.

Singular

Masculine	Feminine	
éste	ésta	this
ése	ésa	that
aquél	aquélla	that

Plural

Masculine	Feminine	
éstos	éstas	these
ésos	ésas	those
aquéllos	aquéllas	those

No me gustan estos zapatos; me gustan aquéllos.
I do not like these shoes; I like those (over there).

Note the difference between Spanish and English when expressing the former (**aquél, aquella,** etc.) and the latter (**éste, ésta,** etc.). In Spanish the latter precedes the former.

García Márquez e Isabel Allende son mis autores favoritos. Ésta es chilena; aquél es colombiano.
Gabriel García Márquez and Isabel Allende are my favorite writers. The former is Colombian; the latter is Chilean.

A neuter demonstrative pronoun (**esto, eso,** and **aquello**) is used in Spanish to refer to an idea, a situation, a previous statement, or an object whose gender is not known.

Eso es verdad.
That (idea or statement) is true.

Aquello se parece un animal.
That (thing) looks like an animal.

5.6 Relative pronouns

Relative pronouns are used to connect a subordinate clause to a main clause.

5.6.1 Que

The relative pronoun **que** (that, which, who, whom) is used to refer to people or things. Although "that" may be omitted in English, it is never omitted in Spanish.

Leí el artículo que apareció en el periódico.
I read the article that appeared in the newspaper.

El chico que vino ayer es mi primo.
The boy who came yesterday is my cousin.

After a preposition (**a, de, en, con,** etc.), it refers only to things.

Ese es el teatro en que vimos la obra.
That is the theater in which we saw the play.

5.6.2 Quien, quienes

Quien and **quienes** refer only to people. They are used mainly after the prepositions **a, de, en,** and **con**.

They can be used at the beginning of a sentence to express whoever, he who, one who, etc.

Quien estudia mucho recibe buenas notas.
Whoever (He who, etc.) studies a lot receives good grades.

After a preposition, **quien** and **quienes** are used to refer to people.

Allí vienen los policías de quienes te hablé.
There come the policemen about whom I talked to you.

Quien and **quienes** can be used in clauses that are set off by commas.

Los actores, quienes ganaron el premio, asistieron a la celebración.
The actors, who won the prize, attended the celebration.

5.6.3 *El cual, el que, la cual, la que, los cuales, los que, las cuales, las que*

These pronouns are used to express *the one(s) who, the one(s) which, who, that, whom, which* when there is a need for more clarity than **que**.

> **La profesora de inglés, la cual (la que) entró en la oficina, es la más popular.**
> The English teacher, (the one) who entered in the office, is the most popular.

After a preposition, **el cual, el que, la cual,** etc. are used to refer to things.

> **Limpiamos los estantes encima de los cuales vamos a poner los libros.**
> We cleaned the bookshelves on top of which we are going to put the books.

Note that **lo cual** (which) and **lo que** (what, that which) are neuter phrases. They are used in sentences where the antecedent refers to a concept, an indefinite or general idea, rather than to a noun. The antecedent may be stated directly or implied by the context. **Lo cual** is never used to begin a sentence.

> **Ignacio está enfermo, lo cual (lo que) me preocupa.**
> Iganacio is sick, which worries me.

> **Lo que sucedió fue horroroso.**
> What (That which) happened was horrifying.

At the beginning of a sentence, **el que, los que,** etc. may be used instead of **quien** or **quienes**.

> **Quien estudia mucho recibe buenas notas.**
> **El que estudia mucho recibe buenas notas.**
> He who studies a lot receives good grades.

5.6.4 *Cuyo, cuya, cuyos, cuyas*

Cuyo, cuya, cuyos, cuyas indicate possession and agree with the noun to which they refer (the person or thing being possessed) in gender and number.

> **Allí está la chica cuyos padres se ganaron la lotería.**
> There is the girl whose parents won the lottery.

¡Ojo! When expressing *Whose*? in Spanish to ask who possesses something, you must use **¿De quién(es) . . . ?**

6. VERBS

6.1 Present indicative

The present tense is used to express

■ an action occurring in the present or that occurs regularly or habitually

> **Lavo el coche.**
> I wash the car.   or   I am washing the car.

> **Ella ve la televisión todas las noches.**
> She watches TV every night.

■ an action that is going to take place in the near future. In this case there is a word or expression that indicates that the action is going to take place in the future.

> **Visitamos a Gabriel esta noche.**
> We are going to visit Gabriel tonight.

■ an action or event that started in the past and is continuing in the present with the following constructions:

> **hace** + expression of time + **que** + present tense
> present tense + **hace** + expression of time

Hace dos días que estoy enfermo.
Estoy enfermo hace dos días.
I have been sick for two days.

present tense + **desde hace** + expression of time
Escribo desde hace una hora.
I have been writing for an hour.

To ask a question use

¿Cuánto tiempo hace que . . . + present tense?
¿Cuánto hace que . . . + present tense?
¿Hace cuánto tiempo que . . . + present tense?
How long have you (he, she, etc.) been . . . ?

¿Desde cuándo escribes?
How long have you been writing?

■ the progressive tense

¿Qué limpias?
What are you cleaning?

Limpio los estantes.
I am cleaning the bookshelves.

6.2 Regular verbs

-ar
escuchar   to listen

Singular	Plural
yo escucho	nosotros(as) escuchamos
tú escuchas	vosotros(as) escucháis
él, ella, Ud. escucha	ellos, ellas, Uds. escuchan

-er
correr   to run

Singular	Plural
yo corro	nosotros(as) corremos
tú corres	vosotros(as) corréis
él, ella, Ud. corre	ellos, ellas, Uds. corren

-ir
subir   to go up

yo subo	nosotros(as) subimos
tú subes	vosotros(as) subís
él, ella, Ud. sube	ellos, ellas, Uds. suben

6.3 Irregular verbs

6.3.1 Irregular verbs in the first person singular (yo) only

The asterisk denotes those verbs that do not carry a written accent in the second person plural (**vosotros**).

caber   to fit
quepo, cabes, cabe, cabemos, cabéis, caben

caer   to fall
caigo, caes, cae, caemos, caéis, caen

conocer   to know
conozco, conoces, conoce, conocemos, conocéis, conocen

dar   to give
doy, das, da, damos, dais,* dan

hacer   to do, to make
hago, haces, hace, hacemos, hacéis, hacen

poner   to put, to place
pongo, pones, pone, ponemos, ponéis, ponen

saber   to know
sé, sabes, sabe, sabemos, sabéis, saben

salir   to go out, to leave
salgo, sales, sale, salimos, salís, salen

traer   to bring
traigo, traes, trae, traemos, traéis, traen

valer   to be worth
valgo, vales, vale, valemos, valéis, valen

ver   to see
veo, ves, ve, vemos, veis,* ven

¡Ojo! You may want to review the following verbs that follow the same pattern as **poner:**

componer	to fix, to repair
disponer	to dispose
exponer	to expose, to explain
imponer	to impose
oponerse a	to be against, opposed to
ponerse	to put on; (+ adjective) to become
proponer	to propose
suponer	to suppose

¡Ojo! You may want to review the following verbs that follow the same pattern as **traer:**

atraer	to attract
contraer	to contract
distraer	to distract

6.3.2 Irregular verbs in more than one person

decir   to say, tell
digo, dices, dice, decimos, decís, dicen

estar   to be
estoy, estás, está, estamos, estáis, están

haber   to have (as an auxiliary verb)
he, has, ha, hemos, habéis, han

ir   to go
voy, vas, va, vamos, vais, van

oír   to hear
oigo, oyes, oye, oímos, oís, oyen

ser   to be
soy, eres, es, somos, sois, son

tener   to have
tengo, tienes, tiene, tenemos, tenéis, tienen

venir   to come
vengo, vienes, viene, venimos, venís, vienen

¡Ojo! To express *there is/there are*, use **hay** (the impersonal form of **haber**).

¡Ojo! You may want to review the following verbs that follow the same pattern as **tener:**

contener	to contain
detener	to detain
detenerse	to stop
entretener	to entertain
mantener	to maintain, to support
obtener	to obtain, to get
retener	to retain
sostener	to sustain

¡Ojo! You may want to review the following verbs that follow the same pattern as **venir:**

convenir	to agree, to be suitable (good for)
intervenir	to intervene

6.4 Verbs with spelling changes

6.4.1 Verbs ending in -ger or -gir

The following verbs change the *g* to a *j* before *a* and *o*:

coger   to grab, to seize
cojo, coges, coge, cogemos, cogéis, cogen

exigir   to require, to demand
exijo, exiges, exige, exigimos, exigís, exigen

¡Ojo! You may want to review the following verbs that follow the same pattern as **coger:**

encoger	to shrink
escoger	to choose
proteger	to protect
recoger	to pick up

¡Ojo! You may want to review the following verbs that follow the same pattern as **exigir:**

afligir	to afflict
dirigir	to direct
fingir	to pretend

¡**Ojo!** Besides having spelling changes, the following verbs ending in **-gir** also have changes in their stem.

> **elegir** (e→i)   to elect
> **elijo, eliges**, etc.
> **corregir** (e→i)   to correct
> **corrijo, corriges**, etc.

6.4.2 Verbs ending in -guir

The following verbs change the *gu* to *g* before *a* and *o*.

> **distinguir**   to distinguish
> **distingo, distingues, distingue, distinguimos, distinguís, distinguen**

¡**Ojo!** You may want to review the following verb that follows the same pattern as **distinguir**:

> **extinguir**   to extinguish

¡**Ojo!** Besides having spelling changes, the following verbs ending in **-guir** also have changes in their stem.

> **seguir** (e→i)   to continue, follow
> **sigo, sigues**, etc.
> **conseguir** (e→i)   to obtain, get
> **perseguir** (e→i)   to pursue, persecute
> **proseguir** (e→i)   to continue, proceed

6.4.3 Verbs that end in a consonant + -cer

The following verbs change the *c* to *z* before *a* and *o*:

> **convencer**   to convince
> **convenzo, convences, convence, convencemos, convencéis, convencen**

¡**Ojo!** You may want to review the following verbs that follow the same pattern as **convencer**:

vencer   to overcome, to conquer
ejercer   to practice a profession, to exercise, to exert

¡**Ojo!** Besides having spelling changes, the following verbs ending in a consonant + **-cer** also have changes in their stem:

> **torcer** (o→ue)   to twist
> **tuerzo, tuerces, tuerce, torcemos, torcéis, tuercen**
> **cocer** (o→ue)   to cook
> **torcerse** (o→ue)   to sprain

6.4.4 Verbs that end in a vowel + -cer or -cir

In the first person singular (**yo**), the *c* changes to *zc*.

> **conocer**   to know
> **conozco, conoces, conoce, conocemos, conocéis, conocen**

¡**Ojo!** You may want to review the following verbs that follow the same pattern as **conocer**:

aborrecer	to hate, loathe
agradecer	to thank, to be grateful for
aparecer	to appear
complacer	to please
crecer	to grow
desaparecer	to disappear
desconocer	to be ignorant of
enorgullecerse de	to take pride in
entristecerse	to become sad
establecer	to establish
merecer	to deserve, to merit
nacer	to be born
obedecer	to obey
ofrecer	to offer
parecer	to seem, to appear
parecerse a	to resemble, to look like
permanecer	to stay
pertenecer	to belong
reconocer	to recognize

6.4.5 *Verbs that end in a vowel + -cir*

In the first person singular (**yo**), the *c* changes to *zc*.

> **conducir**   to drive, to lead, to conduct
> **conduzco, conduces, conduce, conducimos, conducís, conducen**

¡Ojo! You may want to review the following verbs that follow the same pattern as **conducir**:

> **producir**   to produce
> **traducir**   to translate
> **reducir**   to reduce

6.5 Stem-changing verbs

6.5.1 *Stem-changing verbs ending in -ar and -er*

In the following verbs ending in *-ar* and *-er* the vowel of the stem changes as follows:

> *e→ie*
> *o→ue*

in all forms except the first person plural (**nosotros, nosotras**) and the second person plural (**vosotros, vosotras**).

e to *ie*

> **comenzar**   to begin
> **comienzo, comienzas, comienza, comenzamos, comenzáis, comienzan**

¡Ojo! You may want to review the following verbs that follow the same pattern as **comenzar**:

> **acertar**   to guess correctly
> **apretar**   to squeeze
> **atravesar**   to cross
> **cerrar**   to close
> **confesar**   to confess
> **despertar**   to awaken

despertarse	to wake up
empezar	to begin
encerrar	to enclose, to lock in
gobernar	to govern
negar	to deny
nevar*	to snow
pensar	to think, to plan
recomendar	to recommend
sentar(se)	to seat (to set down)
temblar	to tremble

*Nevar is used only in the third person singular **nieva**.

> **querer**   to want, wish, love a person
> **quiero, quieres, quiere, queremos, queréis, quieren**

¡Ojo! You may want to review the following verbs that follow the same pattern as **querer**:

> **defender**   to defend
> **descender**   to go down
> **entender**   to understand
> **encender**   to light, to ignite
> **perder**   to lose

o* to *ue

> **almorzar**   to have lunch
> **almuerzo, almuerzas, almuerza, almorzamos, almorzáis, almuerzan**

¡Ojo! You may want to review the following verbs that follow the same pattern as **almorzar**:

acordarse (de)	to remember
acostar(se)	to put to bed, (to go to bed)
contar	to count, to tell
costar	to cost
demostrar	to demonstrate, to show
encontrar	to find
encontrarse	to find oneself, to be somewhere
encontrarse con	to meet, to run across/into
jugar (u→ue)	to play (a sport)
mostrar	to show
oler*	to smell
probar(se)	to try, to taste, (to try on)
recordar	to remember

resolver	to solve
rogar	to beg, to plead
sonar	to ring, to sound
soñar con	to dream about
tronar**	to thunder
volar	to fly

*Oler is conjugated as follows: **huelo, hueles, huele, olemos, oléis, huelen**.

Tronar is used only in the third person singular **truena.

poder   to be able
puedo, puedes, puede, podemos, podéis, pueden

¡Ojo! You may want to review the following verbs that follow the same pattern as **poder**:

conmover	to move, to affect deeply
devolver	to return, to give back
doler	to pain, to ache
envolver	to wrap
llover*	to rain
mover	to move
resolver	to solve, to resolve
soler**	to be in the habit of, to be accustomed to
volver	to return, to go back

*Llover is used only in the third person singular **llueve**.

**Soler is used as an auxiliary verb to express that the action of the main verb happens frequently, usually, or habitually.

6.5.2 Stem-changing verbs ending in -ir

In the following verbs ending in **-ir** the vowel of the stem changes as follows:

e→ie
o→ue
e→i

in all forms except the first person plural (**nosotros, nosotras**) and the second person plural (**vosotros, vosotras**).

e to ie

mentir   to lie
miento, mientes, miente, mentimos, mentís, mienten

¡Ojo! You may want to review the following verbs that follow the same pattern as **mentir**:

advertir	to notify, to warn
convertir	to convert
convertirse en	to turn into, become
divertir	to amuse
divertirse	to have a good time
hervir	to boil
preferir	to prefer
referirse (a)	to refer (to)
sentir	to regret, to feel sorry
sentirse	to feel well, sick, etc.

o to ue

dormir   to sleep
duermo, duermes, duerme, dormimos, dormís, duermen

¡Ojo! You may want to review the following verbs that follow the same pattern as **dormir**:

dormirse	to fall asleep
morir	to die

e to i

servir   to serve
sirvo, sirves, sirve, servimos, servís, sirven

¡Ojo! You may want to review the following verbs that follow the same pattern as **servir**:

conseguir*	to get, to obtain
despedir	to fire, let go
despedirse de	to say good-bye to
impedir	to prevent

medir	to measure
pedir	to request, to ask for
reírse**	to laugh
repetir	to repeat
seguir*	to follow, to continue
sonreírse**	to smile
vestir	to dress
vestirse	to get dressed

*Note that the first person singular (**yo**) of **seguir** is **sigo**, and of **conseguir** is **consigo**.

Reírse and **sonreírse** follow the same pattern as **servir**, but note the accent over the *i* (**sonrío, sonríes, sonríe, sonreímos, sonreís, sonríen**).

6.5.3 Verbs ending in -iar and -uar

In the following verbs ending in **-iar** and **-uar** a written accent is needed in the *i* or the *u* of all forms, except the first person plural (**nosotros, nosotras**) and second person plural (**vosotros, vosotras**).

enviar   to send
envío, envías, envía, enviamos, enviáis, envían

actuar   to act
actúo, actúas, actúa, actuamos, actuáis, actúan

¡**Ojo!** You may want to review the following verbs that follow the same pattern as **enviar**:

confiar en	to trust, to confide in, to rely on
espiar	to spy
esquiar	to ski
fiarse (de)	to trust
guiar	to guide
resfriarse	to catch a cold
variar	to vary

¡**Ojo!** You may want to review the following verbs that follow the same pattern as **actuar**:

| continuar | to continue |
| graduarse | to graduate |

6.5.4 Verbs ending in -uir

In the following verbs ending in **-uir**, except those verbs ending in **-guir**, a *y* is added after the *u* in all forms except the first person plural (**nosotros, nosotras**) and the second person plural (**vosotros, vosotras**).

destruir   to destroy
destruyo, destruyes, destruye, destruimos, destruís, destruyen

¡**Ojo!** You may want to review the following verbs that follow the same pattern as **destruir**:

atribuir	to attribute
concluir	to conclude, to end
construir	to construct, build
contribuir	to contribute
distribuir	to distribute
huir	to flee
incluir	to include
influir	to influence
sustituir	to substitute

6.6 Reflexive verbs

When the subject and the object of a verb are the same, we use a reflexive construction. In Spanish reflexive verbs can be easily recognized because the ending **-se** is attached to the infinitive.

6.6.1 Reflexive pronouns

me	myself
te	yourself
se	himself, herself, yourself, itself
nos	ourselves
os	yourselves
se	themselves, yourselves

Me afeito todsa las mañanas.
I shave (myself) every morning.

Ellos se bañan antes de vestirse.
They bathe (themselves) before getting dressed.

6.6.2 Common reflexive verbs

The following are some of the most common reflexive verbs:

acostarse (o→ue)	to go to bed
afeitarse	to shave
bañarse	to bathe, take a bath
cansarse	to become tired
cepillarse	to brush oneself
desabrocharse	to untie oneself
desayunarse	to have breakfast
despedirse de (e→i)	to say good-bye to
despertarse (e→ie)	to wake up
dormirse (o→ue)	to fall asleep
ducharse	to take a shower
lavarse	to wash oneself
levantarse	to get up
limpiarse	to clean oneself
maquillarse	to put makeup on
peinarse	to comb one's hair
pintarse	to put lipstick on
ponerse	to put (something) on
prepararse	to get ready
quitarse	to take off
vestirse (e→i)	to get dressed

¡Ojo! When using a reflexive verb with parts of the body or articles of clothing, do not use the possessive adjective. In Spanish you must use the definite article.

> **Cuando hace frío, me pongo los guantes.**
> When it's cold I put on my gloves.

Some reflexive verbs are used to express feelings, emotions, or physical change. This idea is usually expressed in English by "to get" or "to become."

aburrirse	to get bored
alegrarse	to become happy
asustarse	to become afraid, get scared
calmarse	to calm down
cansarse	to get tired
casarse	to get married
desmayarse	to faint (become faint)
divertirse (e→ie)	to have a good time
enfadarse	to get angry
enojarse	to get angry
entristecerse	to become sad
entusiasmarse	to get excited
mojarse	to get wet
ofenderse	to get offended
preocuparse	to worry
resfriarse	to become cold, get a cold
sorprenderse	to be surprised

The following verbs are *always* used reflexively in Spanish but not in English:

acordarse (o→ue) **de**	to remember
apresurarse	to hurry
aprovecharse (de)	to take advantage (of)
arrepentirse (e→ie) **de**	to repent, be sorry
atreverse a	to dare
burlarse de	to make fun of
casarse	to get married
desmayarse	to faint
enamorarse (de)	to fall in love (with)
enterarse (de)	to find out (about)
escaparse	to escape
irse	to leave, go away
mudarse	to move
negarse (e→ie) **a**	to refuse to
olvidarse (de)	to forget
parecerse a	to resemble, look like
quejarse de	to complain about
reírse (e→i)	to laugh at
tratarse de	to be concerned with, be about (a question of)

6.6.3 Reciprocal actions

In the plural, reflexive verbs are used to express a reciprocal action. In English this construction corresponds to "each other."

> **Elena y Roberto se saludan.**
> Elena and Roberto greet each other.

> **Nos conocimos en el teatro.**
> We met each other in the theater.

The phrase **el uno al otro** can be used to clarify or emphasize the idea of "each other."

Note that this phrase must agree with the people or things referred to.

> **Tus padres se quieren el uno al otro.**
> Your parents love each other.

> **Nuestras tías se miran la una a la otra.**
> Our aunts look at each other.

6.6.4 Using the reflexive to express the idea of "to become"

To express physical or emotional changes, where no effort is implied, use

> **ponerse** + adjective

> **Ella se puso triste.**
> She became sad.

To express a sudden or involuntary change, use

> **volverse** + adjective

> **Elena se volvió loca.**
> Elena became crazy.

To express social status or profession where effort is implied, use

> **hacerse** + noun or adjective, or
> **llegar a ser** + adjective

> **Eduardo se hizo psicólogo.**
> Eduardo became a psychologist.

> **José y Gerardo llegaron a se amigos.**
> José and Gerardo became friends.

6.6.5 Some idiomatic uses of reflexive verbs

darse cuenta (de)	to realize
darse prisa	to hurry
echarse a + infinitive	to begin to

equivocarse	to be mistaken, be wrong
hacerse + definite article + adjective	to pretend, to act like
hacerse daño	to hurt oneself
ponerse a + infinitive	to begin to
ponerse de acuerdo	to come to an agreement
quedarse con	to keep, hold onto
quedarse	to remain, stay
tratarse de	to be about

6.6.6 Accidental or unintended situations

In Spanish the following construction is used to express an accidental or unintended situation. Some of these situations involve verbs such as to forget, to lose, to break, to drop, etc.

> | | **me** | + verb in the third person singular or plural + object |
> |---|---|---|
> | | **te** | |
> | **se +** | **le** | |
> | | **nos** | |
> | | **os** | |
> | | **les** | |

> **Se me olvidó el libro.**
> I forgot the book.

> **A ella se le cayeron los vasos.**
> She dropped the glass.

Keep in mind that the form of the verb will depend on the object or objects. To clarify or emphasize use **a mí, a ti, a él, a ella**, etc.

6.7 Ser and estar

Both verbs **ser** and **estar** mean "to be," but they are not interchangeable.

6.7.1 Uses of ser

Ser is used . . .

1. to express or identify what something or who someone is

   ¿Qué es eso?
   What is that?

   Eso es un caballo.
   That is a horse.

   Juan es mi primo.
   Juan is my cousin.

2. to express an inherent characteristic or quality (not likely to be changed by an outside force). These include personality, physical appearance, relationships, religion, and profession.

   Ignacio es católico.
   Ignacio is Catholic.

   Julián es joven.
   Julián is young.

   Pedro y Raúl son hermanos.
   Pedro and Raúl are brothers.

3. to express nationality or origin

   Carlos es de la República Dominicana.
   Carlos is from the Dominican Republic.

4. to express ownership or possession

   El coche es de José.
   The car is José's.

5. to express the material that something is made of

   La mesa es de madera.
   The table is (made out of) wood.

6. to express the time of day

   ¿Qué hora es?
   What time is it?

   Es la una.
   It's one o'clock.

7. to express the passive voice in the following construction (**ser** + past participle + **por**):

   El político es entrevistado por el periodista.
   The politician is interviewed by the reporter.

8. to express the idea of "taking place" or "happening"

   La graduación es el lunes.
   The graduation is on Monday.

9. in impersonal expressions

   Es necesario llegar a tiempo.
   It is necessary to arrive on time.

10. to express dates

    Mañana es el dos de julio.
    Tomorrow is July 2.

6.7.2 Use of estar

Estar is used . . .

1. to express location, either permanent or temporary

   El Museo del Prado está en Madrid.
   The Prado Museum is in Madrid.

   Mis padres están en casa de Antonio.
   My parents are in Antonio's house.

2. to express a temporary state or condition

   Yo estoy enfermo.
   I am sick.

   La piscina está llena.
   The swimming pool is full.

3. to express an action in progress (progressive tense), in the following construction (**estar** + present participle):

Estamos bailando un tango.
We are dancing a tango.

4. to express a state or condition resulting from a previous action

Todas las tiendas están cerradas hoy.
All the stores are closed today.

6.7.3 Adjectives that change meaning

The following are some adjectives that change their meaning when used with **ser** or **estar**:

	ser	estar
aburrido	boring	bored
alto	tall, high	in a high position
atento	courteous	attentive
bajo	short, low	in a low position
bueno	good (character)	tasty (food)
fresco	fresh, impudent	fresh
interesado	selfish	interested
listo	clever	ready
loco	silly, scatterbrained	insane
malo	bad (character)	sick, in bad health
nuevo	newly made	unused
orgulloso	proud (pejorative)	proud
rico	rich	delicious
seguro	safe	certain
verde	green	green (not ripe)
vivo	sharp, alert, astute	alive

6.8 Progressive tense

The progressive tense is used to emphasize that the action is going on at the moment that it is stated.

Nosotros estamos organizando la fiesta.
We are organizing the party.

6.8.1 The present participle

The present participle is formed by dropping the ending of the infinitive and adding:

-ar → -ando	escuchando
-er → -iendo	corriendo
-ir → -iendo	subiendo

Some irregular present participles are

caer (to fall)—**cayendo**
conseguir (to get, obtain)—
  consiguiendo
construir (to construct, build)—
  construyendo
corregir (to correct)—**corrigiendo**
creer (to believe)—**creyendo**
decir (to tell, say)—**diciendo**
despedirse (to say good-bye)—
  despidiéndose
destruir (to destroy)—**destruyendo**
divertirse (to enjoy oneself)—
  divirtiéndose
dormir (to sleep)—**durmiendo**
huir (to flee)—**huyendo**
ir (to go)—**yendo**
leer (to read)—**leyendo**
mentir (to lie)—**mintiendo**
morir (to die)—**muriendo**
oír (to hear)—**oyendo**
pedir (to ask for, request)—**pidiendo**
poder (to be able to)—**pudiendo**
reír (to laugh)—**riendo**
repetir (to repeat)—**repitiendo**
seguir (to follow)—**siguiendo**
sentir (to feel)—**sintiendo**
servir (to serve)—**sirviendo**
traer (to bring)—**trayendo**
venir (to come)—**viniendo**
vestir (to dress)—**vistiendo**

6.8.2 Forming the progressive

The progressive is formed with the verb **estar** and the present participle.

Estoy leyendo ahora.
I am reading now.

Other verbs can also be used to form the progressive: **andar**, **continuar**, **ir**, **seguir**, **venir**, etc.

> **Juan sigue cantando.**
> Juan continues singing.

¡Ojo! The progressive can be expressed in other tenses too.

> **Tú estabas cantando cuando yo entré.**
> You were singing when I entered.

> **Yo estaré durmiendo hasta las tres.**
> I will be sleeping until three o'clock.

> **Anoche estuvimos leyendo hasta las once.**
> Last night we were reading until eleven o'clock.

6.8.3 Other uses of the present participle

The present participle may be used also to express the phrase "by + present participle" in English. In Spanish the preposition is not used.

> **Pensando se comenten menos errores.**
> By thinking, fewer errors are made.

The phrase "upon + present participle" in English is not expressed with the present participle in Spanish, but rather by the construction **al** + infinitive.

> **Al salir de la escuela, nos pusimos a cantar.**
> Upon leaving school, we began to sing.

6.9 Passive constructions

6.9.1 The passive voice

In comparison with the active voice, in which the subject is acting, the passive voice is a construction in which the subject is acted upon.

The passive voice is formed as follows:

> subject + **ser** + past participle + **por** + agent

Note that the past participle is being used as an adjective and must agree in gender and number with the word to which it refers.

Active voice: **Elena escribe las postales.**
Elena writes the postcards.

Passive voice: **Las postales son escritas por Elena.**
The postcards are written by Elena.

In general, Spanish uses the passive voice most often in the past.

> **El mural fue pintado por Diego Rivera.**
> The mural was painted by Diego Rivera.

6.9.2 Other ways to express the passive voice

The passive voice can also be expressed as follows:

1. **Se** constructions, with the reflexive pronoun **se** and the third person singular or plural when the subject is not expressed or understood. In English this construction is equivalent to the passive voice or an impersonal statement translated as "they," "one," "people," or "you."

> **En este restaurante se come bien.**
> In this restaurant one eats well.

> **Allí se venden comidas ecuatorianas.**
> Ecuadorian foods are sold there.

2. with the third person plural of the verb

> **En agosto cierran las tiendas.**
> In August the stores are closed. or
> They close the stores in August.

6.9.3 Estar *with past participle*

To describe the result of an action the past participle is used with **estar**. This construction describes the condition of something or someone after an action has taken place.

> **La puerta está abierta.**
> The door is open.

> **Las paredes están pintadas.**
> The walls are painted.

Note that the past participle agrees in gender and number with the subject.

6.10 Gustar

Gustar means "to like." To express that someone likes something in Spanish, the thing or person being liked is the subject of the sentence and the person who likes the thing or person is the indirect object. You may think of its meaning as "to be pleasing to."

The two forms of **gustar** you will most likely be using are the third person singular (**gusta**) and the third person plural (**gustan**).

	Singular		Plural
(a mí)	me gusta(n)	(a nosotros, -*as*)	nos gusta(n)
(a ti)	te gusta(n)	(a vosotros, -*as*)	os gusta(n)
(a él, a ella, a Ud.)	le gusta(n)	(a ellos, a ellas, a Uds.)	les gusta(n)

Gusta is used when someone likes a person or a thing or when someone likes to do something.

> **Me gusta Juan mucho.**
> I like Juan a lot.

> **Me gusta cantar y bailar.**
> I like to sing and dance.

Gustan is used when someone likes more than one person or thing.

> **Te gustan las canciones alegres.**
> You like happy songs.

> **Nos gustan sus tías.**
> We like their aunts.

To emphasize or clarify, use **a mí, a ti, a él,** etc.

> **A ellos les gusta la fiesta.**
> They like the party.

6.11 Verbs like gustar

The following verbs are used like **gustar**:

aburrir	to bore
agradar	to please
apetecer	to long for
convenir	to suit
doler	to hurt, ache
encantar	to love
faltar	to lack
fascinar	to fascinate
fastidiar	to bother, annoy
hacer falta	to need, be lacking
importar	to be important, matter
interesar	to interest
molestar	to bother
parecer	to seem
preocupar	to worry
quedar	to have left over
sobrar	to have in excess
sorprender	to surprise
tocar	to be one's turn

> **Me aburren las películas románticas.**
> Romantic movies bore me.

> **Me hacen falta tres libros.**
> I am lacking three books.

Note that although this explanation uses only examples in the present tense, the verb **gustar** and the other verbs like **gustar** can appear in any tense.

> **El año pasado me gustaron mis clases.**
> Last year I liked my classes.

> **Te encantarán las ruinas.**
> You will love the ruins.

Nos ha interesado la situación política en Latinoamérica.
We have been interested in the political situation in Latin America.

7. PRETERIT

7.1 Preterit tense

The preterit tense is used in Spanish to express

- a completed past action within specific points in time

  Llovió mucho ayer.
  It rained a lot yesterday.

  Comí el almuerzo a la una.
  I ate lunch at one o'clock.

  Fuimos al cine el domingo.
  We went to the movies on Sunday.

- the beginning or end of an action

  Juan empezó a leer a las dos y terminó a las cuatro.
  Juan began to read at two o'clock and finished at four.

- a sudden change or a reaction

  De repente el cielo se nubló.
  Suddenly the sky became cloudy.

- a series of quick, consecutive actions in the past

  Me levanté, me bañé y me vestí.
  I got up, I bathed, and I got dressed.

- actions and descriptions that because of their nature are *not* usually repeated, are specific, and are sometimes sudden. Note that these verbs can also be used with a different intention in other tenses of the past.

casarse con	to get married
cumplir (años)	to turn a specific age
darse cuenta de	to realize
decidir	to decide
graduarse	to graduate
morir	to die
nacer	to be born
ponerse a	to begin to

Antonio cumplió tres años ayer.
Antonio turned three years old yesterday.

Me gradué de la escuela secundaria en 2000.
I graduated from high school in 2000.

- the concept of "ago" in the following constructions:

  hace + expression of time + verb in the preterit
  verb in the preterit + **hace** + expression of time

  Hace tres días que Ernesto salió.
  Ernesto salió hace tres días.
  Ernesto left three days ago.

To ask a question use

¿Cuánto tiempo hace que + verb in the preterit?

¡Ojo! The following expressions usually indicate the use of the preterit:

anoche	last night
anteanoche	night before last
anteayer	day before yesterday
ayer	yesterday
de pronto	suddenly
de repente	suddenly
en ese (aquel) momento (instante)	at that moment
entonces	then
finalmente	finally
la semana, el mes, el año pasada(o)	last week, last month, last year
por fin	finally
por primera vez	for the first time
una noche, un día	one night, one day
una vez	once

En ese momento, ella corrió hacia mí.
At that moment, she ran toward me.

Ellos gritaron de repente.
They yelled suddenly.

7.2 Regular verbs

-ar verbs
escuchar-to listen

yo escuché	**nosotros(-as), escuchamos**
tú escuchaste	**vosotros(-as), escuchasteis**
él, ella, Ud. escuchó	**ellos, ellas, Uds. escucharon**

-er and **-ir** verbs
correr—to run

yo corrí	**nosotros(-as) corrimos**
tú corriste	**vosotros(-as) corristeis**
él, ella, Ud. corrió	**ellos, ellas, Uds. corrieron**

subir—to go up

yo subí	**nosotros(-as) subimos**
tú subiste	**vosotros(-as) subisteis**
él, ella, Ud. subió	**ellos, ellas, Uds. subieron**

7.3 Irregular verbs in the preterit

7.3.1

- ■ The following verbs have an irregular stem in the preterit.
- ■ They share the same endings.
- ■ They do not carry a written accent in any of their forms.

andar→ (anduv-)
anduve, anduviste, anduvo, anduvimos, anduvisteis, anduvieron

tener→ (tuv-)
tuve, tuviste, tuvo, tuvimos, tuvisteis, tuvieron

estar→ (estuv-)
estuve, estuviste, estuvo, estuvimos, estuvisteis, estuvieron

haber→ (hub) (to have [as an auxiliary verb])
hube, hubiste, hubo, hubimos, hubisteis, hubieron

poder→ (pud-)
pude, pudiste, pudo, pudimos, pudisteis, pudieron

poner→ (pus-)
puse, pusiste, puso, pusimos, pusisteis, pusieron

saber→ (sup-)
supe, supiste, supo, supimos, supisteis, supieron

caber→ (cup-)
cupe, cupiste, cupo, cupimos, cupisteis, cupieron

hacer→ (hic-)
hice, hiciste, hizo, hicimos, hicisteis, hicieron (Note→ **hizo**)

querer→ (quis-)
quise, quisiste, quiso, quisimos, quisisteis, quisieron

venir→ (vin-)
vine, viniste, vino, vinimos, vinisteis, vinieron

7.3.2

- ■ The stem of the following verbs ends in *j*.
- ■ They all have the same endings: **-e, -iste, -o, -imos, -isteis, -eron.**
- ■ The third person plural (**ellos, ellas, Uds.**) is **-eron** and *not* **-ieron**, as in the regular verbs.
- ■ These verbs do not carry a written accent in any of their forms.

traer—to bring	**(traj-)**
traje	**trajimos**
trajiste	**trajisteis**
trajo	**trajeron**

¡Ojo! You may want to review the following verbs that follow the same pattern as **traer:**

atraer	to attract	**(atraj-)**
conducir	to drive	**(conduj-)**
decir	to say, tell	**(dij-)**
producir	to produce	**(produj-)**
traducir	to translate	**(traduj-)**

7.3.3

■ The following verbs take the endings of the regular **-er** verbs, but they have no written accents in the first person singular (**yo**) or the third person singular (**él, ella, Ud.**).

■ These verbs do not carry a written accent in any of their forms.

> **dar**—to give
> **di, diste, dio, dimos, disteis, dieron**

> **ver**—to see
> **vi, viste, vio, vimos, visteis, vieron**

7.3.4

■ The verbs **ir** and **ser** are irregular in the preterit.

■ They are conjugated exactly the same way: **fui, fuiste, fue, fuimos, fuisteis, fueron.**

■ These verbs do not carry a written accent in any of their forms.

■ The meaning of these verbs is made clear by the context in which they appear.

> **Tomás fue al centro ayer.**
> Tomás went downtown yesterday.

> **El año pasado él fue el presidente del club.**
> Last year he was the club's president.

7.4 Preterit of verbs with spelling changes

i to *y* (in the third person singular (**él, ella, Ud.**) and the third person plural (**ellos, ellas, Uds.**) *only*

> **oír**—to hear
> **oí, oíste, oyó, oímos, oísteis, oyeron**

7.4.1 Verbs ending in -aer

> **caer**—to fall
> **caí, caíste, cayó, caímos, caísteis, cayeron**

7.4.2 Verbs ending in -eer

> **leer**—to read
> **leí, leíste, leyó, leímos, leísteis, leyeron**

7.4.3 Verbs ending in -uir

> **huir**—to flee
> **huí, huiste, huyó, huimos, huisteis, huyeron**

¡Ojo! You may want to review the following verbs that follow the same pattern as **huir**:

> **concluir**   to conclude
> **construir**   to build
> **contribuir**   to contribute
> **distribuir**   to distribute
> **incluir**   to include

■ Note that **huir** and verbs like **huir** do not carry a written accent in the second person singular (**tú**) or the first and second person plural (**nosotros, nosotras, vosotros, vosotras**).

Exceptions:

1. All the verbs ending in **-guir** are regular in the preterit

> **distinguir**—to distinguish
> **extinguir**—to extinguish

2. The following verbs are irregular in the third person singular and plural

> **seguir**—to follow, continue
> **seguí, seguiste, siguió, seguimos, seguisteis, siguieron**

¡Ojo! You may want to review the following verbs that follow the same pattern as **seguir**:

> **conseguir**—to obtain, get, succeed in
> **perseguir**—to persue, persecute

7.5 Verbs ending in -car, -gar, and -zar

In order to keep the sound of the last consonant of the infinitive, verbs ending in **-car**, **-gar**, and **-zar** change *in the first person singular (yo)*.

7.5.1 Verbs ending in -car (c to qu)

> **buscar**—to look for
> **busqué, buscaste, buscó, buscamos, buscasteis, buscaron**

¡Ojo! You may want to review the following verbs that follow the same pattern as **buscar**:

acercarse	to come near, approach
aplicar	to apply
arrancar	to pull out; to start (a motor)
chocar	to crash
colocar	to place, put
complicar	to complicate
comunicar	to communicate
criticar	to criticize, critique
dedicar	to dedicate, devote
educar	to educate
embarcarse	to board, go on board
equivocarse	to make a mistake; to be mistaken
explicar	to explain
fabricar	to make, manufacture
indicar	to indicate
justificar	to justify, give a reason for
marcar	to mark; to score (a point); to dial (telephone)
mascar	to chew
masticar	to chew
pescar	to fish
platicar	to chat, converse
practicar	to practice
publicar	to publish
sacar	to take out
secar	to dry
suplicar	to beg, implore
tocar	to touch; to play (music)

7.5.2 Verbs ending in -gar (g to gu)

> **llegar**—to arrive
> **llegué, llegaste, llegó, llegamos, llegasteis, llegaron**

¡Ojo! You may want to review the following verbs that follow the same pattern as **llegar**:

agregar	to add
ahogarse	to drown
apagar	to turn off
cargar	to carry, load
castigar	to punish
colgar	to hang (up)
despegar	to take off (airplane)
encargar	to entrust, to put in charge; to order (goods)
encargarse de	to take charge of
entregar	to hand over, deliver
fregar	to wash (dishes)
jugar	to play (a game, sports)
llegar	to arrive
madrugar	to get up early
negar	to deny
obligar	to obligate
pagar	to pay
pegar	to hit, strike; to glue
regar	to water (plants)
rogar	to beg
tragar	to swallow

7.5.3 Verbs ending in -zar (z to c)

> **abrazar**—to hug
> **abracé, abrazaste, abrazó, abrazamos, abrazasteis, abrazaron**

¡Ojo! You may want to review the following verbs that follow the same pattern as **abrazar**:

alcanzar	to reach, catch up with
almorzar	to have lunch
amenazar	to threaten
aterrizar	to land

avanzar	to advance
comenzar	to begin, start
cruzar	to cross
empezar	to begin, start
especializarse en	to specialize (in), major (in)
garantizar	to guarantee
gozar (de)	to enjoy
lanzar	to throw
realizar	to carry out, attain, achieve
rezar	to pray
tranquilizar	to calm down
tropezar	to trip, stumble
utilizar	to use, make use of

7.6 Stem-changing verbs

7.6.1

All stem-changing verbs ending in **-ar** and **-er** (*e* to *ie* or *o* to *ue*) have regular stems in the preterit.

Stem-changing verbs ending in **-ir** have a stem change in the preterit.

7.6.2 e to i (in the third person singular and plural only)

mentir—to lie
mentí, mentiste, mintió, mentimos, mentisteis, mintieron

¡Ojo! You may want to review the following verbs that follow the same pattern as **mentir**:

advertir	to notify
convertir	to convert
convertirse en	to become; to turn into
divertirse	to enjoy oneself, have a good time
preferir	to prefer
sentir	to feel; to regret, feel sorry
sentirse	to feel

Remember: In the present tense the stem of these verbs changes the *e* to *ie*. (See p. 221.)

7.6.3 o to ue (in the third person singular and plural only)

dormir—to sleep
dormí, dormiste, durmió, dormimos, dormisteis, durmieron

¡Ojo! Another verb that follows the same pattern as **dormir** is **morir**.

Remember: In the present tense the stem of these verbs changes the *o* to *ue*. (See p. 221.)

7.6.4 e to i (in the third person singular and plural only)

servir—to serve
serví, serviste, sirvió, servimos, servisteis, sirvieron

¡Ojo! You may want to review the following verbs that follow the same pattern as **servir**:

conseguir	to get, obtain
despedir	to dismiss, to fire (someone)
despedirse (de)	to say good-bye (to); to take leave (of)
medir	to measure
pedir	to ask for, request
repetir	to repeat
seguir	to continue; to follow
vestir	to dress (someone)
vestirse	to get dressed

Remember: In the present tense the stem of these verbs changes the *e* to *i*. (See pp. 221–222.)

¡Ojo! The verbs **reír** and **sonreír** have accents on the second person singular, and on the first and second person plural.

reír   to laugh
reí, reíste, rió, reímos, reísteis, rieron

sonreír   to smile
sonreí, sonreíste, sonrió, sonreímos, sonreísteis, sonrieron

7.7 Verbs with special meaning in the preterit

In the preterit, the following verbs have different meanings:

conocer   to know

> **Ellos conocieron a Raúl en Madrid.**
> They *met* (for the first time) Raúl in Madrid.

poder   to be able

> **Por fin pude hacer la tarea.**
> I finally *succeeded* in doing (*managed to do*) the homework.

no poder   to not be able

> **No pude terminar todo el trabajo.**
> I *failed* to finish all the work.

querer   to want

> **Quise abrir la ventana pero no pude.**
> I *tried* to open the window but did not succeed.

no querer   to not want

> **No quisimos ir.**
> We *refused* to go.

saber   to know

> **Yo supe eso anoche.**
> I *found* that *out* last night.

tener que   to have to

> **Tuve que ayudar a mi compañero de clase.**
> I *was compelled* to help my classmate.

tener   to have

> **Ayer yo tuve una carta de Ana.**
> Yesteday I *received* a letter from Ana.

8 IMPERFECT

8.1 Imperfect tense

The imperfect tense is used in Spanish to express

■ a habitual, customary action

> **Durante las vacaciones íbamos al campo.**
> During the vacations we used to/would go to the country.

■ an ongoing action in the past with no reference to its beginning or end

> **Nos sentíamos muy triste en Alaska.**
> We were feeling/used to feel very sad in Alaska.

■ descriptions in the past, including the background information surrounding a past action

> **Santiago era muy tímido**
> Santiago used to be very timid.

> **Había muchos coches en la carretera.**
> There were many cars on the highway.

> **Yo caminaba cuando empezó a llover.**
> I was walking when it began to rain.

■ a state of mind with verbs such as **creer, pensar, querer, saber,** etc.

> **Yo creía que Rosa estaba enferma.**
> I thought Rosa was sick.

■ age in the past

> **Ella sólo tenía doce años.**
> She was only twelve years old.

■ time in the past

> **Eran las nueve.**
> It was nine o'clock.

¡Ojo! The following expressions usually indicate the use of the imperfect:

a menudo	often, frequently
a veces	at times
algunas veces	sometimes
cada . . .	each/every . . .
con frecuencia	frequently, often
constantemente	constantly
de costumbre	usually
de vez en cuando	from time to time
frecuentemente	frequently
generalmente	generally
mientras	while
muchas veces	many times
normalmente	normally
por lo general	generally
siempre	always
todos los . . . /	every . . .
todas las . . .	

José siempre decía mentiras.
José always lied.

Nosotros lo visitábamos cada semana.
We used to visit him every week.

■ the concept of "had been doing (something)" in the following constructions:

hacía + expression of time + verb in the imperfect
verb in the imperfect + **desde hacía** + expression of time

Hacía tres años que yo estudiaba música.
Estudiaba música desde hacía tres años.
I had been studying music for three years.

To ask a question use:

¿Cuánto tiempo hacía que + verb in the imperfect?
¿Desde cuando + verb in the imperfect?

8.2 Regular verbs

-ar
escuchar   to listen
escuchaba, escuchabas, escuchaba, escuchábamos, escuchabais, escuchaban

-er
correr   to run
corría, corrías, corría, corríamos, corríais, corrían

-ir
subir   to go up; to climb
subía, subías, subía, subíamos, subíais, subían

8.3 Irregular verbs

There are only three irregular verbs in the imperfect tense.

ir   to go
iba, ibas, iba, íbamos, ibais, iban

ser   to be
era, eras, era, éramos, érais, eran

ver   to see
veía, veías, veía, veíamos, veíais, veían

9. PRESENT PERFECT
9.1 Present perfect tense

The present perfect is used in Spanish to express an action or event that has been going on up to (and continues into) the present.

Nosotros hemos estado aquí por dos horas.
We have been here for two hours.

The present perfect is equivalent to the English *has/have* + past participle. Note that the past participle does not agree with the subject.
It is formed with the present of the verb **haber** and the past participle.

he	**hemos**
has + past participle	**habéis** + past participle
ha	**han**

Regular past participles:

-ar -ado   escuchado
-er -ido   corrido
-ir -ido   subido

9.2 Irregular past participles

abrir	(to open)	abierto
cubrir	(to cover)	cubierto
decir	(to tell, say)	dicho
escribir	(to write)	escrito
freír	(to fry)	frito
hacer	(to do, make)	hecho
imprimir	(to print)	impreso
ir	(to go)	ido
morir	(to die)	muerto
oír	(to hear)	oído
poner	(to put)	puesto
reír	(to laugh)	reído
resolver	(to solve)	resuelto
romper	(to break)	roto
ver	(to see)	visto
volver	(to return)	vuelto

The past participles of compound verbs are also irregular:

describir	(to describe)	descrito
descubrir	(to discover)	descubierto
deshacer	(to undo)	deshecho
devolver	(to return)	devuelto, etc.

The past participles of some double-vowel verbs carry a written accent.

leer	leído
posser	poseído
traer	traído
caer	caído
creer	creído

¡Ojo! Verbs containing -uir do not carry a written accent.

huir	huido
influir	influido
construir	construido

10. PLUPERFECT

10.1 Pluperfect tense

The pluperfect tense is used in Spanish to express an action or event that happened prior to another event in the past.

Carolina ya había entrado cuando empezó a llover.
Carolina had already entered when it began to rain.

The pluperfect is equivalent to the English *had* + past participle. Note that the past participle does not agree with the subject. It is formed with the imperfect of the verb **haber** and the past participle.

había	habíamos
habías + past participle	habíais + past participle
había	habían

11. FUTURE

11.1 Future tense

The future is used to express a future action in Spanish as in English.

Un día nosotros compraremos una casa.
One day we will buy a house.

Remember, the present tense is often used instead of the future tense to express the immediate future.

Mañana compro ese vestido.
Tomorrow I am going to buy that dress.

The future is also used to express probability, speculation, or supposition in the present.

¿Quién será esa chica?
I wonder who that girl is.

Será la prima de José.
It is probably (It must be) Jose's cousin.

When expressing probability, speculation, or supposition, in the present, the following construction may be used also:

deber (present tense) + **de** + infinitive
Ella estará enferma.　or
　　　　　Ella debe de estar enferma.

She is probably sick.

11.2 Formation of the future tense

The future indicative is formed by adding the following endings to the *entire* infinitive:

-é　　-emos
-ás　　-áis
-á　　-án

The following verbs are irregular in the future tense:

caber	cabré, etc.
decir	diré, etc.
haber	habré, etc.
hacer	haré, etc.
poder	podré, etc.
poner	pondré, etc.
querer	querré, etc.
saber	sabré, etc.
salir	saldré, etc.
tener	tendré, etc.
valer	valdré, etc.
venir	vendré, etc.

11.3 Future perfect tense

The future perfect is used to express an action that will have been completed before a given time in the future.

Para mañana ya habremos terminado todos los libros.
For tomorrow we will have finished all the books.

The future perfect is equivalent to the English *will have* + past participle.

It is formed with the future of the verb **haber** and the past participle.

habré	**habremos**
habrás + past participle	**habréis** + past participle
habrá	**habrán**

12. CONDITIONAL

12.1 Conditional tense

The conditional is used

■ to express probability, supposition, or wonder in the past

¿A qué hora llegarían anoche?
I wonder what time they arrived last night.

Llegarían a medianoche.
They probably arrived at midnight.

■ in the result clause of a contrary-to-fact sentence

Si no estuviera enfermo, iría con Uds.
If I weren't sick, I would go with you.

¡**Ojo!** Keep in mind that a habitual action in the past, which sometimes is translated in English with "would," is expressed with the imperfect in Spanish.

Por la mañana yo iba a las galerías de arte.
In the mornings I would go to the art galleries.

12.2 Formation of the conditional

The conditional tense is formed by adding the following endings to the entire infinitive. Note that these endings are the same endings of the imperfect tense.

-ía   -íamos
-ías   -ías
-ía   -ían

The following verbs are irregular in the conditional tense:

caber	**cabría**, etc.
decir	**diría**, etc.
haber	**habría**, etc.
hacer	**haría**, etc.
poder	**podría**, etc.
poner	**pondría**, etc.
querrer	**querría**, etc.
saber	**sabría**, etc.
salir	**saldría**, etc.
tener	**tendría**, etc.
valer	**valdría**, etc.
venir	**vendría**, etc.

12.3 Conditional perfect tense

The conditional perfect is used to express an action that would have happened

> **Yo habría comprado el apartamento, si hubiera tenido dinero.**
> I would have bought the apartment if I had had the money.

The conditional perfect is equivalent to the English *would have* + past participle. It is formed with the conditional of the verb **haber** and the past participle.

habría	**habríamos**
habrías + past participle	**habríais** + past participle
habría	**habrían**

13. SUBJUNCTIVE

13.1 Subjunctive tense

In contrast to the indicative, which expresses facts and reality, the subjunctive expresses what one person wants or desires, suggests, or advises someone else to do. It also expresses feelings, emotions, or what is doubtful, unknown, or uncertain.

13.2 Regular verbs

The following endings are added to the first person singular of the indicative.

-**ar** verbs:
-e, -es, -e, -emos, -éis, -en
escuche, escuches, escuche, escuchemos, escuchéis, escuchen

-**er** verbs:
-a, -as, -a, -amos, -áis, -an
corra, corras, corra, corramos, corráis, corran

-**ir** verbs:
-a, -as, -a, -amos, -áis, -an
suba, subas, suba, subamos, subáis, suban

13.3 Irregular verbs in the first person indicative

In the present indicative, the following verbs are irregular in the first person (**yo**). The present subjunctive is formed with the first person of these verbs and the endings above.

caber	**quepo, quepas**, etc.
caer	**caiga, caigas**, etc.
coger	**coja, cojas**, etc.
conducir	**conduzca, conduzcas**, etc.
conocer	**conozca, conozcas**, etc.
decir	**diga, digas**, etc.
destruir	**destruya, destruyas**, etc.
hacer	**haga, hagas**, etc.
oír	**oiga, oigas**, etc.
poner	**ponga, pongas**, etc.
salir	**salga, salgas**, etc.
tener	**tenga, tengas**, etc.
traer	**traiga, traigas**, etc.
valer	**valga, valgas**, etc.
venir	**venga, vengas**, etc.
ver	**vea, veas**, etc.

13.4 Irregular verbs in the subjunctive

The following verbs are irregular in the present subjunctive. Note that they do not follow the above rule.

dar	dé, des, dé, demos, déis, den
estar	esté, estés, esté, estemos, estéis, estén
haber	haya, hayas, haya, hayamos, hayáis, hayan
ir	vaya, vayas, vaya, vayamos, vayáis, vayan
saber	sepa, sepas, sepa, sepamos, sepáis, sepan
ser	sea, seas, sea, seamos, seáis, sean

13.5 Verbs ending in -car, -gar, and -zar

-car	*c* to *qu*
buscar	busque, busques, busque, busquemos, busquéis, busquen
-gar	*g* to *gu*
llegar	llegue, llegues, llegue, lleguemos, lleguéis, lleguen
-zar	*z* to *c*
abrazar	abrace, abraces, abrace, abracemos, abracéis, abracen

13.6 Stem-changing verbs

13.6.1 Stem-changing verbs ending in -ar and -er

e→ie

pensar	piense pienses, piense, pensemos, penséis, piensen

o→ue

poder	pueda, puedas, pueda, podamos, podáis, puedan

13.6.2 Stem-changing verbs ending in -ir

e→ie

sentir	sienta, sientas, sienta, sintamos, sintáis, sientan

o→ue

dormir	duerma, duermas, duerma, durmamos, durmáis, duerman

e→i

repetir	repita, repitas, repita, repitamos, repitáis, repitan

Note that the *e* changes to *i* in all persons including *nosotros* and *vosotros*.

13.7 Uses of the subjunctive

As stated before, in contrast to the indicative, which expresses facts and reality, the subjunctive expresses feelings or what is unknown.

The subjunctive is used in sentences that have two clauses. A clause contains a subject and a conjugated verb. The main clause can stand by itself, whereas the subordinate clause cannot. The subjunctive is used in the subordinate clause when the main clause indicates or refers to something that is not factual or true, and when it indicates a subjective reaction. If the main clause expresses a fact, the indicative is used in the subordinate clause. If the subject is the same in both clauses, the infinitive is often used.

The subjunctive is used in the subordinate clause when the verb in the main clause denotes the following:

13.7.1 Persuasion (wish, desire, volition, or influence)

aconsejar que	to advise
decir que	to say/tell that
dejar que	to allow that
desear que	to wish
escribir que	to write that

esperar que	to hope that
exigir que	to demand that
hacer que	to make someone do something
impedir que	to prevent that
insistir (en) que	to insist that
mandar que	to order that
ojalá que	I wish that
pedir que	to request that
permitir que	to allow that
preferir que	to prefer that
prohibir que	to prohibit that
querer que	to want that
recomendar que	to recommend that
rogar que	to beg that
sugerir que	to suggest that
suplicar que	to beg, plead that

Mis padres exigen que yo regrese temprano.
My parents demand that I return early.

Ojalá que Pedro esté en la cafeteria.
I hope that Pedro is in the cafeteria.

After the verbs **dejar, hacer, mandar, permitir**, and **prohibir** either the subjunctive or the infinitive may be used.

El profesor manda que nosotros salgamos.
El profesor nos manda salir (a nosotros).
The teacher orders us to leave.

Note that when the infinitive is used, very often an indirect object pronoun is placed before the main verb for emphasis or clarification.

13.7.2 Emotion or feeling

alegrarse (de) que	to be glad that
estar contento (triste) de que	to be happy (sad) that
lamentar que	to regret that
parece mentira que	it seems impossible that
sentir que	to regret

sorprenderse (de) que	to be surprised that
temer que	to fear that
tener miedo de que	to be afraid that

Temo que vaya a llover.
I fear that it may rain.

Parece mentira que estés enfadado.
It seems impossible that you are angry.

13.7.3 Doubt, denial, and uncertainty

¿creer que . . . ?	to believe that . . . ?
dudar que	to doubt that
negar que	to deny that
no creer que	not to believe that
no estar seguro(a) de que	not to be sure that
no pensar que	not to think that

Dudas que el concierto empiece a tiempo.
You doubt that the concert may start on time.

No están seguros de que haya clase hoy.
They are not sure that there is class today.

But, **creer, no dudar**, and **no negar** are usually followed by the indicative.

No dudo que está enfermo.
I don't doubt that he is sick.

13.7.4 Impersonal expressions

After the following impersonal expressions that express an emotion, feeling, doubt, uncertainty, etc., the subjunctive is needed.

basta que	it is sufficient that
es (una) lástima que	it is a pity that
es absurdo que	it is absurd that

es aconsejable que	it is advisable that
es bueno (malo) que	it is good (bad) that
es curioso que	it is curious that
es difícil (fácil) que	it is difficult (easy) that
es dudoso que	it is doubtful that
es escandaloso que	it is scandalous that
es extraño que	it is strange that
es importante que	it is important that
es imposible que	it is impossible that
es increíble que	it is incredible that
es indispensable que	it is necessary that
es justo que	it is just that
es major que	it is better that
es natural que	it is natural that
es necesario que	it is necessary that
es posible que	it is possible that
es preciso que	it is necessary that
es preferible que	it is preferable that
es probable que	it is probable that
es raro que	it is strange that
es ridículo que	it is ridiculous that
es sorprendente que	it is surprising that
es triste que	it is sad that
es una pena que	it is a pity that
importa que	it is important that
más vale que	it is better that
no es cierto que	it is not true that
no es seguro que	it is not sure that
puede ser que	it may be that

Es justo que ayudemos a nuestros vecinos.
It is just that we help our neighbors.

Es ridículo que ese programa sea tan largo.
It is ridiculous that that program is so long.

13.7.5

If the impersonal expression expresses a fact or certainty, the indicative is used, not the subjunctive.

es cierto que	it is certain that
es claro que	it is clear that
es evidente que	it is evident that
es obvio que	it is obvious that
es seguro que	it is certain that

es verdad que	it is true that
estar seguro(a) de que	to be sure that
no hay duda de que	there is no doubt that

Es evidente que la economía ha mejorado.
It is evident that the economy has improved.

Estoy seguro de que Gerardo me quiere.
I am sure that Gerardo loves me.

13.7.6

With the following conjunctions either the indicative or the subjunctive can be used. If at the time of the action or event expressed by the main verb, the action or event introduced by the following conjunctions has not yet happened, the subjunctive is used as the speaker is speculating about what may happen sometime in the future or is referring to a hypothetical or unknown event or action.

a pesar de que	in spite of the fact that
aunque	although, even if
cada vez que	each time that
cuando	when
de manera que	so that
de modo que	so that
después (de) que	after
en cuanto	as soon as
hasta que	until
luego que	as soon as
mientras que	as long as
tan pronto como	as soon as
una vez que	once

Pablo se acostará en cuanto llegue.
Pablo will go to bed as soon as he arrives.

Iré a clase aunque no sepa nada.
I will go to class although I may not know anything.

If the action is a fact, has taken place, or normally takes place, the indicative is used.

Pablo se acostó en cuanto llegó.
Pablo went to bed as soon as he arrived.

Voy a clase aunque no sé nada.
I go to class although I don't know anything.

13.7.7

The subjunctive is *always* used after the following conjunctions if there is a change of subjects.

a fin de que	in order that
a menos que	unless
a no ser que	unless
antes de que	before
con tal (de) que	provided that
en caso de que	in case that
para que	in order that, so that
sin que	without

Por favor, quítate los zapatos antes de entrar.
Please, take off your shoes before entering. (same subject)

Yo se lo pido antes de que él entre.
I request it from him before he enters. (different subjects)

13.7.8

If the subordinate clause introduces a person, place, or thing that is unknown, that you are not sure exists, or may not be found (nonexistent), the subjunctive is used.

Necesito una cama que quepa en este cuarto.
I need a bed that fits in this room.

¿Hay una película que no sea violenta?
Is there a movie that is not violent?

No hay nadie que quiera venir a la reunión.
There is no one who wants to come to the meeting.

But, if there is certainty, if the person, place, or thing is known, the indicative is used.

Compré una cama que cabe en este cuarto.
I bought a bed that fits in this room.

Sé que hay una película que no es violenta.
I know there is a movie that is not violent.

13.7.9 *-quiera compounds*

When uncertainty exists, the subjunctive is used after the following **-quiera** compounds:

adondequiera	to wherever
comoquiera	however
cualquier, cualquiera, cualesquiera	whatever, whichever
cuandoquiera	whenever
dondequiera	wherever
quienquiera, quienesquiera	whoever

13.7.10

The subjunctive is used in the following constructions:

por + adjective or adverb + **que** + subjunctive

Por mucho que trabajes, no terminarás hoy.
No matter how much you work, you will not finish today.

subjunctive + **lo que** + subjunctive

Pienses lo que pienses, yo soy muy honesto.
No matter what you think, I am very honest.

13.7.11

Depending on the degree of certainty or uncertainty being expressed, **tal vez**, **quizás**, **a lo mejor**, and **posiblemente** may be followed by either the indicative or the subjunctive.

> **Tal vez llego a tiempo.**
> Perhaps I arrive on time.

> **Tal vez llegue a tiempo.**
> Perhaps I will arrive on time.

13.7.12

The subjunctive is also used in the following construction to express a wish, desire, order, or command in an indirect manner without saying, "I want that . . . ," "I wish that . . . ," "I order that . . . ," etc.

> **¡Que + present subjunctive!**

> **¡Que encuentres lo que buscas!**
> May you find what you are looking for!

> **¡Que te diviertas!**
> May you enjoy yourself!

> **¡Que me des el cuaderno!**
> Give me the notebook!

13.8 Present perfect subjunctive

The present perfect subjunctive is formed with the present subjunctive of the verb **haber** and the past participle.

haya	**hayamos**
hayas + past participle	**hayáis** + past participle
haya	**hayan**

The present perfect subjunctive is used in the second clause of a sentence when the verb in the first clause is found in either the present, future, or present perfect tense, and the second clause refers to a past action.

> **Dudo que Marta haya dicho una mentira.**
> I doubt that Marta has told a lie.

> **Él te aconseja que hayas escrito la carta antes de la entrevista.**
> He advises you to have written the letter before the interview.

13.9 Pluperfect subjunctive

The pluperfect subjunctive is formed with the imperfect subjunctive of the verb **haber** and the past participle.

hubiera	**hubiéramos**
hubieras + past participle	**hubierais** + past participle
hubiera	**hubieran**

13.10 Imperfect subjunctive

Although the imperfect subjunctive has two different sets of endings in Spanish (the **-ra** endings and the **-se** endings), you should concentrate on the **-ra** endings since they are more commonly used. For the purpose of the SAT II exam, you should only be able to recognize the **-se** ending since it may appear in reading comprehension exercises, but not in the multiple-choice section.

For *all* verbs, both regular and irregular, the imperfect subjunctive is formed as follows:

1. use the third person plural (**ellos, ellas, Uds.**) of the preterit tense
2. drop the **-ron** form of the preterit tense
3. add **-ra, -ras, -ra, -'ramos, -rais, -ran**
   OR
   -se, -ses, -se, -'semos, -seis, sen

Please note that the **nosotros** form has a written accent on the last vowel of the stem.

For example:

Infinitive	Preterit	Imperfect Subjunctive
escuchar	escucharon	
yo escuchara		nosotros/as escucháramos
tú escucharas		vosotros/as escucharais
él, ella, Ud. escuchara		ellos, ellas, Uds. escucharan
poner	pusieron	
yo pusiera		nosotros/as pusiéramos
tú pusieras		vosotros/as pusierais
él, ella, Ud. pusiera		ellos, ellas, Uds. pusieran
venir	vinieron	
yo viniera		nosotros/as viniéramos
tú vinieras		vosotros/as vinierais
él, ella, Ud. viniera		ellos, ellas, Uds. vinieran

13.10.1 Uses of the imperfect subjunctive

The same rules that apply to the present subjunctive apply to the imperfect subjunctive. The major difference is that the imperfect subjunctive follows the imperfect, preterit, conditional, or pluperfect.

13.10.2 Sequence of tenses

Tense in the main clause (indicative)	Tense/Mood in the dependent clause (subjunctive)
present future present perfect command	present subjunctive (action has not yet happened)

Juan me pide que ayude a mis amigos.
Juan asks me to help my friends.

El profesor querrá que salgamos temprano.
The professor will want (for) us to leave early.

Los doctores han recomendado que hagas ejercicio.
The doctors have recommended that you exercise.

¡Aconséjale que vaya a la entrevista!
Advise him to go to the interview.

Tense in the main clause (indicative)	Tense/Mood in the dependent clause (subjunctive)
imperfect preterit pluperfect conditional	imperfect subjunctive or pluperfect subjunctive

Ernesto dudaba que lloviera.
Ernesto doubted that it would rain.

Temieron que yo no me portara bien.
They feared that I would not behave well.

Habías negado que Juan dijera la verdad.
You had denied that Juan would tell the truth.

Esperaría que yo fuera a visitarla.
She would hope that I go to visit her.

Tense in the main clause (indicative)	Tense/Mood in the dependent clause (subjunctive)
present future present perfect command	present perfect subjunctive (past action)

Es/Será/Ha sido importante que ella haya terminado la carta.
It is/It will be/It has been important that she has finished the letter.

Insista Ud. en que ellos hayan terminado.
Insist that they have finished.

13.10.3

The imperfect or pluperfect subjunctive is always used after the expression **como si** (*as if*).

Ella corre como si huyera de alguien.
She runs as if she was fleeing from someone.

Ella corre como si se hubiera roto la pierna.
She runs as if she had broken her leg.

13.10.4 "If" sentences

To express a situation that is true, that happens regularly, or that will happen, use the following constructions:

si (present tense), (present tense)
OR
(present tense) **si** (present tense)

Si camino por el parque, veo a Gerardo.
If I walk through the park, I see Gerardo.

Veo a Gerardo si camino por el parque.
I see Gerardo if I walk through the park.

si (present tense), (future tense)
OR
(future tense) **si** (present tense)

Si camino por el parque, veré a Gerardo.
If I walk through the park, I will see Gerardo.

Veré a Gerardo si camino por el parque.
I will see Gerardo if I walk through the park.

To express a contrary-to-fact idea in the present, an idea that is contrary to the truth or hypothetical, use the following constructions:

si (imperfect subjunctive), (conditional)
OR
(conditional) **si** (imperfect subjunctive)

Si caminara por el parque, vería a Gerardo.
If I walked through the park, I would see Gerardo.

Vería a Gerardo si caminara por el parque.
I would see Gerardo if I walked through the park.

To express a contrary-to-fact idea in the past, an idea that is contrary to the truth or hypothetical, use the following constructions:

si (pluperfect subjunctive), (perfect conditional)
OR
(perfect conditional) **si** (pluperfect subjunctive)

Si hubiera caminado por el parque, habría visto a Gerardo.
If I had walked through the park, I would have seen Gerardo.

Habría visto a Gerardo si hubiera caminado por el parque.
I would have seen Gerardo if I had walked through the park.

13.10.5 Ojalá

Ojalá (I wish, I hope) can be followed by the present subjunctive, present perfect subjunctive, imperfect subjunctive, or pluperfect subjunctive.

Ojalá + present subjunctive is used to wish or hope for the present or the future. The speaker wishes or hopes that something happens now or in the future.

Ojalá que ella me quiera.
I wish/hope that she loves me, or will love me.

Ojalá + present perfect subjunctive is used to wish or hope for the past. The speaker wishes or hopes for something to have happened.

Ojalá que ella me haya llamado.
I wish/hope she has called me.

Ojalá + imperfect subjunctive is used to wish or hope for the present or future. The speaker wishes or hopes that something will happen.

Ojalá que ella viniera a verme.
I wish/hope she would come to see me.

Ojalá + pluperfect subjunctive is used to wish or hope for the past. The speaker wishes or hopes that something had happened, but it didn't.

Ojalá que ella me hubiera visitado.
I wish/hope that she had visited me.

14. IMPERATIVE

14.1 Commands

14.2 Formal (Ud. and Uds.) commands

Affirmative commands of **Ud.** and **Uds.** are expressed by adding the following endings to the stem of the regular verbs. Note that these endings are the same as the present subjunctive.

-ar verbs	-e	Escuche Ud.
	-en	Escuchen Uds.
-er verbs	-a	Corra Ud.
	-an	Corran Uds.
-ir verbs	-a	Suba Ud.
	-an	Suban Uds.

¡Firme Ud. aquí!
Sign here!

¡Escriban su dirección!
Write your address!

The negative is formed by placing **no** in front of the affirmative command.

No firme el contrato.
Do not sign the contract.

¡No escriban en ese espacio!
Do not write on that space!

Verbs that involve a consonant change or stem change in the first person singular (**yo**) of the present indicative use the first person to form the command. The endings are the same as those of the regular verbs.

| salir | salgo | Salga Ud. |
| | | Salgan Uds. |

dormir	duermo	Duerma Ud.
		Duerman Uds.
traducir	traduzco	Traduzca Ud.
		Traduzcan Uds.
repetir	repito	Repita Uds.
		Repitan Uds.
enviar	envío	Envíe Ud.
		Envíen Uds.
dirigir	dirijo	Dirija Ud.
		Dirijan Uds.
jugar	juego	Juegue Ud.
		Jueguen Uds.
corregir	corrija	Corrija Ud.
		Corrijan Uds.

The following verbs are highly irregular in the **Ud.** and **Uds.** command form:

ser	Sea Ud.	Sean Uds.
dar	Dé Ud.	Den Uds.
estar	Esté Ud.	Estén Uds.
saber	Sepa Ud.	Sepan Uds.
ir	Vaya Ud.	Vayan Uds.

Verbs that end in **-car**, **-gar**, and **-zar** form the **Ud.** and **Uds.** command as follows:

-car	c→qu	Busque Ud.	Busquen Uds.
-gar	g→gu	Pague Ud.	Paguen Uds.
-zar	z→c	Cruce Ud.	Crucen Uds.

14.3 Informal tú commands

The informal affirmative command (**tú**) is the same as the third person singular (**él, ella**, etc.) of the present indicative.

¡Dobla a la izquierda!
Turn left!

¡Repite esas frases!
Repeat those phrases!

There are some exceptions. The following verbs have irregular informal (**tú**) commands:

decir	di
hacer	haz
ir	ve

poner	pon
salir	sal
ser	sé
tener	ten
venir	ven

The negative informal command is expressed with the **tú** form of the present subjunctive.

-ar verbs	**-er** verbs	**-ir** verbs
tú escuches	**tú corras**	**tú subas**

No escuches esa canción.
Do not listen to that song.

No corras demasiado tarde.
Do not run too late.

14.4 Nosotros command

The **nosotros** command is equivalent to the English *Let's . . . !*

¡Caminemos en la playa!
Let's walk on the beach!

¡Escribamos una carta!
Let's write a letter!

The **nosotros** command can be expressed by:

■ the **nosotros** form of the present subjunctive

Escuchemos la radio ahora.
Let's listen to the radio now.

OR

■ by the construction **vamos a** + infinitive.

Vamos a lavarnos las manos.
Let's wash our hands.

The negative is formed by placing **no** in front of the affirmative command.

¡No escuchemos la radio ahora!
Let's not listen to the radio now!

The **nosotros** command of **ir** and **irse** is usually expressed with **vamos**.

¡Vamos al centro ahora!
Let's go downtown now!

¡Vamonos ahora!
Let's go away now!

The negative is expressed with the present subjunctive as follows:

¡No vayamos al centro ahora!
Let's not go downtown now!

¡No nos vayamos ahora!
Let's not go away now!

When forming the **nosotros** command of a reflexive verb, the final *-s* of the verb is dropped before adding the reflexive pronoun.

¡Lavémonos las manos!
Let's wash our hands!

14.5 Vosotros command

The affirmative informal command is formed by changing the *-r* of the infinitive ending to *-d*.

salir, salid

¡Salid inmediatamente de la casa!
Leave the house immediately!

comer, comed

¡Comed todos los vegetales!
Eat all the vegetables!

If the verb is reflexive, the final *d* is dropped.

¡Bañaos temprano!
Bathe early!

The **vosotros** command of **irse** is **idos**.

¡Idos ahora!
Go away now!

The negative plural command (**vosotros**) is expressed with the **vosotros** form of the present subjunctive.

-ar verbs	-er verbs	-ir verbs
no escuchéis	no comáis	no subáis

¡No comáis en la sala!
Do not eat in the living room!

14.6 Indirect commands

Indirect commands are expressed by **que** + the third person in the present subjunctive + subject (if expressed).

¡Que lo traiga Hugo!
Let Hugo bring it.

¡Que te sientas mejor!
May you feel better!

¡Que se diviertan!
May you enjoy yourselves!

Note that in this construction the object pronouns or reflexive pronouns are placed before the verb.

14.7 Object pronouns and reflexive pronouns with the command

Object pronouns (direct and indirect) and reflexive pronouns are attached to the end of the affirmative commands.

¡Cómprala!
Buy it!

Siéntate en esa silla!
Sit down on that chair!

An accent is needed if before adding the pronoun(s) the stress is on the next to the last syllable.

Object pronouns and reflexive pronouns are placed in front of the verb in negative commands.

¡No me la compres!
Do not buy it for me!

¡No te peines ahora!
Do not comb your hair now!

14.8 Different ways to express obligation

tener que + infinitive   (to have to)

Tienen que terminar a tiempo.
They have to finish on time.

deber + infinitive   (should, ought to)

Debes empezar ahora.
You should begin now.

haber de + infinitive   (must)

Yo he de hablar con ellos.
I must talk to them.

hay que + infinitive   (one must)

Hay que limpiar el cuarto.
One must clean the room.

impersonal expression   (it is . . . to . . . + infinitive)

Es necesario tomar agua regularmente.
It is necessary to drink water regularly.

Note that no subject is required in the last two expressions because the statement is not intended for a person in particular, but is used as a general statement of obligation.

15. NEGATIVES AND INDEFINITES

15.1 Negative and indefinite words

In Spanish, negation is expressed by placing **no** in front of the verb.

Ella no habla italiano.
She doesn't speak Italian.

In compound tenses, **no** is placed in front of the auxiliary verb.

No ha hablado con Jorge.
She has not spoken to Jorge.

If there are object pronouns in the sentence, **no** precedes the object pronouns

No lo ha visto.
She has not seen him.

Negative		*Indefinite*	
nada	nothing	**algo**	something
nadie	no one, nobody	**alguien**	someone, somebody
nunca	never	**siempre**	always
jamás	never	**alguno,**	some, any
ninguno	no one	**(-a, -os, -as)**	either . . . or
o . . . o	neither . . .		with
ni . . . ni	nor		
sin	without		also
tampoco	neither, not . . . either	**con** **también**	

If the negative words above follow the verb, the sentence requires **no** before the verb. If they are placed before the verb, then **no** is not necessary.

No viene nadie hoy.
No one is coming today.

Nadie viene hoy.
No one is coming today.

15.2 Negative and indefinite adverbs

ya	already	**todavía no**	not yet
todavía	still, not yet	**ya no**	no longer
siempre	always	**nunca,** **jamás**	never
también	also	**tampoco**	neither

15.3 Pero, sino, sino que

Pero is translated as "but."

Tengo que ir al centro pero no tengo tiempo.
I have to go downtown but I don't have time.

Carmen es inteligente, pero perezosa.
Carmen is intelligent but lazy.

If the beginning of a sentence is negative and the second part contradicts the first part, **sino** ("but rather," "but instead") is used.

No quiero ir al centro sino al parque.
I don't want to go downtown, but to the park instead.

No tenemos hambre, sino sed.
We are not hungry, but rather thirsty.

Sino que is used when the beginning of a sentence is negative and the second part introduces a clause with a conjugated verb.

Yo no leí el libro sino que vi la película.
I didn't read the book but rather (instead) I saw the movie.

16. DIRECT AND INDIRECT QUESTIONS

16.1 Interrogatives

Interrogatives carry a written accent in direct as well as in indirect questions.

¿De quién son esos guantes?
Whose gloves are those?

Quiero saber de quién son esos guantes.
I want to know whose gloves those are.

¿Qué?	What?
¿Quién? ¿Quiénes?	Who?

¿A quién? ¿A quiénes?	Whom?
¿De quién? ¿De quiénes?	Whose?
¿Cuál? ¿Cuáles?	Which?
¿Cuánto? ¿Cuánta?	How much?
¿Cuántos? ¿Cuántas?	How many?
¿Dónde?	Where?
¿A dónde?	To where?
¿Por qué?	Why?
¿Cuándo?	When?
¿Cómo?	How?

16.2 Qué versus cuál

Qué is used with the verb **ser** to ask for definitions.

> **¿Qué es un pronombre?**
> What is a pronoun?

Although **que** usually means "what," it can also mean "which" when it is followed by a noun.

> **¿Qué libro compraste?**
> Which book did you buy?

Cuál, cuáles is used with the verb **ser** when different choices are involved.

> **¿Cuál es tu libro favorito?**
> Which is your favorite book?

With verbs other than **ser**, the following construction is used:

> **¿Cuál de los chicos es tu hermano?**
> Which of the boys is your brother?

> **¿Cuáles de las revistas prefieres?**
> Which of the magazines do you prefer?

17. EXCLAMATIONS

17.1 ¡Qué . . . !

Qué + an adverb or adjective

> **¡Qué rápido corre Juan!**
> How fast Juan runs!

> **¡Qué largo es ese río!**
> How long that river is!

Qué + noun

> **¡Qué compasión tienes!**
> What compassion you have!

If a noun is modified by an adjective in an exclamation, **tan** or **más** is placed before an adjective.

> **¡Qué milagro tan (más) increíble!**
> What an incredible miracle!

17.2 ¡Cuánto . . . !, ¡Cuánta . . . !, ¡Cuántos . . . !, ¡Cuántas . . . !

¡Cuánto + verb!

> **¡Cuánto trabaja José!**
> How (much) José works!

> **¡Cuánto juegas!**
> How much you play!

¡Cuánto/Cuánta + noun!

> **¡Cuánto jugo bebes!**
> How much juice you drink!

> **¡Cuánta libertad tenemos!**
> How much freedom we have!

¡Cúantos/Cuántas + noun!

> **¡Cuántas mentiras dices!**
> How many lies you tell!

> **¡Cuántos bailes sabes!**
> How many dances you know!

17.3 ¡Cómo . . . !

¡Cómo + verb!

> **¡Cómo nieva!**
> How it's snowing!

17.4 ¡Quién . . . !

¡**Quién** + imperfect subjunctive!

¡Quién fuera rico!
If only I/one were rich!

18. NUMBERS, DATES, TIME

18.1 Cardinal numbers

0	**cero**
1	**uno, -a**
2	**dos**
3	**tres**
4	**cuatro**
5	**cinco**
6	**seis**
7	**siete**
8	**ocho**
9	**nueve**
10	**diez**
11	**once**
12	**doce**
13	**trece**
14	**catorce**
15	**quince**
16	**dieciséis**
17	**diecisiete**
18	**dieciocho**
19	**diecinueve**
20	**veinte**
21	**veintinuno, -a**
22	**veintidós**
23	**veintitrés**
24	**veinticuatro**
25	**veinticinco**
26	**veintiséis**
27	**veintisiete**
28	**veintiocho**
29	**veintinueve**
30	**treinta**
31	**treinta y uno, -a**
40	**cuarenta**
41	**cuarenta y uno, -a**
50	**cincuenta**
60	**sesenta**
70	**setenta**
80	**ochenta**
90	**noventa**
100	**ciento, cien**
101	**ciento uno, -a**
200	**doscientos, -as**
300	**trescientos, -as**
400	**cuatrocientos, -as**
500	**quinientos, -as**
600	**seiscientos, -as**
700	**setecientos, -as**
800	**ochocientos, -as**
900	**novecientos, -as**
1.000	**mil**
2.000	**dos mil**
2.001	**dos mil uno**
100.000	**cien mil**
1.000.000	**un millón**
2.000.000	**dos millones**
1.000.000.000	**mil millones**

The numbers 16–19 and 21–29 can also be expressed as follows:

diez y seis
diez y siete
veinte y uno
veinte y dos, etc.

Tens above 29 are connected to units by **y**.

treinta y ocho
sesenta y dos

No connecting word is used to connect hundreds or thousands to tens or units.

doscientos veinte
mil novecientos

Uno becomes **un** in front of a masculine noun.

Ellos siembran un árbol.
They plant a tree.

Escogieron a cincuenta y un soldados.
They chose fifty-one soldiers.

In front of a feminine noun, **uno** becomes **una**.

> **Elena es una chica muy lista.**
> Elena is a very clever girl.

In front of a masculine noun, **veintiuno** becomes **veintiún**.

> **Hay veintiún libros aquí.**
> There are twenty-one books here.

Ciento becomes **cien** before a noun.

> **cien personas**   a hundred people
> **cien coches**   a hundred cars

but, **ciento** is used before another number.

> **ciento dos libros**   a hundred books

Compounds of **ciento** (200 to 900) change endings according to the gender of the noun following it.

> **Este libro tiene doscientas (trescientas, etc.) páginas.**
> This book has two hundred (three hundred, etc.) pages.

Cien and **mil** do not need the indefinite article as they do in English.

> **cien caballos**   a hundred horses
> **mil banderas**   a thousand flags

Millón is followed by *de* when followed by a noun.

> **un millón de habitantes**   a million inhabitants

But, if **millón** is followed by another number, **de** is not used.

> **un millón setecientos mil habitantes**
> a million seven thousand inhabitants

18.2 Ordinal numbers

primero	first
segundo	second
tercero	third
cuarto	fourth
quinto	fifth
sexto	sixth
séptimo	seventh
octavo	eighth
noveno	ninth
décimo	tenth

Ordinal numbers change their endings according to the noun they modify.

> **Vamos a empezar la octava lección.**
> We are going to begin the eighth lesson.

Ordinal numbers above 10 are not usually used. They are expressed by cardinal numbers and are placed after the noun.

> **el siglo veinte**   the twentieth century

Primero and **tercero** lose the final **-o** before a masculine singular noun.

> **el primer mes**   the first month
> **el tercer ejercicio**   the third exercise

The ordinal number **primero** is used for the first of the month. All other days of the month are expressed by cardinal numbers.

> **el primero de agosto**   August 1st
> **el dos de agosto**   August 2nd

18.3 Months of the year

enero	January
febrero	February
marzo	March
abril	April
mayo	May
junio	June

julio	July
agosto	August
septiembre	September
octubre	October
noviembre	November
diciembre	December

Months are not capitalized in Spanish as they are in English.

Months of the year are masculine.

The names of the months are accompanied by a definite article only when they are modified.

el próximo julio
next July

To ask for the month, use

¿En qué mes estamos?
What's the month?

18.4 Days of the week

lunes	Monday
martes	Tuesday
miércoles	Wednesday
jueves	Thursday
viernes	Friday
sábado	Saturday
domingo	Sunday

Days of the week are masculine.

The definite article is used with the days of the week in cases in which English uses *on*.

Voy a visitarte el lunes.
I am going to visit you on Monday.

Days of the week are not capitalized in Spanish as they are in English.

All days of the week use the same form for the singular and plural except **sábado** and **domingo**, which form the plural by adding *-s*.

el lunes	**el sábado**
los lunes	**los sabados**

Days of the week accompanied by the plural definite article **(los)** is used to express a regular occurrence.

Visitamos a los Perez los sábados.
We visit the Perezes on Saturdays.

To ask for the day of the week:

¿Qué día es?
What day is today?

Hoy es martes.
Today is Tuesday.

18.5 Dates

To ask for the date in Spanish you may use the following:

¿A cuánto estamos?
What's the date?

Estamos a catorce de diciembre.
It is December 14th.

¿Cuál es la fecha de hoy?
What's today's date?

Hoy es el veinticinco de julio.
Today is July 25th.

The first of the month is the only date that is expressed in Spanish with the ordinal number **primero**. All other days of the month are expressed with cardinal numbers.

Hoy es el primero de junio.
Today is the first of June.

Mañana es el dos de junio.
Tomorrow is June 2nd.

Other expressions used to talk about dates:

a principios de	toward the beginning of
a mediados de	toward the middle of
a finales de	toward the end of

18.6 Seasons

la primavera	spring
el verano	summer
el otoño	fall
el invierno	winter

18.7 Time of day

To ask the time of the day, Spanish uses

¿Qué hora es?
What time is it?

The verb **ser** and the feminine form of the definite article is used to express the hour of the day in Spanish.

Es la una.
It's one o'clock.

Son las tres.
It's three o'clock.

y is used to express the minutes past the hour.

Es la una y diez.
It's one ten.

Between half past and the following hour the time is usually expressed by subtracting minutes (**menos**) from the upcoming hour.

Es la una menos diez.	It is ten minutes to one.
Son las cinco menos veinte.	It is twenty minutes to five.

OR by using **faltan** + (number of minutes) + **para la/las . . .**

Faltan veinte minutos para las dos.
It's twenty minutes to two.

Half and quarter are expressed by **media** and **cuarto**, repectively.

Es la una y media.
It is one thirty.

Son las cinco menos cuarto.
It is quarter to five.

If a definite time is mentioned, **de la mañana** (in the morning), **de la tarde** (in the afternoon), or **de la noche** (in the evening) is used. When a definite time is not expressed, use **por la mañana**, **por la tarde**, and **por la noche**.

Vamos a encontrarnos a tres de la tarde.
We are going to meet at three o'clock in the afternoon.

¿Por qué no nos encontramos por la tarde?
Why don't we meet in the afternoon?

Noon is expressed by **mediodía**, *midnight* by **medianoche**.

Vengo al mediodía.
I come at noon.

Es medianoche.
It's midnight.

At is expressed in Spanish by the preposition **a**.

¿A qué hora comienza la clase?
At what time does the class begin?

La clase comienza a las tres.
The class begins at three o'clock.

In the past, time of day is always expressed with the imperfect tense.

Eran las cinco.
It was five o'clock.

En punto is used to express "sharp" or "on the dot."

Nos encontramos a las diez en punto.
We are meeting at ten o'clock sharp (on the dot).

A **eso de** is used to express "around."

>**Vi a Hugo a eso de las seis.**
>I saw Hugo around six o'clock.

19. WORD RELATIONSHIPS

19.1 Prepositions

Prepositions are words that connect or establish a relation between words.

One of the most important things to remember about a preposition is that the *only* form of the verb that can follow is an infinitive.

19.2 Common prepositions

The following are the most common prepositions in Spanish.

a	at; to
ante	before; in the presence of
bajo	under
con	with
contra	against
de	of; from; about (concerning)
desde	from; since
durante	during
en	in; into; on; upon; at
entre	between
excepto	except
hacia	toward
hasta	as far as; until; up to
para	for; in order to
por	for; by; through; on account of
según	according to
sin	without
sobre	on; about (concerning)
tras	after; behind

19.3 Personal *a*

When the direct object of the verb is a person, the preposition **a** is placed before it. This is referred to as the "personal **a**." The **a** is not translated in English.

>**Visitamos a Susana.**
>We visit Susana.

Often the name of animals are personalized. In this case you must also use the personal **a**.

>**Tú bañas a mi perro.**
>You bathe my dog.

The personal **a** is also needed when the direct object is **alguno**, **cada uno**, **nadie**, or **ninguno**.

>**No conocí a nadie.**
>I didn't meet anyone.

The personal **a** is also used with interrogatives.

>**¿A quién viste?**
>Whom did you see?

>**¿A cuál chico le diste la pelota?**
>To which boy did you give the ball?

19.4 Common compound prepositions

The following are the most common compound prepositions:

a causa de	because of, on account of
a fin de	in order to
a fuerza de	by force of
a pesar de	in spite of
acerca de	about, concerning
además de	besides, in addition to
al lado de	alongside of, beside, next to
alrededor de	around
antes de	before
cerca de	near
debajo de	underneath
delante de	in front of
dentro de	inside of, within
después de	after
detrás de	behind
en cuanto a	as to, as for
en lugar de	instead of
en vez de	instead of

encima de	on; on top of
enfrente de	opposite (to), facing
frente a	opposite, facing
fuera de	outside of, beyond
junto a	next to, close to
lejos de	far from
respecto a	in regard to

19.5 Para and Por

19.5.1 Para

Para is used to express

1. purpose, use

   Ese estante es para los zapatos.
   That shelf is for the shoes.

   Necesito dinero para pagar el alquiler.
   I need money to pay the rent.

2. destination (location or a recipient)

   Salimos para el centro en unos minutos.
   We leave for downtown in a few minutes.

   Esa camisa es para Jorge.
   That shirt is for Jorge.

3. future time, deadline

   Tenemos que terminar el libro para el martes.
   We have to finish the book for Tuesday.

4. with **estar** to express "to be about to"

   Están por salir de la casa.
   They are about to leave the house.

5. considering (that)

   Para un homre tan rico, no ayuda mucho a los pobres.
   For (considering that he is) a rich man, he doesn't help the poor much.

19.5.2 Por

Por is used to express

1. reason or motive (for the sake of)

   Compré los libros por ti.
   I bought the books because of you.

2. exchange

   Le di mi bicicleta por su juego electrónico.
   I gave him my bicycle for his electronic game.

3. duration of time

   Vamos de vacaciones por dos semanas.
   We are going on vacation for two weeks.

4. through

   Caminé por el parque.
   I walked through the park.

5. manner or means

   Hablé con ella por teléfono.
   I spoke to her by phone.

   Manda el paquete por barco.
   Send the package by ship.

6. the agent of the passive voice

   El mural fue pintado por Diego Rivera.
   The mural was painted by Diego Rivera.

7. instead of

   Escribió la carta por mí.
   He wrote the letter for (instead of) me.

8. per

   Nos pagan diez dólares por hora.
   They pay us ten dollars per hour.

9. with the verb **estar** to express "in favor of"

Estamos por los derechos de los campesinos.
We are in favor of the rights of the farmers.

10. the object of an errand with verbs such as **ir, enviar, mandar, venir,** etc.

Ella me envió por helado.
She sent me for ice cream.

19.6 Verbs that require the preposition *a* before an infinitive

acercarse a	to approach
acostumbrarse a	to get used to
acudir a	to hasten to
aprender a	to learn to
apresurarse a	to hurry to
atreverse a	to dare to
ayudar a	to help to
comenzar(ie) a	to begin to
convidar a	to invite
correr a	to run to
decidirse a	to decide to (make up one's mind)
dedicarse a	to devote oneself to
detenerse a	to stop to
echarse a	to begin to
empezar(ie) a	to begin to
enseñar a	to teach to
entrar a	to enter to
invitar a	to invite to
ir a	to go to
llegar a	to come to, succeed in
negarse(ie) a	to refuse to
obligar a	to oblige to
oponerse a	to be opposed to
ponerse a	to begin to
prepararse a	to prepare oneself to
resignarse a	to resign oneself to
resolverse(ue) a	to resolve to
salir a	to go out to
subir a	to go up
venir a	to come to
volver a	to do (an activity) again

Note that many of these verbs are verbs of motion, or verbs meaning "to begin."

19.7 Verbs that require the preposition con before an infinitive

amenazar con	to threaten to
casarse con	to marry
contar(ue) con	to count on
soñar(ue) con	to dream about

19.8 Verbs that require the preposition de before an infinitive

acabar de	to have just
acordarse(ue) de	to remember to
alegrarse de	to be glad to
arrepentirse de	to repent of
cansarse de	to tire of
cesar de	to cease (doing something)
dejar de	to stop (doing something)
encargarse de	to take it upon oneself to
gozar de	to enjoy
ocuparse de	to be busy with
olvidarse de	to forget to
quejarse de	to complain
terminar de	to finish
tratar de	to try to
tratarse de	to be a question of

19.9 Verbs that require the preposition en before an infinitive

confiar en	to trust
consentir en	to consent to
consistir en	to consist
empeñarse en	to insist on, be determined to
insistir en	to insist
quedar en	to agree on

tardar en	to delay in
vacilar en	to hesitate to

19.10 Verbs that DO NOT require a preposition when followed by an infinitive

decidir	to decide to
desear	to want to
esperar	to hope, expect to
pensar(ie)	to plan to
poder(ue)	to be able to, can
preferir(ie)	to prefer to
querer(ie)	to want to
saber	to know how to
soler(ue)	to be accustomed to

20. CONNECTING WORDS, PHRASES, CLAUSES, AND SENTENCES

20.1 Conjunctions

A conjunction is a word that connects words, phrases, clauses, or sentences.

You should become familiar with the most common Spanish conjunctions. Remember that some conjunctions introduce clauses in which you must use the subjunctive.

a condición de que	provided that
a fin de que	so that, in order that
a menos que	unless
a no ser que	unless
a pesar de que	in spite of
antes de que	before
apenas	hardly
así que	as soon as
aun	even, still
aunque	although
cada vez que	every time that
como	as, since, as long as
con tal de que	provided that
cuando	when
de manera que	so that
de modo que	so that
desde que	since
después (de) que	after
en caso de que	supposing that
en cuanto	as soon as
hasta que	until
luego que	as soon as
mas	but
mientras	while, as long as
ni siquiera	not even
o	or (*u* if the following word begins with *o* or *ho*)
para que	in order that, so that
por más que	no matter how, however much
porque	because
puesto que	although, since, inasmuch as
que	that
siempre que	as long as, whenever
sin embargo	nevertheless
sin que	without
sino	but, but rather
tan pronto como	as soon as
una vez que	once, as soon as
ya que	since
y	and (*e* if the following word begins with *i* or *hi*)

UNIT III

GRAMMAR PRACTICE

EXERCISES FOR FURTHER PRACTICE

Note that these exercises have been designed to give you practice on certain areas of Spanish grammar. Some of these exercises have only two choices. Remember that on the actual test, all questions have four choices from which you must choose the correct answer. For all questions without a fill-in rule, circle your answer and refer to Answer Key on page 276.

Word Completion

In this section you will practice

1. nouns and gender
2. use of the article
3. articles and their use
4. prepositional pronouns

Choose the word or words that best complete(s) the following sentences.

1. ¿Por qué no vamos . . . parque hoy?

   (A) al
   (B) el

2. Yo no me quito . . . calcetines.

   (A) mis
   (B) los

3. Esas peras son para . . .

   (A) tú
   (B) ti

4. Me imagino . . . nervioso que Uds. estaban.

   (A) lo
   (B) el

5. Dicen que . . . reyes de España llegan mañana.

   (A) las
   (B) los

6. Esas son las llaves . . . coche.

   (A) a él
   (B) del

7. Ella siempre fue . . . alumna favorita del profesor.

   (A) la
   (B) el

8. Eduardo pintó . . . águila.

   (A) la
   (B) el

9. Vamos a pasear . . . domingos.

   (A) en
   (B) los

10. Ella se lava . . . manos.

    (A) sus
    (B) las

11. . . . raro es que Juan no esté aquí.

    (A) El
    (B) Lo

12. Yo no confío en . . .

    (A) ella
    (B) la

13. En el invierno . . . agua está muy fría.

(A) el
(B) la

14. ¿Por qué no vienes al centro con . . . ?

(A) nos
(B) nosotros

15. Ella tiene dos lápices en . . . mano.

(A) la
(B) el

16. ¿Es difícil . . . problema de álgebra?

(A) la
(B) el

17. Ya estudiamos . . . lección.

(A) esa
(B) ese

18. Antonio no es . . . persona interesante.

(A) un
(B) una

19. Los vegetales son buenos para . . . salud.

(A) la
(B) el

20. Mi padre es . . . periodista famoso.

(A) una
(B) un

21. Yo no conozco . . . poema de Neruda.

(A) la
(B) el

22. No quiero discutir . . . tema.

(A) esa
(B) ese

23. Voy a trabajar en . . . garaje.

(A) el
(B) la

24. Aquí están . . . fotos de mi viaje.

(A) los
(B) las

25. Celia, ¿compraste . . . papas para la cena?

(A) los
(B) las

26. Bogotá es . . . capital de Colombia.

(A) la
(B) el

27. El general nos dio . . . orden.

(A) el
(B) la

28. No me gustan . . . programas de misterio.

(A) las
(B) los

29. Ella habla . . . idiomas.

(A) varios
(B) varias

30. Anoche conocí . . . poeta.

(A) al
(B) a la

31. Me encanta . . . rascacielos que se ve a la distancia.

(A) el
(B) los

32. ¿Cuánto pagaste por . . . flores?

(A) esos
(B) esas

33. Por favor, cierra . . . paraguas que llevas en la mano.

(A) ese
(B) esas

34. Ella me dijo todo a . . .

    (A) mí
    (B) yo

35. No han encontrado . . . cura para el cáncer.

    (A) la
    (B) el

36. No vas a poder abrirla. Necesitas . . . abrelatas.

    (A) un
    (B) una

37. Para llegar más rápido, debes tomar . . . tranvía.

    (A) la
    (B) el

38. No sé si tengo . . . capital suficiente para comenzar un negocio.

    (A) el
    (B) la

39. Para la ensalada necesitamos . . . papas.

    (A) unas
    (B) unos

40. ¿Por qué no vamos . . . jardín para ver las flores?

    (A) a la
    (B) al

41. Le dimos las tarjetas . . .

    (A) a él
    (B) al

42. Si sigues . . . orden de los números, encontrarás la dirección.

    (A) la
    (B) el

43. Siempre me dices . . . mismo.

    (A) el
    (B) lo

44. José tiene . . . compasión increíble.

    (A) una
    (B) un

45. Por favor, no corras en el maratón sin . . .

    (A) lo
    (B) él

46. . . . amistad vale mucho.

    (A) Una
    (B) Un

47. ¿Dónde pusiste . . . mapa?

    (A) el
    (B) la

48. Ese televisor no es de . . . calidad.

    (A) bueno
    (B) buena

49. No tenemos . . . costumbre de comer temprano.

    (A) el
    (B) la

50. Nunca vamos a erradicar . . . hambre en esos países.

    (A) la
    (B) el

Por or Para

In this section you will practice the uses of *por* and *para*.

Directions: Write either *por* or *para* to complete the following sentences.

1. ¿ _____ cuánto tiempo vas a México?

2. _____ una mujer tan trabajadora, ella no limpia mucho su casa.

3. Busco una revista _____ leer en el tren.

4. Ella fue _____ dinero al banco.

5. ¿ _____ qué son esos platos?

6. Ella no pudo ver el programa _____ trabajar tarde.

7. Les dieron cien dólares _____ los muebles.

8. Ese planeta fue descubierto _____ unos científicos en California.

9. ¿Cuándo sales _____ el Ecuador?

10. Limpié el cuarto _____ ti, así tú no lo tienes que hacer.

11. Siempre me llama _____ sacar la basura.

12. Anteayer Cecilia vino _____ los juguetes que había dejado aquí.

13. Los pasteles son _____ ti.

14. Hay que leer el libro _____ la semana que viene.

15. Llegué tarde a la fiesta _____ ustedes.

16. Mamá me mandó a la farmacia _____ aspirinas.

17. ¿Cuánto pagaste _____ esos bolígrafos? Dicen que son caros.

18. Me voy a quedar en su casa _____ tres meses.

19. No camines _____ la calle; hay mucho tráfico.

20. ¿ _____ quién es esa cámara?

21. Te daré tres dólares _____ las cintas.

22. Tengo que terminar el libro _____ mañana.

23. Beatriz juega muy bien _____ una chica con tan poca experiencia.

24. Yo no pude ir, por eso Julián fue _____ mí.

25. Ayer caminó _____ el parque cuando regresaba de la oficina.

Use of Prepositions

In this section you will practice

1. prepositions
2. verbs that require a preposition
3. verbs that do not require a preposition

Directions: Choose among the prepositions *a*, *con*, *de*, and *en*. Write an *X* in the spaces where no preposition is needed.

Section I

1. Confiamos _____ poder salir hoy.

2. Elena siempre me ayuda _____ limpiar la casa.

3. Yo me ocupo _____ invitar a los profesores.

4. ¿Cuándo vas a terminar _____ hacer la tarea?

5. Ellos se apresuraron _____ ayudarnos.

6. Ayer decidí _____ encontrarme con Ricardo.

7. ¿Por qué no vuelves _____ tocar mi canción favorita?

8. Ernesto me amenazó _____ ir a la policía.

9. Su esposo siempre insiste _____ dar un paseo por la tarde.

10. Jacinto, trata _____ descansar esta semana.

11. ¿Sabes _____ llegar a mi casa?

12. Espero _____ nadar en la piscina esta tarde.

Section II

1. Ella acaba _____ llegar a Barcelona.

2. Ellos vienen _____ cenar con nosotros mañana.

3. Juan se acercó _____ decirme algo importante.

4. Siempre me olvido _____ sacar la basura por la noche.

5. Mañana empezamos _____ pintar la casa.

6. Ellos insisten _____ venir con nosotros.

7. Nosotros pensamos _____ regresar a las tres.

8. Yo estoy locamente enamorada _____ Gerardo.

9. María se echó _____ correr por el pasillo.

10. Mi abuela se empeña _____ escuchar música rock.

11. Este fin de semana vamos a acabar _____ hacer las compras.

12. No nos acordamos _____ cerrar la puerta.

Section III

1. ¿Es verdad que tú te vas a casar _____ Diego?

2. Nosotros quedamos _____ vernos mañana.

3. Ellos sueñan _____ comprar un restaurante.

4. Nunca me arrepentiré _____ haber ido a Cuba.

5. Por favor, deja _____ llorar.

6. Ellos suelen _____ llegar muy temprano.

7. Tú no te atreves _____ hablar con el policía.

8. ¿Dónde aprendiste _____ bailar?

9. Tú te cansas _____ estudiar muy pronto.

10. Vamos a salir _____ comprar una grabadora.

11. Cuento _____ llegar a las tres én punto.

12. Yo no me acostumbro _____ levantarme tan temprano.

Tenses of Indicative and Subjunctive

In this section you will review different tenses of the indicative as well as the subjunctive.

Directions: Choose the correct completion to the following sentences.

Section 1

1. Jesús no te . . . en ese sillón.

   (A) duermes
   (B) duermas
   (C) hayas dormido
   (D) hubiste dormido

2. Es una pena que Ismael no . . . hablar con Juana.

   (A) quiso
   (B) quería
   (C) quiere
   (D) quiera

3. Solamente . . . terminar el informe, si me prestas la computadora.

   (A) podré
   (B) podría
   (C) pudiera
   (D) pude

4. Le prometí ir cuando yo . . .

   (A) pude
   (B) podía
   (C) pudiera
   (D) podría

5. Es evidente que ellos no . . . mucho.

   (A) hayan estudiado
   (B) estudien
   (C) estudiaran
   (D) estudian

6. En la esquina hay una chica que . . . flores artificiales.

   (A) vendía
   (B) venderá
   (C) vende
   (D) vendiera

7. Cuando tú . . . en Cuba, eras muy feliz.

   (A) estarás
   (B) estarías
   (C) estuvieras
   (D) estabas

8. Jorge me dijo que me dejaría las llaves aquí pero no las encuentro. ¿Dónde las . . . él?

   (A) hubiera puesto
   (B) pusiera
   (C) ponga
   (D) habrá puesto

9. Más vale que tú . . . ese problema con el dentista.

   (A) discutes
   (B) discutirás
   (C) discutas
   (D) discutías

10. ¿Por qué es imposible . . . los boletos esta noche?

    (A) comprar
    (B) comprados
    (C) comprado
    (D) comprando

11. Llovía por varias horas y de momento . . . el sol.

    (A) saldrá
    (B) saliera
    (C) salió
    (D) salga

12. ¿En qué año . . . tú?

    (A) nacías
    (B) naciste
    (C) nacerás
    (D) nazcas

Section 2

1. Haz las maletas ahora para que . . . listo temprano mañana.

   (A) estés
   (B) estás
   (C) estarás
   (D) estarías

2. Mamá permitió que Diego y yo . . . a la playa.

   (A) condujéramos
   (B) conducimos
   (C) conduciríamos
   (D) conduzcamos

3. Leonardo, . . . temprano para que no tengas que esperar mucho.

   (A) vengas
   (B) vienes
   (C) viniste
   (D) ven

4. Yo no . . . que Beatriz se había casado hasta la semana pasada.

   (A) supe
   (B) sabré
   (C) sé
   (D) sabría

5. Pedro, ¡ . . . del coche inmediatamente!

   (A) salgas
   (B) sal
   (C) salga
   (D) hayas salido

6. Te prestaré los otros libros cuando me . . . los que tienes.

   (A) devolviste
   (B) devuelvas
   (C) devolverías
   (D) devolverás

7. Ellos . . . el coche si tuvieran un garaje.

   (A) compraron
   (B) compraban
   (C) compraran
   (D) comprarían

8. Es escandaloso que a esos chicos no les . . . ir a la excursión.

   (A) permitirán
   (B) permitirían
   (C) permiten
   (D) permitan

9. Si puede, Julio se quedará en cualquier hotel que . . . su tarjeta de crédito.

   (A) acepte
   (B) aceptará
   (C) aceptara
   (D) aceptó

10. Es tonto tener que . . . cuando no hay exámenes.

    (A) estudiado
    (B) estudiando
    (C) estudiar
    (D) estudiados

11. Es una lástima que tú . . . tan cansado

    (A) te sientas
    (B) te sentirás
    (C) te sientes
    (D) te sintieras

12. Es preciso que ella . . . a tiempo.

    (A) llega
    (B) llegó
    (C) llegue
    (D) llegará

Section 3

1. Sentí mucho que tú no . . . en la celebración de la semana pasada.

   (A) estarás
   (B) estuvieras
   (C) estuviste
   (D) estarías

2. Hacía más de dos días que el cartero no . . .

   (A) vino
   (B) viniera
   (C) viene
   (D) venía

3. Anteanoche fui a mi restaurante favorito y allí . . . con Luis.

   (A) me encontraba
   (B) me encontrara
   (C) me encontré
   (D) me encuentro

4. ¿Estás aburrido? . . . en el río.

   (A) Báñese
   (B) Bañémonos
   (C) Bañemos
   (D) Bañamos

5. Para el año que viene yo ya . . . mis estudios de arquitectura.

   (A) habría terminado
   (B) he terminado
   (C) había terminado
   (D) habré terminado

6. Es natural que tú . . . nervioso antes del examen.

   (A) estás
   (B) estabas
   (C) estés
   (D) estuviste

7. ¿Quién te mandó . . . el cuarto?

   (A) limpio
   (B) limpiando
   (C) limpiar
   (D) limpie

8. Me alegra mucho que Uds. hayan decidido casarse. ¡Que . . . muy felices!

   (A) son
   (B) sean
   (C) serán
   (D) serían

9. No hay duda de que el director . . . a Susana injustamente.

   (A) acusara
   (B) acusó
   (C) acuse
   (D) haya acusado

10. Ayer cuando llegamos al estadio . . . más de dos mil personas.

    (A) habían
    (B) había
    (C) hubieron
    (D) hay

11. Temo que ellos . . . muy tarde.

    (A) terminen
    (B) terminan
    (C) terminarán
    (D) terminaban

12. No perderás de peso a menos que . . . las recomendaciones del doctor.

    (A) sigues
    (B) seguirás
    (C) siguieras
    (D) sigas

Section 4

1. Estoy seguro de que reconocerás a Juan en cuanto lo . . .

   (A) vieras
   (B) verás
   (C) veas
   (D) verías

2. Sé que estás muy enojado pero yo te invité y tú no . . . ir.

   (A) querrías
   (B) querrás
   (C) quisiste
   (D) quisieras

3. No conozco a nadie que . . . ese puente.

   (A) haya cruzado
   (B) ha cruzado
   (C) había cruzado
   (D) habrá cruzado

4. Tan pronto como . . . a Gisela, salí corriendo.

   (A) vea
   (B) viera
   (C) vi
   (D) veré

5. Nosotros . . . a tiempo si no hubiera habido tanta nieve.

   (A) habríamos llegado
   (B) hemos llegado
   (C) habíamos llegado
   (D) habremos llegado

6. El entrenador hizo que nosotros . . . más de diez millas.

   (A) corrimos
   (B) corriéramos
   (C) correríamos
   (D) corríamos

7. ¿Por qué me miras como si yo te . . . hecho algo?

   (A) hubiera
   (B) haya
   (C) había
   (D) he

8. Por favor, Felipe, no . . . en la sala. Vas a ensuciar los muebles.

   (A) juegas
   (B) juegue
   (C) jugaste
   (D) juegues

9. Cuando yo llegué, él ya se . . .

   (A) habrá ido
   (B) había ido
   (C) ha ido
   (D) hubiera ido

10. Estamos seguros de que Diego . . . en el partido de hoy.

    (A) participará
    (B) participaría
    (C) participe
    (D) participara

11. Cuando fui a buscar a Dolores, ella ya se . . . ido.

    (A) ha
    (B) habrá
    (C) hubiera
    (D) había

12. Es justo que la profesora nos . . . salir temprano hoy.

    (A) permitió
    (B) permitiría
    (C) permitirá
    (D) permita

Section 5

1. El año pasado, por lo general . . . a la casa antes de las tres.

   (A) llegábamos
   (B) lleguemos
   (C) llegaríamos
   (D) llegáramos

2. Ellos no me permiten . . . con los hermanos de Junia.

   (A) salido
   (B) salir
   (C) salía
   (D) salga

3. Aunque Diego prometió ir conmigo, al último momento él no . . . ir.

   (A) quiso
   (B) quisiera
   (C) querría
   (D) quiera

4. Eduardo ganará la competencia sin que . . . el piano.

   (A) hubiera practicado
   (B) habría practicado
   (C) haya practicado
   (D) había practicado

5. Profesora, . . . los exámenes antes del fin de semana, por favor.

   (A) corrige
   (B) corrigió
   (C) corrija
   (D) corregía

6. Guillermo prometió llamarme tan pronto como . . .

   (A) llegara
   (B) llagaría
   (C) llegó
   (D) llegaba

7. Nosotros dudábamos que . . . tanto durante el fin de semana.

   (A) llovió
   (B) llovería
   (C) llueva
   (D) lloviera

8. Si tú . . . lo que te sugerí, te habrías podido divertir más ahora.

   (A) habías hecho
   (B) habrás hecho
   (C) hubieras hecho
   (D) has hecho

9. Por mucho que . . . la camisa, no podrás ponértela hoy.

   (A) limpiaste
   (B) limpiarás
   (C) limpias
   (D) limpies

10. Si yo . . . su amigo, le diría la verdad.

    (A) soy
    (B) fui
    (C) era
    (D) fuera

11. María está enojada a pesar de que yo le . . . todo el dinero hace mucho tiempo.

    (A) devuelva
    (B) devolviera
    (C) devolví
    (D) devuelvo

12. ¿Cuántos años . . . tú cuando llegaste a este país?

    (A) tendrás
    (B) tenías
    (C) tuviste
    (D) tuvieras

Section 6

1. No creo que ellos . . . bailar.

   (A) saben
   (B) sabrán
   (C) sepan
   (D) sabían

2. ¿Desde cuándo . . . a la escuela en autobús cuando nos encontramos?

   (A) ibas
   (B) vas
   (C) fuiste
   (D) irías

3. No me . . . nada lo que hagas.

   (A) importan
   (B) importo
   (C) importas
   (D) importa

4. Nosotros necesitábamos varias personas que nos . . . a pintar la casa.

   (A) ayudaran
   (B) ayudarán
   (C) ayudarían
   (D) ayudaron

5. Si vas a Barcelona, . . . la Sagrada Familia.

   (A) veas
   (B) verás
   (C) vieras
   (D) verías

6. Señor Lozano, . . . un poco de paciencia. El doctor lo verá en unos minutos.

   (A) tenga
   (B) tendrá
   (C) tiene
   (D) tuviera

7. Ojalá que él me . . . lo que sentía antes de irse.

   (A) hubiera dicho
   (B) ha dicho
   (C) habrá dicho
   (D) había dicho

8. ¿Por qué no dejan tus padres que tú . . . el nuevo coche?

   (A) conduces
   (B) condujiste
   (C) conducirás
   (D) conduzcas

9. No hay nadie que . . . visto el accidente.

   (A) haya
   (B) había
   (C) habrá
   (D) habría

10. Cuando estaban en Bolivia ellos sólo . . . al mercado una vez.

    (A) fueran
    (B) fueron
    (C) iban
    (D) vayan

11. Los perros ladraban mientras les . . . de comer.

    (A) diéramos
    (B) damos
    (C) daríamos
    (D) dábamos

12. ¿Desde cuándo . . . tú el coche en ese garaje?

    (A) estacionaste
    (B) estacionas
    (C) estaciones
    (D) estacionaras

Section 7

1. Compraría esta cámara pero necesito una que . . . fotos digitales.

   (A) saca
   (B) sacaba
   (C) sacará
   (D) saque

2. ¿Cuánto tiempo hace que te . . . a Puerto Rico?

   (A) mudarías
   (B) mudaste
   (C) mudarás
   (D) mudarías

3. Carlos, no . . . esos documentos ahora.

   (A) traduzcas
   (B) traducías
   (C) traduce
   (D) tradujo

4. El año pasado, por primera vez me . . . un premio por mis notas.

   (A) dieran
   (B) darían
   (C) dieron
   (D) darán

5. Justino decidió quedarse en Lima pero su familia no lo . . . hasta ayer.

   (A) supo
   (B) sabe
   (C) supiera
   (D) sabrá

6. Cuando Rosa llegó a las montañas ya habían . . . tres pulgadas de nieve.

   (A) caerse
   (B) cayendo
   (C) caído
   (D) caídas

7. ¿Por qué insistes en que Leonardo . . . el nombre de todos los presidentes para la semana que viene?

    (A) supo
    (B) sabía
    (C) sabe
    (D) sepa

8. Dile a Rosa que no se . . . de devolver los libros.

    (A) olvide
    (B) olvidara
    (C) haya olvidado
    (D) hubiera olvidado

9. Ya sabes que no me gustan los perros. No . . . a esta casa.

    (A) los traes
    (B) los traigas
    (C) tráelos
    (D) tráigalos

10. Los turistas pidieron que el guía los . . . al templo.

    (A) llevaría
    (B) lleve
    (C) llevará
    (D) llevara

11. Juan actúa como si . . . tonto.

    (A) es
    (B) será
    (C) fue
    (D) fuera

12. Mi tío trajo sus discos favoritos para que nosotros . . .

    (A) nos divirtiéramos
    (B) nos divertimos
    (C) nos divertiríamos
    (D) nos divertíamos

Section 8

1. Fuimos al supermercado después de que mi mamá nos . . .

    (A) llamará
    (B) llama
    (C) llamaría
    (D) llamó

2. ¿Por qué dejas que Pablo te . . . de esa manera?

    (A) habla
    (B) hable
    (C) hablará
    (D) hablara

3. Niegan que . . . paz en el mundo en los próximos diez años.

    (A) ha
    (B) haya
    (C) habría
    (D) hubiera

4. Es aconsejable que antes de salir Uds. . . . la ropa sucia.

    (A) recogerán
    (B) recojan
    (C) hubieran recogido
    (D) habrían recogido

5. No te preocupes, dondequiera que yo . . . , te llamaré.

    (A) estaba
    (B) estuviera
    (C) esté
    (D) haya estado

6. Cuando me fui, todos gritaron "¡Que te . . . bien!"

    (A) fuera
    (B) iba
    (C) vaya
    (D) va

7. Ha sido imposible que los niños . . . de jugar en la cocina.

   (A) dejen
   (B) dejarán
   (C) dejaran
   (D) dejaron

8. Si me despierto a las ocho, . . . a tiempo.

   (A) salí
   (B) salga
   (C) saliera
   (D) saldré

9. Habíamos decidido ir a esquiar en cuanto . . . en las montañas.

   (A) nevara
   (B) nevó
   (C) nevaría
   (D) nevará

10. Cada vez que veo esos cuadros, me pregunto cuánto . . . pagado ese señor por ellos.

    (A) habrían
    (B) habrá
    (C) habrán
    (D) han

11. ¿Es verdad que esa medicina . . . la artritis?

    (A) haya curado
    (B) cure
    (C) curara
    (D) cura

12. Hacía más de una semana que no lo . . .

    (A) veo
    (B) veía
    (C) vi
    (D) viera

Section 9

1. Es evidente que el jurado no . . . llegar a un acuerdo.

   (A) haya podido
   (B) pueda
   (C) podrá
   (D) hubiera podido

2. Si tú . . . ejercicios, no aumentarás de peso.

   (A) haces
   (B) hiciste
   (C) hacías
   (D) hagas

3. No estamos seguros de que . . . a nevar este fin de semana.

   (A) va
   (B) fuera
   (C) vaya
   (D) irá

4. Hace dos meses que él . . . de los Andes.

   (A) regreso
   (B) regresó
   (C) regrese
   (D) regresara

5. Es raro que José no . . . todavía.

   (A) haya llegado
   (B) ha llegado
   (C) había llegado
   (D) habrá llegado

6. Anoche ella . . . a la familia de su compañera de cuarto.

   (A) conoce
   (B) conoció
   (C) conocía
   (D) conociera

7. Yo . . . más temprano si los profesores no nos dieran tanta tarea.

   (A) me acostaré
   (B) me acostaría
   (C) me había acostado
   (D) me haya acostado

8. Saldremos a las ocho a menos que . . . a nevar temprano.

   (A) empieza
   (B) empezara
   (C) empiece
   (D) empezará

9. Es cierto que esas pastillas . . . muy peligrosas.

   (A) sean
   (B) hayan sido
   (C) fueran
   (D) son

10. Puede ser que el mecánico no . . . el coche hasta la semana próxima.

    (A) arreglara
    (B) arregló
    (C) arreglará
    (D) arregle

11. Cada vez que Ricardo me . . . , me daba muchos consejos.

    (A) llamaba
    (B) llamara
    (C) llame
    (D) llama

12. ¿Me vendrías a visitar si yo me . . . a la República Dominicana?

    (A) mudaría
    (B) mudé
    (C) mudaba
    (D) mudara

ANSWER KEY TO EXERCISES
FOR FURTHER PRACTICE

WORD COMPLETION

1. A	10. B	19. A	28. B	37. B	46. A
2. B	11. B	20. B	29. A	38. A	47. A
3. B	12. A	21. B	30. A	39. A	48. B
4. A	13. A	22. B	31. A	40. B	49. B
5. B	14. B	23. A	32. B	41. A	50. B
6. B	15. A	24. B	33. A	42. B	
7. A	16. B	25. B	34. A	43. B	
8. B	17. A	26. A	35. A	44. A	
9. B	18. B	27. B	36. A	45. B	

POR/PARA

1. Por	6. por	11. para	16. por	21. por
2. para	7. por	12. por	17. por	22. para
3. para	8. por	13. para	18. por	23. para
4. por	9. para	14. para	19. por	24. por
5. Para	10. por	15. por	20. Para	25. por

USE OF PREPOSITIONS

Section I	8. con	2. a	10. en	4. de	11. con
1. en	9. en	3. a	11. de	5. de	12. a
2. a	10. de	4. de	12. de	6. X	
3. de	11. X	5. a		7. a	
4. de	12. X	6. en	Section III	8. a	
5. a		7. X	1. con	9. de	
6. X	Section II	8. de	2. en	10. a	
7. a	1. de	9. a	3. con		

TENSES OF INDICATIVE AND SUBJUNCTIVE

Section 1
1. B
2. D
3. A
4. C
5. D
6. C
7. D
8. D
9. C
10. A
11. C
12. B

Section 2
1. A
2. A
3. D
4. A
5. B
6. B

7. D
8. D
9. A
10. C
11. A
12. C

Section 3
1. B
2. D
3. C
4. B
5. D
6. C
7. C
8. B
9. B
10. B
11. A
12. D

Section 4
1. C
2. C
3. A
4. C
5. A
6. B
7. A
8. D
9. B
10. A
11. D
12. D

Section 5
1. A
2. B
3. A
4. C
5. C
6. A

7. D
8. C
9. D
10. D
11. C
12. B

Section 6
1. C
2. A
3. D
4. A
5. B
6. A
7. A
8. D
9. A
10. B
11. D
12. B

Section 7
1. D
2. B
3. A
4. C
5. A
6. C
7. D
8. A
9. B
10. D
11. D
12. A

Section 8
1. D
2. B
3. B
4. B
5. C
6. C

7. A
8. D
9. A
10. B
11. D
12. B

Section 9
1. C
2. A
3. C
4. B
5. A
6. B
7. B
8. C
9. D
10. D
11. A
12. D

UNIT IV

LISTENING COMPREHENSION PRACTICE

LISTENING COMPREHENSION PRACTICE
Answer Sheet

DIALOGUES

1. Ⓐ Ⓑ Ⓒ Ⓓ   8. Ⓐ Ⓑ Ⓒ Ⓓ   15. Ⓐ Ⓑ Ⓒ Ⓓ   22. Ⓐ Ⓑ Ⓒ Ⓓ
2. Ⓐ Ⓑ Ⓒ Ⓓ   9. Ⓐ Ⓑ Ⓒ Ⓓ   16. Ⓐ Ⓑ Ⓒ Ⓓ   23. Ⓐ Ⓑ Ⓒ Ⓓ
3. Ⓐ Ⓑ Ⓒ Ⓓ   10. Ⓐ Ⓑ Ⓒ Ⓓ   17. Ⓐ Ⓑ Ⓒ Ⓓ   24. Ⓐ Ⓑ Ⓒ Ⓓ
4. Ⓐ Ⓑ Ⓒ Ⓓ   11. Ⓐ Ⓑ Ⓒ Ⓓ   18. Ⓐ Ⓑ Ⓒ Ⓓ   25. Ⓐ Ⓑ Ⓒ Ⓓ
5. Ⓐ Ⓑ Ⓒ Ⓓ   12. Ⓐ Ⓑ Ⓒ Ⓓ   19. Ⓐ Ⓑ Ⓒ Ⓓ   26. Ⓐ Ⓑ Ⓒ Ⓓ
6. Ⓐ Ⓑ Ⓒ Ⓓ   13. Ⓐ Ⓑ Ⓒ Ⓓ   20. Ⓐ Ⓑ Ⓒ Ⓓ   27. Ⓐ Ⓑ Ⓒ Ⓓ
7. Ⓐ Ⓑ Ⓒ Ⓓ   14. Ⓐ Ⓑ Ⓒ Ⓓ   21. Ⓐ Ⓑ Ⓒ Ⓓ   28. Ⓐ Ⓑ Ⓒ Ⓓ

REJOINDERS

1. Ⓐ Ⓑ Ⓒ Ⓓ   6. Ⓐ Ⓑ Ⓒ Ⓓ   11. Ⓐ Ⓑ Ⓒ Ⓓ   16. Ⓐ Ⓑ Ⓒ Ⓓ
2. Ⓐ Ⓑ Ⓒ Ⓓ   7. Ⓐ Ⓑ Ⓒ Ⓓ   12. Ⓐ Ⓑ Ⓒ Ⓓ   17. Ⓐ Ⓑ Ⓒ Ⓓ
3. Ⓐ Ⓑ Ⓒ Ⓓ   8. Ⓐ Ⓑ Ⓒ Ⓓ   13. Ⓐ Ⓑ Ⓒ Ⓓ   18. Ⓐ Ⓑ Ⓒ Ⓓ
4. Ⓐ Ⓑ Ⓒ Ⓓ   9. Ⓐ Ⓑ Ⓒ Ⓓ   14. Ⓐ Ⓑ Ⓒ Ⓓ   19. Ⓐ Ⓑ Ⓒ Ⓓ
5. Ⓐ Ⓑ Ⓒ Ⓓ   10. Ⓐ Ⓑ Ⓒ Ⓓ   15. Ⓐ Ⓑ Ⓒ Ⓓ   20. Ⓐ Ⓑ Ⓒ Ⓓ

LISTENING COMPREHENSION PRACTICE

Dialogues

Directions: In this part of the exam you will listen to a number of selections. They can be conversations or short narratives. Printed in your test booklet, you will find either one question or several questions with four possible answers. Choose the best answer to the question according to the information you hear. Then fill in the corresponding oval on the answer sheet.

Note: Script for the Listening Comprehension selections begins on page 289.

Selección número 1

1. ¿Qué busca la señora?

   (A) Un traje.
   (B) Un chofer.
   (C) Un coche.
   (D) Un mecánico.

2. ¿Qué le dice el hombre a la señora?

   (A) Que alguien se llevó su coche.
   (B) Que el coche no está listo todavía.
   (C) Que tiene que regresar al próximo día.
   (D) Que su esposo no sabe dónde ella está.

3. ¿Dónde está probablemente el esposo ahora?

   (A) En su casa.
   (B) En el garaje.
   (C) En la tienda.
   (D) En su coche.

Selección número 2

4. ¿Qué quiere hacer Celia?

   (A) Ir al cine.
   (B) Comprar unos videos.
   (C) Vender su cámara de película.
   (D) Participar en un concurso.

5. ¿Qué necesitan hacer Santiago y Celia?

   (A) Pensar en el tema de la película.
   (B) Comprar una cámara de películas.
   (C) Mirar un video sobre un concurso.
   (D) Reunirse con un director de cine.

6. ¿Qué va a pasar más tarde?

   (A) Ellos van a ir de compras.
   (B) Ellos van a encontrarse.
   (C) Ellos van a mirar un video.
   (D) Ellos van a hablar con los estudiantes.

Selección número 3

7. ¿Qué hace Vicente?

   (A) Pone los libros en orden.
   (B) Lee un libro nuevo.
   (C) Habla con la bibliotecaria.
   (D) Construye un estante.

8. ¿Qué decide hacer Isabel?

   (A) Ayudar a Vicente.
   (B) Comprarle un libro a Vicente.
   (C) Conversar con la bibliotecaria.
   (D) Organizar a los estudiantes.

9. ¿Cómo es la bibliotecaria?

   (A) Impaciente.
   (B) Desorganizada.
   (C) Amable.
   (D) Cómica.

Selección número 4

10. ¿Quiénes participan en la excursión?

    (A) Los nuevos estudiantes.
    (B) Los mejores estudiantes.
    (C) Los estudiantes que se gradúan.
    (D) Los estudiantes que regresan de la universidad.

11. ¿Cuándo va a ir Orlando a la excursión?

    (A) El año siguiente.
    (B) Ese mismo día.
    (C) En dos años.
    (D) En unos días.

Selección número 5

12. ¿Por qué está preocupada Yolanda?

    (A) Porque Juan no visita a sus primos.
    (B) Porque Juan no le compró un regalo.
    (C) Porque Juan lleva mucho equipaje.
    (D) Porque Juan va a mudarse a Cancún.

13. ¿Qué le promete Juan a Yolanda?

    (A) Que no va a necesitar su ayuda.
    (B) Que no se quedará por más de dos años.
    (C) Que le comprará un regalo en Cancún.
    (D) Que le va a llevar sus maletas.

Selección número 6

14. ¿Qué quiere saber la madre?

    (A) Lo que el hijo quiere comer.
    (B) Los ingredientes que necesita.
    (C) El tiempo que lleva cocinar la cena.
    (D) Si el chico tiene apetito.

15. ¿Por qué no cocina arroz con pollo la madre?

    (A) Porque no tiene suficiente tiempo.
    (B) Porque no tiene los ingredientes.
    (C) Porque prefiere hacer una tortilla.
    (D) Porque va a salir de compras pronto.

Selección número 7

16. ¿De qué se queja la señora?

    (A) Del color de las bolsas.
    (B) Del precio de las bolsas.
    (C) De la cantidad de basura.
    (D) De las decoraciones en la casa.

17. ¿Para qué son las bolsas?

    (A) Para ir de compras.
    (B) Para poner las botellas.
    (C) Para decorar la casa.
    (D) Para cubrir la basura.

Selección número 8

18. Según el esposo, ¿qué sucede con las aspirinas?

    (A) Son muy fuertes.
    (B) Son demasiado grandes.
    (C) Son bastante caras.
    (D) Son demasiado viejas.

19. ¿Qué debe hacer la señora?

    (A) Examinar la fecha regularmente.
    (B) Limpiar el baño de vez en cuando.
    (C) Comprar aspirinas menos fuertes.
    (D) Tomar las medicinas cada día.

20. ¿Qué va a hacer la señora hoy?

    (A) Va a tomar unas aspirinas.
    (B) Va a bañarse con agua caliente.
    (C) Va a poner las aspirinas en otro lugar.
    (D) Va a poner la basura en otro lugar.

Selección número 9

21. ¿Qué problema tiene Rosa?

    (A) Se le mueren las plantas.
    (B) Se le olvida echarles agua a las plantas.
    (C) Le regalan muchas plantas.
    (D) Le prohíben echarles agua a las plantas.

22. ¿Qué va a hacer Rosa para solucionar el problema?

    (A) Va a echarles más agua a las plantas.
    (B) Va a cambiar el lugar de algunas plantas.
    (C) Va a darle algunas plantas a su amigo.
    (D) Va a ocuparse del jardín una vez por semana.

Selección número 10

23. ¿Qué está haciendo Soledad?

    (A) Está escuchando las noticias.
    (B) Está mirando una novela en la televisión.
    (C) Está escribiéndole a un artista.
    (D) Está leyendo un periódico.

24. ¿Qué piensa el amigo de Soledad?

    (A) Que el periódico no dice la verdad.
    (B) Que el divorcio es un escándalo.
    (C) Que no vale la pena escuchar las noticias.
    (D) Que Juan Miguel dice muchos chismes.

Selección número 11

25. ¿Por qué no puede ir al río la chica?

    (A) Porque no sabe nadar.
    (B) Porque no se divierte allí.
    (C) Porque su madre se lo prohíbe.
    (D) Porque va con su madre al campo.

26. ¿Qué deciden hacer los chicos?

    (A) Invitar a la madre de Graciela.
    (B) Ir al río pero no van a bañarse.
    (C) Visitar al chico que casi murió.
    (D) Nadar en un lugar que no es peligroso.

Selección número 12

27. ¿Qué problema tiene la señora?

    (A) No tiene donde pasar la noche.
    (B) No puede entrar en su habitación.
    (C) Se le perdió la reservación.
    (D) Se le olvidó una dirección.

28. ¿Qué decide hacer la señora al final?

    (A) Regresar a su habitación.
    (B) Volver más tarde.
    (C) Quedarse por más tiempo.
    (D) Hacer una reservación para el seis.

Rejoinders

<u>Directions</u>: You will now listen to a selection of short exchanges or parts of conversations. Each selection is followed by four statements, designated (A), (B), (C), and (D). Neither these exchanges nor the statements are printed in your test booklet. After listening to the four statements, choose the statement that most logically continues or finishes the conversation and fill in the corresponding oval in your answer sheet.

To become familiar with this part of the test, listen to the following example:

You hear:
    (Male)   —No recuerdo donde puse los anteojos.

You also hear:
    (Female)   (A) Allí están, sobre la mesa.
                  (B) Todos están de acuerdo.
                  (C) Se cubrió los ojos.
                  (D) Se le olvidó el disco.

The statement that continues the conversation in the most logical way is statement (A) "Allí están, sobre la mesa." For that reason, you should select answer (A).

Now get ready to listen to the first exchange and the four statements.

1. Now, select your answer on the answer sheet.

2. Now, select your answer on the answer sheet.

3. Now, select your answer on the answer sheet.

4. Now, select your answer on the answer sheet.

5. Now, select your answer on the answer sheet.

6. Now, select your answer on the answer sheet.

7. Now, select your answer on the answer sheet.

8. Now, select your answer on the answer sheet.

9. Now, select your answer on the answer sheet.

10. Now, select your answer on the answer sheet.

11. Now, select your answer on the answer sheet.

12. Now, select your answer on the answer sheet.

13. Now, select your answer on the answer sheet.

14. Now, select your answer on the answer sheet.

15. Now, select your answer on the answer sheet.

16. Now, select your answer on the answer sheet.

17. Now, select your answer on the answer sheet.

18. Now, select your answer on the answer sheet.

19. Now, select your answer on the answer sheet.

20. Now, select your answer on the answer sheet.

ANSWER KEY TO LISTENING COMPREHENSION PRACTICE

DIALOGUES

Selección número 1
 1. C
 2. A
 3. A

Selección número 2
 4. D
 5. A
 6. B

Selección número 3
 7. A
 8. A
 9. C

Selección número 4
10. C
11. A

Selección número 5
12. C
13. A

Selección número 6
14. A
15. B

Selección número 7
16. A
17. B

Selección número 8
18. D
19. A
20. C

Selección número 9
21. A
22. B

Selección número 10
23. D
24. A

Selección número 11
25. C
26. B

Selección número 12
27. A
28. B

REJOINDERS

1. C	6. C	11. D	16. B
2. D	7. D	12. A	17. D
3. C	8. A	13. A	18. A
4. A	9. B	14. B	19. C
5. B	10. C	15. D	20. A

TAPESCRIPT FOR LISTENING COMPREHENSION PRACTICE

DIALOGUES

Directions: In this part of the exam you will listen to a number of selections. They can be conversations or short narratives. Printed in your test booklet, you will find either one question or several questions with four possible answers. Choose the best answer to the question according to the information you hear. Then fill in the corresponding oval on the answer sheet.

(Narrator) [Selección número 1. Escucha esta conversación en el taller de un mecánico.]

(Female) —Señor, hace más de dos horas que estoy esperando.

(Male) —¿Qué está esperando, señora?

(Female) —Que me devuelvan mi coche . . . Lo traje para que lo arreglaran. Me dijeron que iba a estar listo a las tres y todavía no me han llamado.

(Male) —¿Qué tipo de coche tiene?

(Female) —Es un convertible azul. Lo traje ayer.

(Male) —Un momento. [Pause]

(Female) —¿Lo encontró? ¿Qué está pasado?

(Male) —Señora su coche ya no está aquí. Un señor con el nombre de Juan Robles vino a buscarlo esta mañana.

(Female) —Sí, es mi esposo. ¿Y se lo dieron?

(Male) —Sí, nos dijo que Ud. le había dado permiso para recogerlo.

(Female) —Ay, se me había olvidado. Le dije a mi esposo que viniera a buscarlo. Probablemente ya está en casa.

(Male) —Bueno, me alegro de que todo esté en orden.

(Female) —Muchas gracias y perdone que lo haya molestado.

Contesta las preguntas 1, 2, y 3 [36 seconds]

(Narrator) [Selección número 2. Escucha esta conversación entre Santiago y Celia sobre un concurso en la escuela.]

(Female) —Santiago, ¿quieres participar en el concurso que anunciaron?

(Male) —¿Qué concurso?

(Female) —Es un concurso de video para la película más original de todos los estudiantes.

(Male) —Eso parece mucho trabajo.

(Female) —No, ya yo tengo una cámara y sólo necesitamos una buena idea para la película.

(Male) —Me interesa mucho la idea. Vamos a reunirnos más tarde y discutir lo que vamos a hacer.

(Female) —De acuerdo. Creo que podemos filmar una película muy interesante.

(Male) —Nos vemos a las tres. Yo ya voy a pensar en lo que podemos hacer.

(Female) —Yo también. Hasta más tarde, Santiago.

Contesta las preguntas 4, 5, y 6 [36 seconds]

(Narrator) [Selección número 3. Escucha esta conversación en la biblioteca de la escuela.]

(Female) —¿Qué haces aquí, Vicente?

(Male) —Estoy ayudando a la bibliotecaria. Han llegado todos estos libros y tienen que estar organizados en los estantes antes de mañana.

(Female) —¿Quieres que te ayude?

(Male) —Claro . . . si tienes tiempo.

(Female) —No tengo mucho tiempo pero te ayudaré por un rato.

(Male) —Gracias. Estoy seguro de que la bibliotecaria te lo agradecerá.

(Female) —Ella me ayuda mucho cuando necesito algún libro. Es un placer poder ayudarla.

Contesta las preguntas 7, 8, y 9 [36 seconds]

(Narrator) [Selección número 4. Escucha esta conversación en un pasillo de la escuela.]

(Male) —Oye, Dolores, ¿has visto lo entusiasmado que están los estudiantes?

(Female) —Sí, es que mañana nos vamos de excursión a la playa.

(Male) —Ay, se me había olvidado. ¿Es la excursión en la que sólo participan los estudiantes del último año?

(Female) —Sí, es la última vez que todos podemos estar juntos antes de la graduación.

(Male) —Qué buena idea. Bueno, a mí me toca el año próximo, pero ya tú estarás en la universidad.

(Female) —Sí, y tú me tendrás que contar cómo te fue.

(Male) —Por supuesto. Espero que podamos escribirnos regularmente.

(Female) —Así lo espero.

Contesta las preguntas 10 y 11 [24 seconds]

(Narrator) [Selección número 5. Escucha esta conversación entre dos amigos que van de viaje.]

(Female) —Juan, estoy muy preocupada . . . ¿Por qué llevas tantas maletas? Sólo vamos a estar en Cancún por una semana.

(Male) —No llevo mucha ropa, pero les prometí a mis primos llevarles algunos regalos para sus hijos.

(Female) —Claro, se me había olvidado que ellos viven en Cancún.

(Male) —Hace ya dos años que viven allí. No te preocupes, Yolanda cuando lleguemos compraré una maleta más pequeña y les dejo ésta allá.

(Female) —Buena idea. Principalmente si viajamos a Mérida. Va a ser mucho mejor viajar con poco equipaje.

(Male) —Por supuesto, te prometo que no vas a tener que ayudarme a cargar maletas pesadas.

(Female) —Así espero.

Contesta las preguntas 12 y 13 [24 seconds]

(Narrator) [Selección número 6. Escucha esta conversación entre una madre y su hijo.]

(Male) —Voy a preparar la cena ahora. ¿Qué les apetece comer?

(Female) —Ay mamá . . . ¿por qué no cocinas ese arroz con pollo que nos gusta tanto?

(Male) —Lo haría si tuviera tiempo. Tengo todos los ingredientes pero necesitaría por lo menos una hora para prepararlo.

(Female) —En ese caso, ¿por qué no cocinas una tortilla y papas fritas?

(Male) —Bien . . . ve a lavarte las manos . . . la cena estará lista en unos minutos.

Contesta las preguntas 14 y 15 [24 seconds]

(Narrator) [Selección número 7. Escucha esta conversación en la casa de una familia.]

(Female) —¿Me trajiste las bolsas para la basura que te pedí?

(Male) —Sí, aquí están.

(Female) —[A bit annoyed] Pero, Manuel . . . no son verdes como te las había pedido.

(Male) —Oye, no te quejes . . . son bolsas para la basura, no para decorar la casa.

(Female) —Claro, no soy tan vanidosa. Es que con el nuevo programa de reciclaje tengo que separar la basura. Tengo que echar las botellas en bolsas verdes.

(Male) —Ahora comprendo. No te preocupes, necesito salir esta tarde y te las compraré.

Contesta las preguntas 16 y 17 [24 seconds]

(Narrator) [Selección número 8. Escucha esta conversación entre una mujer y su esposo.]

(Male) —¿Tienes aspirinas, Natalia? No me siento bien.

(Female) —Sí, están en el estante en el baño. [Pause] ¿Las encontraste?

(Male) —Sí, pero estas aspirinas están vencidas. Fíjate en la fecha . . . son viejísimas.

(Female) —Tienes razón. No me había dado de cuenta.

(Male) —Mira, dicen que debes revisar el año de expiración de las medicinas regularmente y echar a la basura las que se vencen. Eso puede ser muy peligroso.

(Female) —Lo sé. También hoy las voy a poner en otro cuarto. No es buena idea dejarla en el baño por el calor y la humedad.

Contesta las preguntas 18, 19, y 20 [36 seconds]

(Narrator) [Selección número 9. Escucha esta conversación en el jardín de una casa.]

(Male) —Rosa, estas plantas están muertas.

(Female) —No sé lo que les pasa. Les echo agua constantemente y mira cómo están.

(Male) —Ése es el problema. Les estás echando demasiada agua. Debes hacerlo sólo una vez a la semana.

(Female) —¿De veras? ¿Y éstas aquí? Están muy saludables.

(Male) —Sí, éstas en el jardín necesitan agua constantemente pero ésas no.

(Female) —De acuerdo. Es que se parecen mucho. Las pondré en el cuarto para no confundirlas.

Contesta las preguntas 21 y 22 [24 seconds]

(Narrator) [Selección número 10. Escucha esta conversación entre Soledad y un amigo.]

(Male) —¿Qué buscas Soledad?

(Female) —Estoy leyendo las noticias. Mira todo lo que dicen sobre los artistas de la televisión.

(Male) —Déjame ver. Por tu reacción parece que te sorprenden mucho.

(Female) —Sí, los Beltrán se divorcian y Juan Miguel no va a cantar más.

(Male) —Soledad, yo pensaba que leías un diario serio. Esta basura está llena de mentiras, chismes y escándalos. Lee algo que valga la pena.

Contesta las preguntas 23 y 24 [24 seconds]

(Narrator) [Selección número 11. Escucha esta conversación entre dos amigos.]

(Male) —¿Vienes al río con nosotros mañana, Graciela?

(Female) —No Jorge . . . no puedo, mamá no quiere que me bañe más en el río.

(Male) —¿Por qué? Lo pasamos muy bien.

(Female) —Alguien le dijo que es muy peligroso y que el año pasado a un chico se lo llevaba la corriente . . . casi murió.

(Male) —Ay, no lo sabía. Entonces yo no voy a bañarme tampoco. Pero, vamos de todos modos, así podremos disfrutar del campo y del aire libre.

(Female) —De acuerdo. Nos vemos mañana.

Contesta las preguntas 25 y 26 [24 seconds]

(Narrator) [Selección número 12. Escucha esta conversación entre un empleado y una señora.]

(Male) —Lo siento, señora pero no tenemos ninguna habitación disponible.

(Female) —No es posible. Acabo de llegar y necesito un lugar donde quedarme esta noche. ¡No hay un cuarto en toda la ciudad!

(Male) —Es verdad. Lo único que le puedo sugerir es que regrese más tarde. Siempre hay personas que no aparecen aunque tienen reservación.

(Female) —No tengo otra alternativa. ¿A qué hora debo regresar?

(Male) —Después de las seis.

Contesta las preguntas 27 y 28 [24 seconds]

REJOINDERS

<u>Directions</u>: You will now listen to a selection of short exchanges or parts of conversations. Each selection is followed by four statements, designated (A), (B), (C), and (D). Neither these exchanges nor the statements are printed in your test booklet. After listening to the four statements, choose the statement that most logically continues or finishes the conversation and fill in the corresponding oval in your answer sheet.

To become familiar with this part of the test, listen to the following example:

You hear:
(Male)   —No recuerdo donde puse los anteojos.

You also hear:
(Female)   (A) Allí están, sobre la mesa.
              (B) Todos están de acuerdo.
              (C) Se cubrió los ojos.
              (D) Se le olvidó el disco.

The statement that continues the conversation in the most logical way is statement (A) "Allí están, sobre la mesa." For that reason, you should select answer (A).

Now get ready to listen to the first exchange and the four statements.

Número 1.

(Female)   —¡Ay que calor hace! Mira cómo estoy sudando.

(Male)   —¿Por qué no nos sentamos debajo de aquel árbol?

(Female)   (A) Hay muchas flores en esta casa.
              (B) Este asiento no es muy cómodo.
              (C) Buena idea. Allí no hace mucho sol.
              (D) Sí, esa señora necesita un asiento.

[7 seconds]

Número 2.

(Male)   —Aquí tiene señora, pescado frito y patatas.

(Female)   —Oiga, ¡este pescado ya está frío!

(Male)   (A) Sí, todavía está nevando.
              (B) No, no oigo las noticias nunca.
              (C) Por supuesto. Aquí todo es muy fresco.
              (D) Lo siento, es que estamos muy ocupados.

[7 seconds]

Número 3.

(Male)   —Hace más de un mes que no limpias tu cuarto.

(Female)   (A) Ya son las dos y media.
              (B) Me baño todos los días.
              (C) Pero no está muy sucio.
              (D) Ese jabón no me gusta.

[7 seconds]

Número 4.

(Female)   —¿Qué te pasa? Pareces muy cansado.

(Male)   —No pude dormir bien anoche.

(Female)   (A) Ve a casa y duerme una siesta.
              (B) ¡Despierta Julio! Ya llegamos.
              (C) Me parezco mucho a mi hermana.
              (D) Estoy cansada de trabajar tanto.

[7 seconds]

Número 5.

(Male)   —El avión llegó con retraso.

(Female)   (A) El reloj no funciona.
              (B) Hacía mal tiempo.
              (C) Llegó muy temprano.
              (D) El aeropuerto está cerca.

[7 seconds]

Número 6.

(Male) —Bueno Sandra, tengo que irme.

(Female) —¿Por qué no te quedas con nosotros un rato más?

(Male) (A) Le temo a las ratas.
(B) Se queja demasiado.
(C) Tengo una cita.
(D) No tenemos más.

[7 seconds]

Número 7.

(Male) —No puedo encontrar nada.

(Female) —¿Qué estás buscando en esa caja, Alberto?

(Male) (A) Los paquetes son muy caros.
(B) Las cajas son muy pesadas.
(C) Los juegos comienzan a las tres.
(D) Los juguetes que compré ayer.

[7 seconds]

Número 8.

(Male) —¡Ay! ¡Se me cayeron todos los huevos!

(Female) (A) Lo siento.
(B) ¡Qué suerte!
(C) ¡Feliz año nuevo!
(D) Ya se fueron.

[7 seconds]

Número 9.

(Male) —Mira, ya terminé el problema de álgebra.

(Female) —Creo que has cometido un error.

(Male) (A) Comí demasiado.
(B) Nunca me equivoco.
(C) Gracias, ya comí.
(D) Yo nunca tengo problemas.

[7 seconds]

Número 10.

(Male) —Si vamos en coche, el viaje será más interesante.

(Female) —No vale la pena ir en coche.

(Male) (A) Vale más que el otro.
(B) Claro, él me da pena.
(C) Es verdad. Hay mucho tráfico.
(D) Es uno de los coches más caros.

[7 seconds]

Número 11.

(Female) ¿Fuiste a la fiesta anoche?

(Male) —Sí, te vi, pero no me saludaste.

(Female) (A) Saludos a tus padres.
(B) Se lo diste ayer.
(C) Va a llover esta noche.
(D) Estaba muy ocupada.

[7 seconds]

Número 12.

(Female) —Esta noche voy a cenar con mi novio.

(Male) —¿Cuánto tiempo hace que no sales con él?

(Female) (A) Hace ya varios días.
(B) Hace mal tiempo.
(C) Vio una obra de teatro.
(D) Corre más de diez millas.

[7 seconds]

Número 13.

(Male) —¿Por qué estás tan contenta Julia?

(Female) —Mañana cumplo dieciocho años.

(Male) (A) No sabía que eras tan joven.
(B) Lo compré hace un año.
(C) Tu respuesta es incorrecta.
(D) Me gusta ese tamaño.

[7 seconds]

Número 14.

(Female) —Ayer fui a hablar con mi tía sobre mis planes para la universidad.

(Male) —¿Le pediste consejos?

(Female) (A) No, no tenía dinero.
(B) Por supuesto, me dio muchos.
(C) Sí, pero los perdí.
(D) Claro, me los devolvió.

[7 seconds]

Número 15.

(Male) —Hasta luego, Rosario. Me voy en tu coche.

(Female) —Ten cuidado, hay mucho tráfico.

(Male) (A) Siempre cuida a sus hermanos.
(B) El autobús es muy cómodo.
(C) Le hemos dado mucho dinero.
(D) Voy a conducir con cuidado.

[7 seconds]

Número 16.

(Male) —¿Dónde queda el centro comercial?

(Female) —Siga derecho hasta el final de la calle.

(Male) (A) Tú no tienes ningún derecho.
(B) Espero que no me pierda.
(C) Ellos no se van a callar.
(D) Terminamos todo el trabajo.

[7 seconds]

Número 17.

(Female) —¿Por qué no nos encontramos cuando salgas del cine?

(Male) —De acuerdo, la película dura unas tres horas.

(Female) (A) Uy, es demasiado larga.
(B) Sí, es muy dura.
(C) Claro, es muy temprano.
(D) Pues, búscala en la tienda.

[7 seconds]

Número 18.

(Female) —Este verano voy de vacaciones con todos mis primos.

(Male) —Pues, yo prefiero viajar solo.

(Female) (A) ¿No te deprimes?
(B) ¿Cuánto cuesta?
(C) ¿Cancelaron el viaje?
(D) ¿No tienes tiempo libre?

[7 seconds]

Número 19.

(Male) —Devuelve esos libros a la biblioteca.

(Female) (A) La librería está cerrada.
(B) Vuelve a buscar los libros.
(C) No puedo, todavía los necesito.
(D) No vuelvo a esa chase.

[7 seconds]

Número 20.

(Male) —La catedral queda a cinco cuadras de aquí.

(Female) (A) Gracias, no me parece muy lejos.
(B) No, es demasiado cara.
(C) Ignacio es muy religioso.
(D) Me encantan esos cuadros.

[7 seconds]

APPENDIX

SYNONYMS

Here is a list of common synonyms and their meaning.

acercarse (a)	**aproximarse (a)**	to approach, to come near
acordarse (de)	**recordar**	to remember
alimento	**comida**	food
alumno/a	**estudiante**	student
andar	**caminar**	to walk
antiguo/a	**viejo/a**	ancient, old
atravesar	**cruzar**	to cross
bonito/a	**lindo/a**	pretty
breve	**corto/a**	short, brief
camarero/a	**mozo/a**	waiter/waitress
cara	**rostro**	face
comenzar	**empezar**	to begin, to start
comprender	**entender**	to comprehend, to understand
contento/a	**alegre**	happy
continuar	**seguir**	to continue
cuarto	**habitación**	room
desear	**querer**	to wish, to want
despacio	**lentamente**	slowly
divertirse	**pasarlo bien**	to have a good time
echar	**lanzar, tirar**	to throw
encontrar	**hallar**	to find
enseñar	**mostrar**	to show
escoger	**elegir**	to choose
flaco/a	**delgado/a**	thin
hermoso/a	**bello/a**	beautiful
irse	**marcharse**	to leave, to go away
lengua	**idioma**	language
luchar	**pelear**	to fight
lugar	**sitio**	place
mandar	**enviar**	to send
miedo	**temor**	fear
obtener	**conseguir**	to obtain, to get
pasearse	**dar un paseo**	to take a walk
periódico	**diario**	newspaper
permitir	**dejar**	to permit, to allow
regresar	**volver**	to return
responder	**contestar**	to answer
rogar	**suplicar**	to beg
sacerdote	**cura**	priest
solamente	**sólo**	only
terminar	**acabar**	to finish, to end

ANTONYMS

Here is a list of common antonyms and their meaning.

acordarse de—to remember	**olvidarse de**—to forget
acostarse—to go to bed	**levantarse**—to get up
admitir—to admit	**negar**—to deny
agradecido/a—thankful	**ingrato/a**—thankless
ahorrar—to save	**gastar**—to spend
alegrarse—to be glad, happy	**entristecerse**—to grow sad
alegre—happy	**triste**—sad
alejarse de—to go away from	**acercarse a**—to approach
algo—something	**nada**—nothing
alguien—someone	**nadie**—no one
alguno (algún)—someone	**ninguno/a (ningún)**—none
amar—to love	**odiar**—to hate
amigo/a—friend	**enemigo/a**—enemy
ancho/a—wide	**estrecho/a**—narrow
anoche—last night	**esta noche**—tonight
antes (de)—before	**después (de)**—after
antiguo, antigua—ancient, old	**moderno/a**—modern
antipático/a—unpleasant	**simpático/a**—nice
aparecer—to appear	**desaparecer**—to disappear
aprisa—quickly	**despacio**—slowly
aquí—here	**allí**—there
arriba—above, upstairs	**abajo**—below, downstairs
aumentar—to increase	**disminuir**—to decrease
ausente—absent	**presente**—present
bajar—to go down	**subir**—to go up
bajo/a—short	**alto/a**—tall
bien—well	**mal**—badly
caballero—gentleman	**dama**—lady
caliente—hot	**frío/a**—cold
cansado/a—tired	**descansado/a**—rested
capaz—able, capable	**incapaz**—incapable
caro/a—expensive	**barato/a**—cheap
cerca (de)—near	**lejos (de)**—far
cerrar—to close	**abrir**—to open
cielo—sky	**tierra**—earth, ground
claro/a—light	**oscuro/a**—dark
cobarde—cowardly	**valiente**—brave, valiant
cómico/a—funny	**trágico/a**—tragic
cómodo/a—comfortable	**incómodo/a**—uncomfortable
comprar—to buy	**vender**—to sell
corto/a—short	**largo/a**—long
culpable—guilty	**inocente**—innocent
débil—weak	**fuerte**—strong
delgado/a—thin	**gordo/a**—fat

delante de—in front of   **detrás de**—in back of
dentro—inside   **fuera**—outside
descansar—to rest   **cansar**—to tire
descubrir—to uncover   **cubrir**—to cover
desgraciado/a—unfortunate   **afortunado/a**—fortunate
despertarse—to wake up   **dormirse**—to fall asleep
día—day   **noche**—night
divertirse—to have a good time   **aburrirse**—to get bored
duro, dura—hard   **suave**—soft
empezar—to begin   **terminar, acabar**—to end
encender—to light   **apagar**—to extinguish
encima (de)—on top   **debajo (de)**—underneath, below
entrada—entrance   **salida**—exit
envejecer—to age   **rejuvenecer**—to rejuvenate
este—east   **oeste**—west
éxito—success   **fracaso**—failure
fácil—easy   **difícil**—difficult
feo/a—ugly   **hermoso/a**—beautiful
fin—end   **principio**—beginning
grande (gran)—large, big   **pequeño/a**—small
hombre—man   **mujer**—woman
interesante—interesting   **aburrido/a**—boring
ir—to go   **venir**—to come
joven—young   **viejo/a**—old
juntar—to join; unite   **separar**—to separate
juventud—youth   **vejez**—old age
lejano/a—distant   **cercano/a**—nearby
lento/a—slow   **rápido/a**—fast
levantarse—to get up   **sentarse**—to sit down
limpio/a—clean   **sucio/a**—dirty
llegada—arrival   **partida**—departure
llenar—to fill   **vaciar**—to empty
lleno/a—full   **vacío/a**—empty
llorar—to cry   **reír**—to laugh
llover—to rain   **escampar**—to clear up, stop raining
luz—light   **sombra**—shadow
macho—male   **hembra**—female
maldecir—to curse   **bendecir**—to bless
malestar—discomfort   **bienestar**—well-being, comfort
malo/a—bad   **bueno/a**—good
maltratar—to ill treat   **tartar bien**—to treat well
marido—husband   **esposa**—wife
más—more   **menos**—less
mejor—better   **peor**—worse
menor—younger   **mayor**—older
mentira—lie   **verdad**—truth
meter—to put in   **sacar**—to take out
mucho/a—a lot   **poco/a**—little
nacer—to be born   **morir**—to die
norte—north   **sur**—south

obscuro/a—dark   **claro/a**—light
odio—hate   **amor**—love
orden—order   **desorden**—disorder
orgulloso/a—proud   **humilde**—humble
paz—peace   **guerra**—war
encontrar, hallar—to find   **perder**—to lose
perder—to lose   **ganar**—to win
perezoso/a—lazy   **trabajador/trabajadora**—hard-working
permitir—to permit   **prohibir**—to prohibit
pesado/a—heavy   **ligero/a**—light
ponerse la ropa—to put on clothing **quitarse la ropa**—to take off clothing
posible—possible   **imposible**—impossible
pregunta—question   **respuesta**—answer
preguntar—to ask   **contestar**—to answer
princesa—princess   **príncipe**—prince
quedarse—to remain   **irse**—to leave, to go away
recibir—to receive   **enviar**—to send
rico/a—rich   **pobre**—poor
riqueza—wealth   **pobreza**—poverty
rubio/a—blond   **moreno/a**—brunette
ruido—noise   **silencio**—silence
salir de—to leave   **entrar en**—to enter
secar—to dry   **mojar**—to wet
separar—to separate   **juntar**—to join
siempre—always   **nunca**—never
sobrino—nephew   **sobrina**—niece
sucio/a—dirty   **limpio/a**—clean
temprano—early   **tarde**—late
tonto/a—stupid   **inteligente**—intelligent
útil—useful   **inútil**—useless
vestido/a—dressed   **desnudo/a**—nude
vestirse—to get dressed   **desvestirse, desnudarse**—to get undressed
vida—life   **muerte**—death
vivir—to live   **morir**—to die

WORDS AND EXPRESSIONS WORTH NOTING

The following is a partial list of common words and expressions whose meaning you must learn to differentiate.

aplicar	to apply an ointment, etc.	**hora**	time (chronological)
solicitar	to apply for a job, loan, etc.	**vez**	time, occasion
		tiempo	time; weather
ahorrar	to save money		
salvar	to rescue	**llevar**	to take from one place to another
guardar	to keep, to put aside	**tomar**	to take in one's hand
aprender	to learn		
enterarse de	to find out	**mudarse**	to move (change residence)
		moverse	to move
asisitir a	to attend (a class, a concert, a meeting, etc.)	**pasarlo bien (mal)**	to have a good (bad) time
atender	to assist, to tend to	**divertirse**	to have a good time, to enjoy oneself
copia	copy		
ejemplar	copy of a book	**pedir**	to ask (make a request)
		preguntar	to ask a question, inquire
darse cuenta de	to realize	**hacer una pregunta**	to ask a question
realizar	to carry out, fulfill		
dejar	to leave someone or something behind	**personaje**	character in a play, story, or novel
salir	to leave, to go out	**carácter**	character
dejar	to let	**pez**	fish (alive)
dejar de + infinitive	to stop doing something	**pescado**	fish (dead)
despedir	to fire, dismiss	**ponerse + adjective**	to become (sudden emotional or physical change)
despedirse	to say good-bye		
extrañar	to miss someone or something	**volverse + adjective**	to become (sudden change)
echar de menos	to miss someone or something	**llegar a ser**	to become (gradual change over time)
perder	to miss in the sense of failing to get	**hacerse + noun or adjective**	to become (effort is implied)
fecha	date	**rincón**	corner (inside)
cita	date (appointment)	**esquina**	corner (outside)
		saber	to know a fact
gastar	to spend money	**saber + infinitive**	to know how to do something
pasar	to spend time		

conocer	to know someone, to be familiar with a place	**trabajo**	work
		obra	work (piece of work (art, literature, theater))
tocar	to play (a musical instrument)	**único/a**	only, sole (adjective)
jugar	to play a game	**sólo**	only (adverb)
		solamente	only (adverb)
rápido/a	fast		
adelantado/a	fast (clock)	**volver**	to return, to come or go back to a place
trabajar	to work	**regresar**	to return, to come or go back to a place
funcionar	to work, to run	**devolver**	to give back

The following list will help you refine your understanding of Spanish. These words look like their English counterpart, but their meaning is quite different.

actualmente	at present, at the present time	**ignorar**	not to know
actually	**en realidad, realmente**	to ignore	**no hacer caso**
anciano/a	old man/woman	**ingenuo/a**	naive
ancient; former	**antiguo/a**	ingenious	**ingenioso, genial**
asistir	to attend	**largo/a**	long
atender	to help	large	**grande**
ayudar	to help		
		letra	letter (a, b, c, etc.)
campo	country(side)	letter	**carta**
país	country		
camp	**campamento**	**librería**	bookstore
		library	**biblioteca**
collar	necklace		
collar; neck	**cuello**	**mayor**	older; greater, bigger
		mayor	**alcalde**
copa	glass (stemmed)	**parientes**	relatives
cup	**taza**	parents	**padres**
embarazada	pregnant	**recordar**	to remember
embarrassed	**avergonzado/a**	to record	**grabar**
éxito	success	**sensible**	sensitive
exit	**salida**	sensible	**sensato/a**
idioma	language	**vaso**	glass (to drink)
idiom	**modismo**	**vidrio**	glass (window)
		vase	**florero**

The meaning of the following words depends on the accent. Pay close attention to their meaning.

aun	even	**mi**	my
aún	still	**mí**	me (prepositional pronoun)
como	as, like		
cómo	how	**te**	you (direct or indirect object pronoun)
de	of	**té**	tea
dé	give (formal command)		
		tu	your (poss. adj.)
el	the	**tú**	you (familiar)
él	he		
		se	reflexive pronoun
esta	this (feminine)	**sé**	I know (present indicative of the verb **saber**); informal (tú) command of the verb **ser**
está	he, she, it is (present indicative of the verb **estar**)		
este	this (masculine)		
esté	present subjunctive of the verb **estar**	**si**	if
		sí	yes
mas	but	**solo**	alone (adjective)
más	more	**sólo**	only (adverb)

IDIOMATIC EXPRESSIONS, CONJUNCTIONS, AND OTHER USEFUL PHRASES

A

a causa de	because of, on account of
a condición de que	provided that
adoquín (n.m.)	paving stone
a eso de	at about (time)
a fin de que	so that, in order that
a fin de	in order to
a finales de	toward the end of
a fines de	at or about/towards the end of
a fuerza de	by force of
a pesar de	in spite of
a gran (larga) distancia	long-distance
a la distancia	at a distance
a la vez	at the same time
a la vista	in sight
a lo largo de	along
a lo lejos	in the distance
a lo mejor	probably
a mediados de	toward the middle of
a medida que	as, at the same time as
a menos que	unless
a menudo	often, frequently
a no ser que	unless
a partir de hoy	from today on
a pesar de que	in spite of the fact that
a principios de	toward the beginning of
a propósito	by the way
a tiempo	on time
a través de	across
a un lado	to one side
a veces	sometimes, at times
acabar de + infinitive	to have just + past participle
acerca de	about
ahí mismo	right there
ahora mismo	right now
al + infinitive	upon + gerund
al aire libre	in the open air, outdoors
al contado	for cash, cash down
al contrario	on the contrary
al fiado	on credit
al fin	finally, in the end
al fin	at last
al final de	at the end of
al fondo de	at the back of; at the bottom of
al lado de	alongside of, beside, next to
al menos, por lo menos	at least
al mismo tiempo	at the same time
al parecer	apparently
al por mayor (menor)	at wholesale (retail)
al principio	at the beginning
alguna vez	sometime
algunas veces	sometimes
ante todo	in the first place
de todos modos	anyway, at any rate
sobre todo	above all
ante todo	first of all
aquí mismo	right here

C

cada vez	each time
cada vez más	more and more (each time)
caer en cuenta	to realize
con frecuencia	frequently, often
con retraso	with delay
con tal (de) que	provided that
cuanto antes	as soon as possible

D

dar a conocer	to make known
dar a luz	to give birth
dar a	to face, to look out on
dar con	to come upon, meet
dar cuerda	to wind (watch or clock)
dar gritos	to shout
dar la hora	to strike the hour
dar la mano	to shake hands
dar la vuelta a	to turn
dar las gracias	to thank
dar recuerdos	to give regards
dar un abrazo	to embrace
dar un paseo	to take a walk

dar un paso	to take a step
dar una vuelta	to take a stroll
dar vergüenza	to be ashamed
darle la gana de hacer algo	to feel like doing something
darle la mano a alguien	to shake hands with someone
darle pena	to grieve
darle rienda suelta a	to give free rein to
darse cuenta de	to realize
darse por	to consider oneself as
darse prisa	to hurry
de acuerdo	agreed
de antemano	beforehand, in advance
de arriba abajo	from top to bottom
de buena (mala) gana	willingly (unwillingly), gladly
de costumbre	usually
de hoy en adelante	from today on
de manera que	so that
de memoria	from memory
de moda	in fashion, fashionable
de ninguna manera	by no means
de nuevo	again
de par en par	wide open
de pie	standing
de prisa	in a hurry
de pronto	suddenly
lo más pronto posible	as soon as possible
de quí en delante	from now on
de repente	suddenly
de rodillas	kneeling
de todos modos	at any rate
de un sorbo	in one gulp
de un tirón	at once
de una vez	all at once, once and for all
de veras	really
de vez en cuando	from time to time
de (este) modo	in (this) way
debe + infinitive	should, ought to
deber de + infinitive	(supposition) I, you, etc. must be . . .
dejar caer	to drop
dejar de + infinitive	to stop, cease to
desde entonces	since then

E

echar al correo	to mail
echar de menos	to miss
echar(se) a + infinitive	to start to + infinitive
echarse a perder	to be spoiled
en cambio	on the other hand
en caso de que	in case that, supposing that
en cuanto a	as to, as for, concerning
en cuanto	as soon as
en efecto	sure enough
en fin	in short
en lugar de	instead of
en punto	on the dot
en seguida	right away, at once, immediately
en todas partes	everywhere
en vez (lugar) de	instead of
en voz alta	out loud
en voz baja	in a low voice; whisper
encogerse de hombros	to shrug one's shoulders
entre tanto	meanwhile
es decir	that is to say
estar a punto de	to be about to
estar de acuerdo	to agree
estar de luto	to be in mourning
estar de vuelta	to be back, return
estar para	to be about to
estar por	to be in favor of
guardar cama	to stay in bed

H

haber de + infinitive	to have to, must
haber humedad	to be damp
haber luna	to be moonlight
haber neblina	to be foggy
haber polvo	to be dusty
haber sol	to be sunny
hablar en contra de	to speak against
hacer (mucho) frío (calor)	to be (very) cold (hot)
hacer (mucho) viento	to be (very) windy
hacer apuntes	to take notes
hacer buen (mal) tiempo	to be good (bad) weather

hacer caso	to pay attention to
hacer cola	to queue
hacer daño	to harm
hacer de	to act as
hacer el papel de	to play the role/part of
hacer falta	to need, be lacking
hacer frente a	to face
hacer juego	to match; to go well together
hacer la cama	to make the bed
hacer las maletas	to pack the suitcases
hacer pedazos	to break to pieces
hacer saber	to let (someone) know
hacer sol	to be sunny
hacer un viaje	to take a trip
hacer una pregunta	to ask a question
hacer una visita	to pay a visit
hacerle falta a alguien	to be lacking, needing
hacerse + definite article + adjective	to pretend, to act like
hacerse + profession, ocupation	to become + profession, occupation
hacerse cargo de	to take charge of
hacerse daño	to hurt/harm oneself
hay que + infinitive	one must, it is necessary
hoy en día	nowadays

I

ir de compras	to go shopping

L

lo mismo	the same thing
llegar a ser	to become (through effort)
llevar a cabo	to carry out
llevarse bien con alguien	to get on well (together)

M

más vale que	it is better that
mientras tanto	meanwhile
montar a caballo	to ride a horse
muchas veces	many times, often

N

ni siquiera	not even
no dar treguar	to give no respite
no faltaba más	that would be the last straw
no hay de qué	don't mention it, you are welcome
no hay remedio	it can't be helped
no obstante	nevertheless
no servir para nada	to be of no use at all

O

otra vez	again, once more

P

para siempre	forever
parece mentira que	it seems impossible that
perder algo de vista	to lose sight of something
pocas veces	seldom
poco a poco	little by little
ponerse a + infinitive	to begin to + infinitive
ponerse de acuerdo	to come to an agreement
por aquí	this way
por casualidad	by chance or accident
por consiguiente	therefore; consequently
por desgracia	unfortunately
por ejemplo	for example
por eso	therefore
por favor	please
por fin	finally
por lo general	generally
por lo tanto	therefore
por más que	no matter how, however much
por mi parte	as far as I am concerned
por otra parte	on the other hand
por poco	nearly, almost
por primera vez	for the first time
por si acaso	in case
por supuesto	of course
por todas partes	everywhere
prestar atención	to pay attention

R

rara vez	seldom, rarely

S

sacar fotos	to take pictures
salir perdiendo	to be the loser
sin embargo	nevertheless
sobrarle a uno algo	to have something left over

T

tal vez	perhaps
tan pronto como	as soon as
tardar en + infinitive	to delay in, be long in + infinitive
tener (mucha) hambre	to be (very) hungry
tener (mucha) sed	to be (very) thirsty
tener (mucha) suerte	to be (very) lucky
tener algo que hacer	to have something to do
tener calor	to be warm
tener celos	to be jealous
tener cuidado	to be careful
tener derecho a	to be entitled to
tener dolor de cabeza	to have a headache
tener dolor de estómago	to have a stomachache
tener en cuenta	to bear in mind
tener éxito	to be successful
tener frío	to be cold
tener ganas de + infinitive	to feel like + infinitive
tener la culpa	to be to blame

tener lugar	to take place
tener miedo (de)	to be afraid (of)
tener mucho (poco) que hacer	to have a lot (little) to do
tener presente	to keep in mind
tener prisa	to be in a hurry
tener que + infinitive	to have to + infinitive
tener que ver con	to have something to do with
tener razón	to be right
tener sueño	to be sleepy
tener vergüenza (de)	to be ashamed (of)
tener . . . años	to be . . . years old
tenerle cariño a alguien	to be fond of someone
tocarle a alguien	to be someone's turn
todo el mundo	everybody
tratarse de	to be a question of, deal with

U

una vez más	once more
una vez que	once, as soon as
una vez	once, one time

V

valer la pena	to be worthwhile
varias veces	several times
volver a + infinitive	to + infinitive again
volverse + adjective	to become + adjective

SPANISH–ENGLISH VOCABULARY

The vocabulary in this section contains the words that appear in the entire text with the exception of those words that are not necessary for you to comprehend the meaning of a passage. Some cognates that may be misleading are included. If you do not find a particular word in the following pages, you can also consult the list of synonyms and antonyms, words worth noting and/or the idiomatic expressions lists.

adj.	adjective	**n.**	noun
adv.	adverb	**p.p.**	past participle
conj.	conjunction	**pl.**	plural
f.	feminine	**prep.**	preposition
inf.	infinitive	**pron.**	pronoun
inv.	invariable	**sing.**	singular
m.	masculine	**v.**	verb

A

a (prep.)	to, at
abajo (adv.)	below, underneath, downstairs
abandonar (v.)	to leave; to abandon
abarcar (v.)	to encompass
abatido (adj.)	dejected; depressed
abierto (p.p. of **abrir**)	opened
abismo (n.m.)	abyss
abogado/a (n.m.f.)	lawyer
aborrecer (v.)	to hate, loathe
abrazar (v.)	to hug
abrelatas (n.inv.)	can opener
abrigo (n.m.)	coat
abrir (v.)	to open
abuelo/a (n.m.f.)	grandfather
aburrido (adj.)	boring; bored
aburrir (v.)	to bore
aburrirse (v.)	to be/get bored
acabar (v.)	to finish
acabar (v.) **de** + inf.	to have just +
acampar (v.)	to camp
acariciar (v.)	to caress
acaso (adv.)	perhaps, maybe
acaudalado (adj.)	affluent
acceder (v.)	to accede, agree
aceite (n.m.)	oil
aceite de oliva	olive oil
aceptar (v.)	to accept
acera (n.f.)	sidewalk
acerca de (prep.)	about, concerning

acercar (v.)	to bring near,
acercarse (v.) **a**	approach
acertar (v.)	to guess correctly
aclarar (v.)	to clear up; to explain
acomodarse (v.)	to conform; to settle down
acompañar (v.)	to accompany
aconsejar (v.)	to advise
acontecimiento (n.m.)	event, happening
acordarse (v.)	to remember, recall
acosado (adj.)	hounded, harassed
acostar (v.)	to put to bed; to lay down
acostarse (v.)	to go to bed
acostumbrarse (v.)	to get used to
actor (n.m.)	actor
actriz (n.f.)	actress
actualmente (adv.)	at present
actuar (v.)	to act
acudir (v.) **a**	to attend; to come/go to the rescue
acuerdo (n.m.)	agreement; pact
adelantado (adj.)	advanced; fast (clock)
adelante (adv.)	forward, ahead
ademán (n.m.)	gesture
además (adv.)	besides; furthermore
adentro (adv.)	inside
adivinar (v.)	to guess
adondequiera (adv.)	to wherever
advertencia (n.f.)	warning
advertir (v.)	to notify; to warn
afectuoso (adj.)	affectionate
afeitarse (v.)	to shave
afirmar (v.)	to assert, state
afligir (v.)	to afflict
afortunado (adj.)	fortunate, lucky
afuera (adv.)	out, outside
afueras (f.pl.)	outskirts
agitado (adj.)	agitated, upset

agotado (adj.)	exhausted, worn out
agotador (adj.)	exhausting
agradar (v.)	to please, be pleasing to
agradecer (v.)	to thank, be grateful for
agregar (v.)	to add
agua (n.f.)	water
aguardar (v.)	to wait for, await
águila (n.f.)	eagle
ahí (adv.)	there (near the speaker or the person)
ahínco (n.m.)	earnestness; eagerly
ahogar (v.)	to choke
ahogarse (v.)	to drown; to suffocate
ahora (adv.)	now
ahorrar (v.)	to save
aireado (adj.)	aired
ajeno (adj.)	somebody else's, other people's
ala (n.f.)	wing
alambre (n.m.)	wire
alargar (v.)	to lengthen; to extend
alcalde (n.m.)	mayor
alcanzar (v.)	to reach, catch up with
aledaño (adj.)	adjoining, bordering
alegar (v.)	to allege
alegrarse (v.)	to be glad or happy
alegre (adj.)	happy, glad
alegría (n.f.)	happiness, joy
alejado (adj.)	distant, remote
alemán (adj.)	German
alfombra (n.f.)	carpet, rug
algo (pron.)	something
algodón (n.m.)	cotton
alguien (pron.)	someone, somebody
algún (adj.)	some, any
alguno (adj.)	some, any
aliento (n.m.)	breath
almohada (n.f.)	pillow
almorzar (v.)	to have lunch
alojamiento (m.n.)	lodging
alquilar (v.)	to rent
alrededor (adv.)	around
alto (adj.)	tall, high; in a high position
altura (n.f.)	height
alumbrado (adj.)	lighted, illuminated
alumno/a (n.m.f.)	student
alzar (v.)	to lift (up), raise (up)
allá (adv.)	way over there
allí (adv.)	there (far from the speaker or the person)
amable (adj.)	kind, nice
amado (adj.)	loved
amanecer (v.)	to dawn; (n.m.) dawn
amante (inv.)	lover
amar (v.)	to love
amarillo (adj.)	yellow
ambiente (n.m.)	atmosphere; environment
ambos (adj. and pron.)	both
amenazar (v.)	to threaten
amigo/a (n.m.f.)	friend
amistad (n.f.)	friendship
amor (n.m.)	love
amoroso (adj.)	loving, affectionate
amparado (adj.)	protected, sheltered
amplio (adj.)	spacious, roomy
anciano (adj.)	old; (n.m) old man; (n.f.) old woman
ancho (adj.)	wide; (n.m.) width
andar (v.)	to walk
anfitrión (n.m.)	host
anfitriona (n.f.)	hostess
angel (n.m.)	angel
angustia (n.f.)	anguish, distress
angustiarse (v.)	to be distressed
anhelo (n.m.)	longing
anidarse (v.)	to shelter oneself, make one's home
anillar (v.)	to make into a ring
anillo (n.m.)	ring
animado (adj.)	lively
animar (v.)	to animate; to cheer up
anoche (adv.)	last night
ansioso (adj.)	anxious, worried
ante (prep.)	before; in front of; in the presence of
anteanoche (adv.)	night before last
anteayer (adv.)	day before yesterday

anteojos (n.pl.) glasses; binoculars

anterior (adj.) preceding; previous

antes (adv.) before

antigüedad (n.f.) antiquity

antiguo (adj.) ancient, former, old

antipatía (n.f.) antipathy; dislike

antipático (adj.) disagreeable, unpleasant

anuncio (n.m.) announcement; advertisement

año (n.m.) year

apagar (v.) to turn off; to extinguish

aparato (n.m.) appliance; machine

aparecer (v.) to appear

aparte (adv.) apart, aside

apasionado (adj.) passionate

apasionarse (v.) to get excited

apellido (n.m.) surname, family name

apenas (adv.) hardly, scarcely

apertura (n.f.) opening

apetecer (f.) to crave, long for

aplicar (v.) to apply

apostado (adj.) stationed

apoyar (v.) to lean, rest; to support

apoyarse (v.) to rest on; to be supported by

apoyo (n.m.) support; backing, help

apreciar (v.) to value; to appreciate

apremiar (v.) to urge (on), press

aprender (v.) to learn

aprendizaje (n.m.) apprenticeship

apresurarse (v.) to hurry, rush

apretar (v.) to squeeze; to clasp, grip

aprovecharse (v.) to take advantage

aquí (adv.) here

árbol (n.m.) tree

arena (n.f.) sand

armar (v.) to arm

armario (n.f.) cupboard; wardrobe

arquitecto/a (n.m.f.) architect

arrancar (v.) to pull out; to start (a motor)

arrasar (v.) to level; to devastate

arrastrar (v.) to drag

arrebatarse (v.) to get carried away

arreglar (v.) to arrange; to fix up; to repair

arreglo (n.m.) arrangement; repair

arrepentido (adj.) sorry

arrepentirse (v.) to repent, be sorry

arriba (adv.) up there, above; upstairs

arrimarse (v.) to come closer

arrojar (v.) to throw, hurl

ascensor (n.m.) elevator

asemejarse (v.) to be alike, resemble

así (adv.) so, in this way, thus

así que (conj.) as soon as

asiento (n.m.) seat, chair

asignar (v.) to assign

asignatura (n.f.) subject, course

asilo (n.m.) asylum; shelter

asistir (v.) to help, assist; to attend

asomarse (v.) to appear, become visible

aspaviento (n.m.) exaggerated display of feeling

áspero (adj.) rough; rugged

aspirar (v.) to breathe in; to aspire

asustar (v.) to frighten, scare

asustarse (v.) to become afraid, get scared

atender (v.) to attend to, pay attention to

atento (adj.) courteous, attentive

aterrado (adj.) frightened; terrified

aterrizar (v.) to touch down, land

atleta (inv.) athlete

atraer (v.) to attract

atrás (adv.) behind

atrasado (adj.) late, behind (time)

atravesar (v.) to go across; to cross

atreverse (v.) to dare

atribuir (v.) to attribute

aturdido (adj.) stunned, dazed

aula (n.f.) classroom

aumentar (v.) to increase

aumento (n.m.) increase; rise

aun (adv.) even

aún (adv.) still, yet

aunque (conj.) though, although, even though

ausencia (n.f.) absence
autobús (n.m.) bus
avanzado (adj.) advanced
avanzar (v.) to advance, move forward
avergonzado (adj.) ashamed
avergonzar (v.) to shame; to embarrass
avión (n.m.) airplane, plane
avisar (v.) to inform, notify
ayer (adv.) yesterday
ayudar (v.) to help, aid, assist

B

bachillerato (n.m.) bachelor's degree
bahía (n.f.) bay
bailar (v.) to dance
bailarín (n.m.) male dancer
bailarina (n.f.) female dancer
baile (n.m.) dance
bajar (v.) to lower; to come or go down
bajo (adj. and adv.) short; low; under
balbucear (v.) to stammer, stutter
balneario (n.m.) beach resort
baluarte (n.m.) bastion
banco (n.m.) bench; bank
banda (n.f.) band; ribbon
bandejita (n.f.) little tray
bandera (n.f.) flag
bañarse (v.) to bathe, take a bath
baño (n.m.) bath, bathtub
barato (adj. and adv.) cheap
barco (n.m.) boat; ship
barnizador (adj.) varnishing
barrio (n.m.) neighborhood
barro (n.m.) mud; potter's clay
bastante (adj. and adv.) enough, sufficient(ly)
bastar (v.) to be enough, be sufficient
basura (n.f.) garbage
basurero (n.m.) trash can
bata (n.f.) dressing gown; smock
batalla (n.f.) battle
bebé (n.m.) baby
beca (n.f.) scholarship
bello (adj.) beautiful
beneficioso (adj.) beneficial
beso (n.m.) kiss

biblioteca (n.f.) library
bien (adv.) well
bienvenido (adj.) welcome
bigote (n.m.) mustache
bilingüe (adj.) bilingual
billete (n.m.) ticket
bizquear (v.) to squint
blusa (n.f.) blouse
bocadillo (n.m.) sandwich
boda (n.f.) wedding
boleto (n.m.) ticket
bolígrafo (n.m.) (ballpoint) pen
bolsa (n.f.) bag
bolsillo (n.m.) pocket
bombilla (n.f.) bulb
bondad (n.f.) goodness; kindness
borracho (adj.) drunk
borrar (v.) to erase
bosque (n.m.) wood; forest
botella (n.f.) bottle
brazo (n.m.) arm
brillante (adj.) bright, brilliant
brillar (v.) to shine; to sparkle
brillo (n.m.) brilliance, brightness
brindar (v.) to offer
brisa (n.f.) breeze
bruma (n.f.) mist
bueno (adj.) good
burlarse (v.) to make fun of
buscar (v.) to look or search for
búsqueda (n.f.) search; inquiry
butaca (n.f.) armchair, easy chair

C

caballero (n.m.) gentleman
caballo (n.m.) horse
cabecera (n.f.) headboard
cabello (n.m.) hair
caber (v.) to fit
cabeza (n.f.) head
cada (adj.inv.) each; every
caer (v.) to fall
caerse (v.) to fall down
caja (n.f.) box
cajón (n.m.) big box; crate
calcetín (n.m.) sock
calefacción (n.f.) heating
calidad (n.f.) quality
cálido (adj.) hot
caliente (adj.) warm, hot

calmarse (v.) — to calm down
calor (n.m.) — heat
calvo (adj.) — bald
calzado (n.m.) — footwear
callado (adj.) — quiet; reserved
callar (v.) — to silence, shut up
callarse (v.) — to keep quiet, remain silent
calle (n.f.) — street
callejuela (n.f.) — side street
cama (n.f.) — bed
camarero/a (n.m.f.) — waiter/waitress
cambiar (v.) — to change
cambio (n.m.) — change
camerino (n.m.) — dressing room
caminar (v.) — to walk
camino (n.m.) — road
camisa (n.f.) — shirt
camiseta (n.f.) — T-shirt
campeón (n.m.) — male champion
campeona (n.f.) — female champion
campesino/a (n.m.f.) — farmer
campo (n.m.) — country(side); field
canal (n.m.) — channel
cancelar (v.) — to cancel
canción (n.f.) — song
cansado (adj.) — tired
cansar (v.) — to tire out
cansarse (v.) — to become/get tired
cantante (inv.) — singer
cantar (v.) — to sing
cantidad (n.f.) — quantity
capacidad (n.f.) — capacity
capataz (n.m.) — foreman
capaz (adj.) — able, capable
capital (n.f.) — capital (city)
capital (n.m.) — capital (money)
capítulo (n.m.) — chapter
cara (n.f.) — face
carabina (n.f.) — carbine, rifle
cárcel (n.f.) — prison, jail
cargado (adj.) — loaded
cargar (v.) — to carry, load
cariño (n.m.) — affection; fondness
cariñoso (adj.) — affectionate
carne (n.f.) — meat
caro (adj.) — expensive
carpintero (n.m.) — carpenter
carrera de caballos (n.f.) — horse race

carretera (n.f.) — highway
carta (n.f.) — letter
cartera (n.f.) — wallet; pocketbook
cartero (n.f.) — mailman
cartón (n.m.) — cardboard
casa (n.f.) — house
casado (adj.) — married
casarse (v.) — to marry, get married
casi (adv.) — almost
castaño (adj.) — brown
castigar (v.) — to punish
cazar (v.) — to hunt
ceder (v.) — to hand over; to give up
celos (n.m.) — jealousy
celoso (adj.) — jealous
cena (n.f.) — supper; dinner
cenar (v.) — to have supper/dinner
centena (n.f.) — hundred
centro (n.m.) — center; downtown
cepillarse (v.) — to brush oneself
cepillo (n.m.) — brush
cerca — near
cercano (adj.) — nearby
cerrar (v.) — to close
cesar de — to cease/stop (doing something)
cesto (n.m.) — basket
cesto (n.m.) **de basura** — garbage bin
ciego/a (n.m.f.) — blind
cielo (n.m.) — sky
cien (adj.) — a hundred
ciento (adj./n.m.) — (one) hundred
cientos (adj.) — hundreds
cierto (adj.) — sure, certain
cima (n.f.) — top; peak
cine (n.m.) — cinema, movies
cinta (n.f.) — ribbon; cassette tape
cinturón (n.m.) — belt
cita (n.f.) — appointment, date
ciudad (n.f.) — city
ciudadano/a (n.m.f.) — citizen
claramente (adv.) — clearly
claridad (n.f.) — brightness, clarity
claro (adj.) — bright; light
clima (n.m.) — climate
cobrar (v.) — to charge; to collect
cocer (v.) — to cook
cocina (n.f.) — kitchen
cocinero/a (n.m.f.) — cook

coche (n.m.)	car
codiciado (adj.)	sought-after, coveted
codo (n.m.)	elbow
coger (v.)	to grab, seize
cojo (adj.)	lame, crippled; limping
colgar (v.)	to hang (up)
colmado (adj.)	full
colocar (v.)	to place, put
comedor (n.m.)	dining room
comenzar (v.)	to begin, start
comer (v.)	to eat
comerciante (n.m.f.)	merchant; dealer
comercio (n.m.)	commerce; business
comestible (adj.)	eatable, edible
cometer (v.)	to commit (a crime); to make (an error)
comida (n.f.)	food
como (adv.)	as, since
cómodo (adj.)	comfortable
comoquiera (conj.)	in whatever way
compañero/a (n.m.f.)	companion; schoolmate
compartir (v.)	to share
compasivo (adj.)	compassionate
compentencia (n.f.)	competition
complacer (v.)	to please
complicar (v.)	to complicate
componer	to fix, repair
comportamiento	behavior
comprar (v.)	to buy
comprensible (adj.)	understandable, comprehensible
comprensivo (adj.)	understanding
comprobar (v.)	to check, verify; to prove
comunicar (v.)	to communicate
con (prep.)	with
conciliar (v.)	to reconcile
concluir (v.)	to conclude, to end
concurso (n.m.)	competition, contest
condenado (adj.)	condemned; damned
conducir (v.)	to drive, to lead, to conduct
conductor (n.m.)	driver
confesar (v.)	to confess
confianza (n.f.)	trust; confidence
confiar (v.)	to trust
conformarse (v.)	to conform; to resign oneself
confuso (adj.)	confused; mixed up
conmover (v.)	to move (feelings)
conocer (v.)	to know
conocido (adj.)	well-known
conocimiento (n.m.)	knowledge
conquistador (n.m.)	conqueror
conseguir (v.)	to obtain, get
consejo (n.m.)	advice
consentir (v.)	to consent
conservar (v.)	to preserve; to conserve
considerarse (v.)	to consider oneself
consistir (v.)	to consist
constantemente (adv.)	constantly
construir (v.)	to construct, build
consultorio (n.m.)	doctor's office
contabilidad (n.f.)	accounting; bookkeeping
contador (n.m.)	male accountant
contadora (n.f.)	female accountant
contar (v.)	to count, to tell
contener (v.)	to contain
contento (adj.)	glad, happy
contiguo (adj.)	adjacent
continuar (v.)	to continue
contra (prep.)	against
contraer (v.)	to contract
contribuir (v.)	to contribute
convencer (v.)	to convince
convenir (v.)	to agree, be suitable (good for)
conversar (v.)	to talk, to chat
convertir (v.)	to convert
convertirse (v.) **en**	to turn into, become
convidar (v.)	to invite
coqueta (adj.)	flirtatious
corazón (n.m.)	heart
corazonada (n.f.)	hunch
corbata (n.f.)	necktie
cordillera (n.f.)	mountain range
corona (n.f.)	crown
corregir (v.)	to correct
correo (n.m.)	post, mail
correos (n.m.sing.)	post office
correr (v.)	to run
corresponsal	newspaper correspondent
corriente (adj.)	common, everyday
corriente (n.f.)	current (river)
cortar (v.)	to cut

corte (n.f.)	court	**cuñado** (n.m.)	brother-in-law
corte (n.m.)	cut	**cura** (n.f.)	cure
cortina (n.f.)	curtain	**cura** (n.m.)	priest
corto (adj.)	short; brief	**curar** (v.)	to cure
cosecha (n.f.)	harvest	**cuyo** (adj.rel.)	whose
costar (v.)	to cost	**chalado** (adj.)	mad
costumbre (n.f.)	custom	**chaqueta** (n.f.)	jacket
crear (v.)	to create	**charco** (n.m.)	pool; puddle
crecer (v.)	to grow	**charlar** (v.)	to chat
crecimiento (n.m.)	growth	**chicano** (adj.)	Chicano, Mexican-American
creer (v.)	to believe		
crepúsculo (n.m.)	twilight, dusk	**chimenea** (n.f.)	chimney
crianza (n.f.)	rearing; breeding	**chisme** (n.m.)	gossip
criar (v.)	to rear, raise, breed	**chismear** (v.)	to gossip
criatura (n.f.)	creature; infant	**chocar** (v.)	to crash; collide
cristal (n.m.)	crystal	**choque** (n.m.)	crash
criticar (v.)	to criticize, critique	**chorro** (n.m.)	dribble, trickle; jet
crudo (adj.)	raw	**chupar** (v.)	to suck
crujir (v.)	to creak		
cruzar (v.)	to cross	**D**	
cuaderno (n.m.)	notebook	**dar** (v.)	to give
cuadra (n.f.)	city block	**dato** (n.m.)	fact; piece of information
cuadro (n.m.)	picture; painting		
cual (adj.)	such as	**de** (prep.)	of; from; about (concerning)
cualquier, cualquiera, cualesquiera (adj.)	any		
		debajo (adv.)	underneath
cuando (adv., conj.)	when	**deber** (v.)	to owe (money); should, ought to
cuarto (n.m., adj.)	room; fourth		
cubierto (p.p. of **cubrir**)	covered	**débil** (adj.)	weak
		debilidad (n.f.)	weakness
cubrir (v.)	to cover	**década** (n.f.)	decade
cucigrama (n.m.)	crossword puzzle	**decantamiento** (n.m.)	preference
cuchara (n.f.)	spoon	**decenas** (n.pl)	tens
cuchillo (n.m.)	knife	**decidido** (adj.)	driven
cuello (n.m.)	neck	**decidir** (v.)	to decide
cuenta (n.f.)	account, bill	**decidirse** (v.) **a**	to decide to (make up)
cuento (n.m.)	story; tale		
cuerpo (n.m.)	body	**décimo** (adj.)	tenth
cuervo (n.m.)	raven; vulture	**decir** (v.)	to say, tell
cueva (n.f.)	cave	**dedicar** (v.)	to dedicate, devote
cuidado (n.m.)	care	**dedicarse** (v.) **a**	to devote oneself to
cuidadosamente (adv.)	carefully	**dedo** (n.m.)	finger; toe (foot)
cuidadoso (adj.)	careful	**defender** (v.)	to defend
cuidar (v.)	to take care of, look after	**dejar** (v.)	to leave
		dejar que (v.)	to allow/let that
culebra (n.f.)	snake	**delantal** (n.m.)	apron
culpable (adj.)	guilty	**delante de** (prep.)	in front of
cultivar (v.)	to cultivate	**delgado** (adj.)	thin, slim
cumpleaños (n.inv.)	birthday	**delicia** (n.f.)	delight
cumplir (v.)	to carry out; fulfill	**demanda** (n.f.)	request; demand

demandar (v.)	to demand; to sue
demasiado (adj.)	too much
demostrar (v.)	to demonstrate, to show
dentista (n.inv.)	dentist
dentro (adv.)	in, inside
dependiente (n.inv.)	clerk; salesperson
deporte (n.m.)	sport
deportista (n.inv.)	sportsman/ sportswoman
deprimente (adj.)	depressing
deprimido (adj.)	depressed
derecho (adj.)	right; straight
derramar (v.)	to spill
derretir (v.)	to melt; to thaw
desabrocharse (v.)	to undo/unfasten oneself
desafortunadamente (adv.)	unfortunately
desaparecer (v.)	to disappear
desaprobar (v.)	to disapprove of
desayunarse (v.)	to have breakfast
desayuno (n.m.)	breakfast
desbordarse (v.)	to flood; to overflow
descalzo (adj.)	barefoot(ed)
descansar (v.)	to rest
descanso (n.m.)	rest periods
descender (v.)	to go down
desconfianza (n.f.)	distrust, mistrust
desconfiar (v.)	to be distrustful
desconocer (v.)	to be ignorant of
desconocido (adj.)	unknown
describir (v.)	to describe
descruzar (v.)	to uncross; to unfold (arms)
descuido (n.m.)	carelessness
desde (prep.)	from; since
desear (v.)	to wish; to want
deseo (n.m.)	wish, desire
desequilibrar (v.)	to unbalance
desgracia (n.f.)	misfortune; bad luck
deshacer (v.)	to undo
deslizar (v.)	to slide
desmayado (adj.)	unconscious; faint
desmayarse (v.)	to faint (become faint)
desocupado (adj.)	empty (seat); unemployed
desorden (n.m.)	disorder
despacio (adv.)	slowly
despedida (n.f.)	good-bye, farewell
despedir (v.)	to dismiss, to fire (someone)
despedirse (v.) **de**	to say good-bye to
despegar (v.)	to take off (airplane)
despertador (n.m.)	alarm clock
despertar (v.)	to awaken
despertarse (v.)	to wake up
despierto (p.p. of **despertar**)	awake
desprecio (n.m.)	scorn, contempt
después (adv.)	afterwards, later
despuntar (v.)	to break (day); to dawn
destino (n.m.)	destiny, fate
destruir (v.)	to destroy
desvaído (adj.)	pale, washed-out; flat, dull (personality)
detalle (n.m.)	detail
detectar (v.)	to detect
detener (v.)	to detain
detenerse (v.)	to stop
detenimiento (n.m.)	care
deterioro (n.m.)	deterioration; damage
detrás (adv.)	behind
devolver (v.)	to return, to give back
diablo (n.m.)	devil
diario (n.m.)	newspaper; diary
dibujar (v.)	to draw
dictadura (n.f.)	dictatorship
dicho (p.p. of **decir**)	said, told
diente (n.m.)	tooth
digerir (v.)	to digest
dinero (n.m.)	money
dirección (n.f.)	direction; address
dirigente (n.m.)	leader
dirigir (v.)	to direct
dirigirse (v.)	to go, make one's way
disco (n.m.)	disk; record
disco compacto	compact disc
discutir (v.)	to discuss; to argue
disfrutar (v.)	to enjoy
disimular (v.)	to hide; to conceal
disminuir (v.)	to reduce, decrease
dispensario (n.m.)	community clinic
disponer (v.)	to dispose

disponible (adj.) available
distanciado (adj.) remote; far apart
distinguir (v.) to distinguish
distinto (adj.) different, distinct
distraer (v.) to distract
distraído (adj.) absentminded
distribuir (v.) to distribute
divertido (adj.) entertaining, amusing
divertir (v.) to amuse
divertirse (v.) to have a good time, enjoy oneself
doblar (v.) to fold; to turn (corner)
doler (v.) to pain, to hurt, to ache
dolor (n.m.) pain
doloroso (adj.) painful
doncella maidservant
donde (rel.adv.) where
dondequiera wherever
dormir (v.) to sleep
dormirse (v.) to fall asleep
drama (n.m.) drama; play
ducha (n.f.) shower
ducharse to take a shower
duda (n.f.) doubt
dudar (v.) **que** to doubt that
duelo (n.m.) duel
dueño/a (n.m.f.) owner
dulce (adj.) sweet
dúo (n.m.) duo; duet
durante during
durar (v.) to last
duro (adj.) hard

E

echar (v.) to throw
edad (n.f.) age
edificio (n.m.) building
editorial (n.f.) publishing house
editorial (n.m.) editorial
educar (v.) to educate
egoísta (adj.) egotistical, selfish
ejecutivo (adj.) executive
ejemplo (n.m.) example
ejercer (v.) to practice a profession; to exercise; to exert; to manage, run

ejercicio (n.m.) exercise
elegir (v.) to elect
embarazo (n.m.) pregnancy
embarcarse (v.) to board, go on board
empañar (v.) to mist, steam up
empeñarse (v.) to insist on, be determined to
empezar (v.) to begin, start
empleado/a (n.m.f.) employee; clerk
empleo (n.m.) employment, work
emprender (v.) to undertake
empresa (n.f.) enterprise; firm, company
empujar (v.) to push
en (prep.) in; into; on; upon; at
enamorado (adj.) in love
enamorarse (v.) (**de**) to fall in love (with)
encabezar (v.) to lead, head
encaje (n.m.) lace
encaminar (v.) to set on the right road
encantar (v.) to love
encarcelar (v.) to imprison, jail
encargar (v.) to entrust, to put in charge, to order (goods)
encargarse (v.) to take it upon oneself to, to take charge of
enceguecer (v.) to blind
encender (v.) to light, to ignite
encerrar (v.) to enclose, to lock in
encima (adv.) above
encoger (v.) to shrink
encomendar (v.) to entrust
encontrar (v.) to find
encontrarse (v.) to be situated
encontrarse (v.) **con** to meet, run across (into)
encorvado (adj.) curved; bent
enfadarse (v.) to get angry
enfermarse (v.) to fall/be taken ill
enfermedad (n.f.) illness, sickness
enfermería (n.f.) infirmary
enfermero/a (n.m.f.) nurse
enfermo (adj.) sick
enfrentamiento (n.m.) confrontation
enfrentar (v.) to face
enfrente (adv.) opposite (to), facing
enfriar (v.) to cool, chill

engañar (v.)	to deceive
enloquecido (adj.)	mad
enlutado (adj.)	in or wearing mourning
enojado (adj.)	angry
enojarse (v.)	to get angry
enorgullecerse (v.) **de**	to take pride in
ensalada (n.f.)	salad
enseñar (v.)	to teach; to show
ensuciar (v.)	to dirty, make dirty
entender (v.)	to understand
enterarse (v.)	to find out
entero (adj.)	entire, complete, whole
enterrado (adj.)	buried
entonces (adv.)	then
entorpecer (v.)	to dull; to obstruct
entrada (n.f.)	entrance; doorway
entrar (v.)	to enter
entre (prep.)	among, between
entrecortado (adj.)	hesitant
entregar (v.)	to hand over, deliver
entrenador/a (n.m.f.)	trainer, coach
entrenamiento (n.m.)	training, coaching
entrenar (v.)	to train; to coach
entretener (v.)	to entertain, amuse
entretenerse (v.)	to amuse onself
entretenido (p.p.)	entertaining, amusing
entrevista (n.f.)	interview
entrevistar (v.)	to interview
entristecerse (v.)	to become sad
entusiasmado (adj.)	excited
entusiasmarse (v.)	to get excited
enviar (v.)	to send
envidia (n.f.)	envy; jealousy
envidiar (v.)	to envy
envigorado (adj.)	invigorated
envolver (v.)	to wrap
época (n.f.)	time, epoch
equipaje (n.m.)	luggage; baggage
equipo (n.m.)	team
equivocarse (v.)	to make a mistake, be mistaken, be wrong
escalera (n.f.)	stairs
escaparse (v.)	to escape
escaso (adj.)	scarce; scanty
escoger (v.)	to choose
esconder (v.)	to hide
escondite (n.m.)	hiding place
escribir (v.)	to write
escrito (p.p. of **escribir**)	written
escritor/a (n.m.f.)	writer
escritorio (n.m.)	desk
escrutar (v.)	to scrutinize, examine
escuchar (v.)	to listen
escuela (n.f.)	school
escultor/a (n.m.f.)	sculptor
esforzarse (v.)	to exert oneself, make an effort
esfuerzo (n.m.)	effort
eso (pron.dem.)	that
espada (n.f.)	sword
espalda (n.f.)	back
espantar (v.)	to frighten, scare
especializarse (v.) **en**	to specialize (in), major (in)
espejo (n.m.)	mirror
espejuelos (n.m.pl.)	eyeglasses
esperanza (n.f.)	hope
esperar (v.)	to hope, expect; to wait for
espiar (v.)	to spy
esposado (adj.)	handcuffed
esposo/a (n.m.f.)	husband/wife
esquiar (v.)	to ski
esquina (n.f.)	corner
esquivar (v.)	to avoid, shun
establecer (v.)	to establish
estación (n.f.)	station; season
estacionar (v.)	to park
estante (n.m.)	bookshelf
estar (v.)	to be
estimado (adj.)	esteemed
estómago (n.m.)	stomach
estrangulado (adj.)	strangled
estraperlista (n.m.f.)	black marketeer
estrecho (adj.)	narrow
estrella (n.f.)	star
estricto (adj.)	strict
estudiante (inv.)	student
estudiar (v.)	to study
evitar (v.)	to avoid
exceptuar (v.)	to except, exclude
exhausto (adj.)	exhausted; worn-out
exigente (adj.)	demanding
exigir (v.)	to demand

éxito (n.m.) success; smash hit
exitoso (adj.) successful
expectativa (n.f.) expectation
explayar (v.) to extend
explicar (v.) to explain
exponer (v.) to expose, explain
extinguir (v.) to extinguish
extranjero (adj.) foreign
extrañarse (v.) to be amazed, be surprised
extraño (adj.) strange, odd

F

fábrica (n.f.) factory
fabricar (v.) to make, manufacture
facha (n.f.) look, appearance
falda (n.f.) skirt
falta (n.f.) failure; fault
faltar (v.) to lack
fantasma (n.m.) ghost
fardo (n.m.) bundle
fascinar (v.) to fascinate
fastidiar (v.) to bother, annoy
fatigoso (adj.) tiring, exhausting
fecha (n.f.) date
felicidad (n.f.) happiness
felicitar (v.) to congratulate
feliz (adj.) happy
feria (n.f.) fair
feroz (adj.) fierce, ferocious, savage
fiarse (v.) to trust, rely on somebody
fijar (v.) to fix; to secure
fijarse (v.) to pay attention
fijo (adj.) fixed
fila (n.f.) row
filete (n.m.) meat; fillet
fin (n.m.) end
finalmente (adv.) finally
fingir (v.) to pretend
firmar (v.) to sign
firmeza (n.f.) firmness
flor (n.f.) flower
fondo (n.m.) bottom; background
fortalecer (v.) to strengthen
foto (n.f.) photograph
francés (adj.) Frenchman
francesa (adj.) Frenchwoman

fregar (v.) to wash (dishes)
freír (v.) to fry
frente (n.f.) forehead
frente (n.m.) front (military)
frente a (prep.) opposite, facing
fresco (adj.) fresh, impudent
frescura (n.f.) freshness
frijol (n.m.) bean
frío (adj.) cold
frontera (n.f.) frontier, border
frotarse (v.) to rub
fuego (n.m.) fire
fuente (n.f.) fountain
fuera (adv.) outside
fuerte (adj.) strong
fuerza (n.f.) strength
fuerza laboral workforce
fumar (v.) to smoke
funcionar (v.) to function; to work, run
funcionario/a (n.m.f.) official
fundamento (n.m.) foundations; fundamentals

G

gallina (n.f.) hen
gallo (n.m.) rooster
gana (n.f.) desire, wish
ganar (v.) to earn; to win
garaje (n.m.) garage
garantizar (v.) to guarantee
garganta (n.f.) throat
gastar (v.) to spend; to waste
gasto (n.m.) expense
gato (n.m.) cat
gendarme (n.m.) policeman
gente (n.f.) people
gobernar (v.) to govern
gobierno (n.m.) government
golpe (n.m.) blow; hit
golpear (v.) to strike, to punch
gozar (v.) to enjoy
grabar (v.) to record
graduarse (v.) to graduate
gris (adj.) gray
gritar (v.) to shout
grosería (n.f.) rudeness
grueso (adj.) thick; big, heavy
guante (n.m.) glove

guapo (adj.) — handsome
guardar (v.) — to keep, hold; to put away
guerra (n.f.) — war
guía (n.f.) — guide; telephone guide
guiar (v.) — to guide; to lead
guión (n.m.) — script
gusto (n.m.) — taste; flavor

H

haber (v.) — to have (as an auxiliary verb)
habitación (n.f.) — room
habitante (n.m.) — inhabitants
habitar (v.) — to inhabit
hablar (v.) — to speak, talk
hacer (v.) — to do, make
hacia (adv.) — toward
hacienda (n.f.) — country estate
hacha (n.f.) — ax
hada (n.f.) — fairy
hallar (v.) — to find
hambre (n.f.) — hunger
haragán (adj.) — lazy
hasta — as far as, until, up to
hay — there is, there are
hecho (p.p. of **hacer**) — done; made
helado (adj.) — ice cream
herencia (n.f.) — inheritance
herir (v.) — to wound
hermano/a (n.m.f.) — brother/sister
hermoso (adj.) — beautiful
héroe (n.m.) — hero
heroína (n.f.) — heroine
hervir (v.) — to boil
hielo (n.m.) — ice
hierba (n.f.) — grass
hijo/a (n.m.f.) — son/daughter
himno (n.m.) — hymn
hogar (n.m.) — home
hoja (n.f.) — leaf; page
hojear (v.) — to turn the pages
hombre (n.m.) — man
hombro (n.m.) — shoulder
horario (n.m.) — timetable
horroroso (adj.) — horrifying
hoy (adv.) — today
huelga (n.f.) — strike
hueso (n.m.) — bone

huir (v.) — to flee
humo (n.m.) — smoke
hundir (v.) — to sink

I

idilio (n.m.) — idyll; romance
idioma (n.m.) — language
iglesia (n.f.) — church
igual (adj.) — equal; alike
igualmente (adv.) — equally; likewise
imaginarse (v.) — to imagine
impedir (v.) — to prevent
imponer (v.) — to impose
importar (v.) — to be important, matter
imprimir (v.) — to imprint; to print
impulsar (v.) — to drive, propel
incluir (v.) — to include
incómodo (adj.) — uncomfortable
incorporarse (v.) — to sit up
indeciso (adj.) — undecided; indecisive
indicar (v.) — to indicate; to point out
indudablemente (adv.) — undoubtedly
inesperado (adj.) — unexpected
influir (v.) — to influence
ingerir (v.) — to consume
inicio (n.m.) — start, beginning
inmóvil (adj.) — motionless, still
inquietud (n.f.) — anxiety; restlessness
inquina (n.f.) — dislike, aversion; ill will
intercambio (n.m.) — exchange
intervenir (v.) — to be involved, intervene
intranquilo (adj.) — worried, anxious
inventarse (v.) — to make up, concoct
inversion (n.f.) — investment
inversionista (inv.) — investor
invertir (v.) — to invest
invierno (n.m.) — winter
invitar (v.) — to invite
ir (v.) — to go
irse (v.) — to leave, go away
izquierdo (adj.) — left

J

jabón (n.m.) — soap
jamás (adv.) — never

jamón (n.m.) — ham
jardín (n.m.) — garden
jaula (n.f.) — cage
jazmín (n.m.) — jasmine
jefe (n.m.) — boss
joven (adj.) — young
judío (adj.) — Jewish
juego (n.m.) — game, sport
jugador (n.m.) — player
jugar (v.) — to play (a game, a sport)
jugo (n.m.) — juice
juguete (n.m.) — toy
juguetería (n.f.) — toy store
junto (adj.) — joined; united, **-s** together
junto (adv.) — near, close, next to
jurado (n.m.) — jury
juventud (n.f.) — youth

L

labor (n.m.) — labor; work; job, task
laborar (v.) — to work
lado (n.m.) — side
ladrar (v.) — to bark
ladrón (n.m.) — thief
ladrona (n.f.) — thief
lago (n.m.) — lake
lágrima (n.f.) — tear
lamentar (v.) — to be sorry about, regret
lana (n.f.) — wool
lanzar (v.) — to throw
lápiz (n.m.) — pencil
largo (adj.) — long
lástima (n.f.) — pity
látigo (n.m.) — whip
latir (v.) — to beat (heart)
lavadora (n.f.) — washing machine
lavamanos (inv.) — washbasin
lavar (v.) — to wash
lavarse (v.) — to wash oneself
lección (n.f.) — lesson
lectura (n.f.) — reading
leche (n.f.) — milk
lechería (n.f.) — dairy, creamery
leer (v.) — to read
legua (n.f.) — league
legumbre (n.f.) — vegetable

lejano (adj.) — distant, remote, far off
lejos (adv.) — far
lengua (n.f.) — tongue
lente (n.m. or n.f.) — lens
lentitud (n.f.) — slowness
lento (adj.) — slow
leña (n.f.) — firewood
letra (n.f.) — letter
levantar (v.) — to raise, lift (up)
levantarse (v.) — to get up
ley (n.f.) — law
liar (v.) — to roll (a cigarette)
libertad (n.f.) — freedom
libra (n.f.) — pound
libre (adj.) — free; unoccupied
libremente (adv.) — freely
librería (n.f.) — bookstore
líder (n.m.) — leader
limpiar (v.) — to clean
limpiarse (v.) — to clean oneself
limpio (adj.) — clean
lindo (adj.) — pretty
línea (n.m.) — line
liso (adj.) — smooth; straight (hair)
listo (adj.) — clever; ready
locamente (adv.) — madly
loco (adj.) — silly, scatterbrained, insane
lodazal (n.m.) — bog
lograr (v.) — to get, obtain; to achieve, attain
luchar (v.) — to fight, struggle
luego (adv.) — then; afterwards
lugar (n.m.) — place, spot
luminosidad (n.f.) — brightness
luna (n.f.) — moon
lunes (n.m.) — Monday
luto (n.m.) — mourning; grief, sorrow
luz (n.f.) — light
llamar (v.) — to call; name
llanto (n.m.) — weeping; lament
llave (n.f.) — key
llegada (n.f.) — arrival
llegar (v.) — to arrive
llenar (v.) — to fill
lleno (adj.) — full
llevar (v.) — to carry

llevarse (v.) — to carry off; to take away
llorar (v.) — to cry
llover (v.) — to rain
lloviznar (v.) — to drizzle

M

madera (n.f.) — wood
madre (n.f.) — mother
madrugar (v.) — to get up early
mal (adv.) — badly
maleta (n.f.) — suitcase
maletero (n.m.) — trunk (car)
malo (adj.) — bad (character); sick, in bad health
malvado (adj.) — evil, wicked
mancha (n.f.) — spot, stain
mandar (v.) — to order
mandón (adj.) — bossy
manejar (v.) — to handle; to drive
manera (n.f.) — way, manner
manga (n.f.) — sleeve
mano (n.f.) — hand
mantener (v.) — to maintain, support
manzana (n.f.) — apple
manzano (n.m.) — apple tree
mañana (n.f.) — tomorrow; morning
mapa (n.m.) — map
maquillarse (v.) — to put makeup on
máquina (n.f.) — machine; engine
mar (n.m.) — sea
maratón (n.m.) — marathon
maravilloso (adj.) — wonderful, marvelous
marcar (v.) — to mark; to score (a point); to dial (telephone)
marcharse (v.) — to go (away), leave
marinero (n.m.) — sailor
mármol (n.m.) — marble
marrón (adj.) — brown
más (adv.) — more
mas (conj.) — but
mascar (v.) — to chew
máscara (n.f.) — mask
masticar (v.) — to chew
matar (v.) — to kill, murder
materno (adj.) — mother's
mayor (adj.) — older
mayoría (n.f.) — majority

medalla (n.f.) — medal
media (n.f.) — stocking
medianoche (n.f.) — midnight
medida (n.f.) — measurement
medio (adj.) — half; middle
mediodía (n.m.) — noon
medios (n.m.pl.) **de comunicación** — the media
medir (v.) — to measure
mejilla (n.f.) — cheek
mejor (adj.) — better
mejorar (v.) — to improve, make better
menester (n.m.) — job, piece of business
menor (adj.) — younger
menos (adv.) — less
mensajero (n.m.) — messenger
mentir (v.) — to lie
mentira (n.f.) — lie
mentiroso (adj.) — liar
mercado (n.m.) — market
merecer (v.) — to deserve, merit
mes (n.m.) — month
mesa (n.f.) — table
mesero/a (n.m.f.) — waiter/waitress
meter (v.) — to put in
meterse (v.) — to go or get into; enter
mezclar (v.) — to mix; to blend
mi (adj.) — my
miedo (n.m.) — fear
miel (n.f.) — honey
miembro (n.m.) — member
mientras — while, as long as
miércoles (n.m.) — Wednesday
mil (adj.) — a thousand
milagro (n.m.) — miracle
milla (n.f.) — mile
mío (adj., pron.) — mine, of mine
mirada (n.f.) — look, glance
mirarse (v.) — to look at oneself
mismo (adj.) — same; self
mitad (n.f.) — half
mochila (n.f.) — pack, sack
moda (n.f.) — fashion
mojado (adj.) — wet
mojar (v.) — to wet
mojarse (v.) — to get wet
molestar (v.) — to bother

moneda (n.f.)   coin
monja (n.f.)   nun
montaña (n.f.)   mountain
montar (v.)   to mount, get on
morir (v.)   to die
moro (adj.)   Moorish
mostrador (n.m.)   counter
mostrar (v.)   to show
mostrarse (v.)   to show oneself; appear
moto (n.f.)   motorcycle
mover (v.)   to move
mucho (adj. and adv.)   a lot; much
mudarse (v.)   to move
mueble (n.m.)   piece of furniture
muerte (n.f.)   death
muerto (p.p. of **morir**)   dead
mugre (n.f.)   dirt; filth
mujer (n.f.)   woman
mundo (n.m.)   world
murmullo (n.m.)   murmur, whisper
murmurar (v.)   to murmur, to whisper
muro (n.m.)   wall
muy (adj.)   very

N

nacer (v.)   to be born
nacimiento (n.m.)   birth
nada (pron.)   nothing
nadar (v.)   to swim
nadie (pron.)   no one, nobody
nariz (n.f.)   nose
natación (n.f.)   swimming
natal (adj.)   native
naturaleza (n.f.)   nature
negar (v.)   to deny
negarse (v.) **a**   to refuse to
negocio (n.m.)   affair; business
negro (adj.)   black
nevar (v.)   to snow
ni (conj.)   nor, neither
ninguno (ningún) (adj.)   no one, nobody
nivel (n.m.)   level
noche (n.f.)   night
nomás (adv.)   just; only
nombrar (v.)   to name; to mention
nombre (n.m.)   name
normalmente (adv.)   normally

notar (v.)   to note, notice
noticia (n.f.)   news
noveno (adj.)   ninth
novio/a (n.m.f.)   boyfriend/girlfriend
nube (n.f.)   cloud
nublado (adj.)   cloudy
nublarse (v.)   to become cloudy
nudillo (n.m.)   knuckle
nuera (n.f.)   daughter-in-law
nuestro (adj., adv.)   our
nuevo (adj.)   newly made; unused
nunca (adv.)   never

O

o . . . o (conj.)   either . . . or
obedecer (v.)   to obey
obligar (v.) **a**   to oblige to
obra (n.f.)   work; piece of work
obra (n.f.) **de teatro**   play
obtener (v.)   to obtain, get
octavilla (n.f.)   pamphlet
octavo (adj.)   eighth
ocultar (v.)   to hide, conceal
ocuparse (v.) **de**   to busy oneself with
ocurrir (v.)   to happen, occur
odiar (v.)   to hate
odio (n.m.)   hatred
ofenderse (v.)   to get offended
oferta (n.f.)   offer
ofrecer (v.)   to offer
oír (v.)   to hear
ojalá (conj.) **que**   I wish that
ojo (n.m.)   eye
ola (n.f.)   wave
oleada (n.f.)   big wave
oler (v.)   to smell
olor (n.m.)   smell
olvidar (v.)   to forget
oponerse (v.)   to be against, opposed to
oprimir (v.)   to squeeze; to oppress
orden (n.f.)   order (command or religious order)
orden (n.m.)   order (sequence)
oreja (n.f.)   ear
orgullo (n.m.)   pride
orgulloso (adj.)   proud; haughty
orilla (n.f.)   edge, border; bank (river)

oscurecer (v.)	to obscure; to darken
oscuro (adj.)	dark
otoño (n.m.)	fall
otro (adj.)	another

P

padecer (v.)	to suffer; to endure
padre (n.m.)	father
pagar (v.)	to pay
página (n.f.)	page
país (n.m.)	country
paisaje (n.m.)	landscape
pájaro (n.m.)	bird
palabra (n.f.)	word
palacio (n.m.)	palace
palma (n.f.)	palm
pan (n.m.)	bread
pantalones (n.m.pl.)	trousers, pants
pañal (n.m.)	diaper
pañuelo (n.m.)	handkerchief
papa (n.f.)	potato
papa (n.m.)	pope
papel (n.m.)	paper
paquete (n.m.)	parcel, package
par (n.m.)	pair, couple
para (prep.)	for; in order to
parabrisas (n.m.inv.)	windshield
paraguas (n.m.inv.)	umbrella
parar (v.)	to stop
pararse (v.)	to stand up
parecer (v.)	to seem, appear
parecerse (v.) **a**	to resemble, look like
pared (n.f.)	wall
pareja (n.f.)	couple
pariente (n.m.)	relative
parque (n.m.)	park
participar (v.)	to participate
partido (n.m.)	game, match
partir (v.)	to split up, divide; to depart
parto (n.m.)	childbirth
pasajero/a (n.m.f.)	passsenger
pasear (v.)	to take a walk
paseo (n.m.)	stroll, walk
pasillo (n.m.)	corridor, hallway
paso (n.m.)	step
pastel (n.m.)	cake; pie
pastilla (n.f.)	pill
patata (n.f.)	potato
patinar (v.)	to skate
pato/a (n.m.f.)	duck
patria (n.f.)	native land, fatherland
patrón (n.m.)	boss
paz (n.f.)	peace
pecho (n.m.)	chest
pedazo (n.m.)	piece, bit
pedir (v.)	to ask for, request
pedrada (n.f.)	throw of a stone
pegar (v.)	to hit, strike; to glue
peinar (v.)	to comb
peinarse (v.)	to comb one's hair
pelea (n.f.)	fight
pelear (v.)	to fight, struggle
película (n.f.)	film, movie
peligro (n.m.)	danger
peligroso (adj.)	dangerous
pelo (n.m.)	hair
pelota (n.f.)	ball
peluquero/a (n.m.f.)	hairdresser
pena (n.f.)	grief, sorrow
pendiente (adj.)	pending
pendiente (n.m.)	earring
pensamiento (n.m.)	thought
pensar (v.)	to think; to plan
peor (adj.)	worse
pequeño (adj.)	small, little
pera (n.f.)	pear
percha (n.f.)	hanger
perder (v.)	to lose
perderse (v.)	to get lost
perdido (adj.)	lost
perfilarse (v.)	to show one's profile
perico (n.m.)	parakeet
periódico (n.m.)	newspaper
periodista (inv.)	newpaperman/woman
permanecer (v.)	to stay
permitir (v.)	to allow
pero (conj.)	but
perro/a (n.m.f.)	dog
perseguir (v.)	to pursue; persecute
persiana (n.f.)	blind
persona (inv.)	person
personaje (inv.)	character (in a novel, etc.)
pertenecer (v.)	to belong
pesado (adj.)	heavy

pesar (v.)	to weigh down; to weigh	**por** (prep.)	for; by; through; on account of
pescado (n.m.)	fish (dead)	**porque** (conj.)	because
pescador (n.m.)	fisherman	**posada** (n.f.)	shelter, lodging
pescar (v.)	to fish	**poseer** (v.)	to possess; to own
peso (n.m.)	weight	**postre** (n.m.)	dessert
pez (n.m.)	fish (alive)	**practicar** (v.)	to practice
picardía (n.f.)	crookedness	**precisar** (v.)	to determine exactly
pie (n.m.)	foot	**preferir** (v.)	to prefer
piedad (n.f.)	piety; pity	**preguntar** (v.)	to ask a question
piedra (n.f.)	stone	**premio** (n.m.)	prize
piel (n.f.)	skin	**prenda** (n.f.)	garment, article of clothing
pierna (n.f.)	leg		
pieza (n.f.)	room	**preocupado** (adj.)	worried
pinar (n.m.)	pine grove	**preocuparse** (v.) **de**	to worry
pintado (adj.)	painted	**prepararse** (v.)	to prepare oneself, to get ready
pintar (v.)	to paint		
pintarse (v.)	to put lipstick on	**prescindir** (v.) **de**	to do or go without
pintor/a (n.m.f.)	painter	**presenciar** (v.)	to be present at
pisada (n.f.)	footstep	**presentar** (v.)	to present; to witness; to introduce a person
piscina (n.f.)	swimming pool		
piso (n.m.)	floor		
pitillo (n.m.)	cigarette	**preso** (n.m.)	convict, prisoner
placentero (adj.)	pleasant, agreeable	**prestar** (v.)	to lend, loan
planear (v.)	to plan	**presupuesto** (n.m.)	budget
plantear (v.)	to bring up, raise	**primavera** (n.f.)	spring
platicar (v.)	to chat, converse	**primer** (o) (adj.)	first
plato (n.m.)	plate; dish	**primo/a** (n.m.f.)	cousin
playa (n.f.)	beach	**princesa** (n.f.)	princess
plaza (n.f.)	square	**príncipe** (n.m.)	prince
pluma (n.f.)	feather; pen	**prisa** (n.f.)	hurry
población (n.f.)	population	**probar** (v.)	to try, to taste
poblado (n.m.)	town	**probarse** (v.)	to try on
pobre (adj.)	poor	**prodigar** (v.)	to lavish; to squander
pobreza (n.f.)	poverty	**producir** (v.)	to produce
poco (adv. pron.)	little; small	**profundo** (adj.)	deep
poder (v.)	to be able	**prohibir** (v.)	to prohibit
poderoso (adj.)	powerful	**pronto** (adv.)	quicky; at once
poema (n.m.)	poem	**propiedad** (n.f.)	property
poeta (n.m.)	poet	**propina** (n.f.)	tip
policía (n.f.)	police force	**propio** (adj.)	own, of one's own
policía (n.m.)	policeman	**proponer** (v.)	to propose
polvo (n.m.)	dust	**propósito** (n.m.)	purpose
pollo (n.m.)	chicken	**proseguir** (v.)	to continue, proceed
pompa (n.f.)	pageantry		
poner (v.)	to put, place	**proteger** (v.)	to protect
ponerse (v.)	to put on; (+ adjective) to become	**próximo** (adj.)	next
		prueba (n.f.)	proof; test
		publicar (v.)	to publish
ponerse (v.) **a**	to begin to	**pueblo** (n.m.)	village; small town

puente (n.m.)	bridge
puerta (n.f.)	door
pues (adv.)	then; well then
puesto (conj.)	since
puesto (n.m.)	post, job; stall
pulgada (n.f.)	inch
punto (n.m.)	dot; point
puro (adj.)	pure

Q

que (conj.)	that; for; because that; which; who
quedar (v.) **en**	to agree on
quedar (v.)	to have left over
quedarse (v.)	to remain, stay
quedarse (v.) **con**	to keep, hold onto
quehacer (n.m.)	job, task
queja (n.f.)	complaint
quejarse (v.) **de**	to complain about
quemadura (n.f.)	burn
quemar (v.)	to burn
querer (v.)	to want, wish (for); to love
queso (n.m.)	cheese
quien (pron.)	who; he who; who
quienquiera, quienesquiera	whoever
quieto (adj.)	still
quinto (adj.)	fifth
quitar (v.)	to take away, remove
quitarse (v.)	to take off
quizás (adv.)	perhaps

R

radio (n.)	radio
raíz (n.f.)	root
rama (n.f.)	branch
rapidez (n.f.)	rapidity, speed
rápido (adj.)	fast, quick
raro (adj.)	rare, uncommon; odd, strange
rascacielos (n.m.inv.)	skyscraper
rasgo (n.m.)	feature
rato (n.m.)	(short) time, while
razón (n.f.)	reason
razonar (v.)	to reason
realizar (v.)	to carry out; attain, achieve
recado (n.m.)	message

receta (n.f.)	recipe; prescription
recibir (v.)	to receive
recibo (n.m.)	receipt
reciclar (v.)	to recycle
recobrar (v.)	to recover
recoger (v.)	to pick up
recomendar (v.)	to recommend
reconocer (v.)	to recognize
recordar (v.)	to remember
recorrer (v.)	to go over; to travel
recortar (v.)	to draw in outline
recuerdo (n.m.)	memory; souvenir, memento
rechazar (v.)	to reject
redondo (adj.)	round
reducir (v.)	to reduce
referirse (v.) **a**	to refer to
reflejar (v.)	to reflect
reforzar (v.)	to reinforce
refresco (n.m.)	soft drink
regalar (v.)	to give (as a present)
regalo (n.m.)	gift, present
regar (v.)	to water (plants)
regresar (v.)	to return, go back
rehusar (v.)	to refuse
reina (n.f.)	queen
reír (v.)	to laugh
reírse (v.)	to laugh at
relajador (adj.)	relaxing
relajante (adj.)	relaxing
relajarse (v.)	to relax; to become relaxed
reloj (n.m.)	watch; clock
relojero (n.m.)	watchmaker
reñir (v.)	quarrel
repartir (v.)	to divide up; to distribute
repasar (v.)	to review
repaso (n.m.)	review
repentino (adj.)	sudden
repetir (v.)	to repeat
represalia (n.f.)	reprisal
requerir (v.)	to need, require
rescatar (v.)	to rescue
resfriado (n.m.)	cold
resfriarse (v.)	to catch a cold
resignarse (v.) **a**	to resign oneself to
resolver (v.)	to solve; to resolve
resolverse (v.) **a**	to resolve to

respetuoso (adj.)	respectful	**sal** (n.f.)	salt
respirar (v.)	to breathe	**sala** (n.f.)	living room
resplandecer (v.)	to shine	**salario** (n.m.)	salary
responder (v.)	to answer	**salida** (n.f.)	exit
respuesta (n.f.)	answer	**salir** (v.)	to go out, leave
resto (n.m.)	rest, reminder	**saltar** (v.)	to jump
retener (v.)	to retain	**saltarín/ina** (adj.)	restless; (n.m.f.)
retirarse (v.)	to move away		dancer
retrasar (v.)	to delay, put off	**salto** (n.m.)	jump
retraso (n.m.)	delay; lateness	**salud** (n.f.)	health
reunión (n.f.)	meeting	**saludable** (adj.)	healthy
reunir (v.)	to reunite, join	**saludar** (v.)	to greet
	together	**saludo** (n.m.)	greeting
revelar (v.)	to reveal; to disclose;	**salvador** (adj.)	rescuer, savior
	to show	**salvaje** (adj.)	wild; savage
revisar (v.)	to revise	**salvar** (v.)	to rescue, save
revista (n.f.)	magazine	**salvavidas**	lifeguard
rey (n.m.)	king	(n.m.inv.)	
rezar (v.)	to pray	**sandalia** (n.f.)	sandal
rico (adj.)	rich; wealthy	**sangre** (n.f.)	blood
riesgo (n.m.)	risk, danger	**satisfacer** (v.)	to satisfy
rincón (n.m.)	corner (inside)	**satisfecho**	satisfied
río (n.m.)	river	(p.p. of **satisfacer**)	
robar (v.)	to rob, steal	**secar** (v.)	to dry
rodear (v.)	to surround	**seco** (adj.)	dry
rodilla (n.f.)	knee	**seguir** (v.)	to continue, follow
rogar (v.)	to beg; to ask; to	**según** (adv.)	according to
	request	**segundo** (adj.)	second
rojo (adj.)	red	**seguro** (adj.)	safe; certain
rollo (n.m.)	roll	**sello** (n.m.)	stamp
romper (v.)	to break	**semana** (n.f.)	week
ropa (n.f.)	clothes	**sembrar** (v.)	to plant
ropero (n.m.)	wardrobe	**semejante** (adj.)	similar
rosal (n.m.)	rose bush	**sendero** (n.m.)	path
rostro (n.m.)	face	**sentado** (adj.)	seated
rubio (adj.)	blond	**sentar** (v.)	to sit
ruido (n.m.)	noise	**sentarse** (v.)	to sit (down)
ruidoso (adj.)	noisy	**sentencioso** (adj.)	pithy; dogmatic
rumbo (n.m.)	route, direction	**sentimiento** (n.m.)	feeling
		sentir (v.)	to regret; to feel; be
			sorry

S

sábana (n.f.)	sheet	**sentirse** (v.)	to feel
saber (v.)	to know	**seña** (n.f.)	mark; sign
sabor (n.m.)	taste, flavor	**séptimo** (adj.)	seventh
saborear (v.)	to taste; to savor	**ser** (v.)	to be
sabroso (adj.)	tasty	**serie** (n.f.)	series
sacapuntas (inv.)	pencil sharpener	**servilleta** (n.f.)	napkin
sacar (v.)	to take out	**servir** (v.)	to serve
sacerdote (n.m.)	priest	**sexto** (adj.)	sixth
saco (n.m.)	bag, sack; jacket	**siempre** (adv.)	always

siglo (n.m.)	century
siguiente (adj.)	following
silbar (v.)	to whistle
silbido (n.m.)	whistle; hiss
silla (n.f.)	chair
sillón (n.m.)	armchair, easy chair
simpático (adj.)	nice, likeable
sin (prep.)	without
sin embargo	nevertheless
sinnúmero (n.m.)	countless
sino (conj.)	but; but rather
siquiera (adv.)	at least
situar (v.)	to place, set; to locate
sobrar (v.)	to have in excess
sobre (n.m., prep.)	envelope; on, upon
sobre (prep.)	on; about (concerning)
sobrepasar (v.)	to excede; surpass
sobretodo (n.m.)	overcoat
sobrevivir (v.)	to survive
sofocado (adj.)	out of breath
sol (n.m.)	sun
soledad (n.f.)	solitude; loneliness
soler (v.)	to be in the habit of, to be accustomed to
solo (adj.)	alone
sólo (adv.)	only
soltero (adj.)	unmarried; single
sombra (n.f.)	shadow; shade
sonar (v.)	to ring, to sound
sonido (n.m.)	sound
sonograma (n.m.)	sonogram
sonreír (v.)	to smile
sonrisa (n.f.)	smile
soñar (v.)	to dream about
sopa (n.f.)	soup
soportar (v.)	to bear, hold up
sordo (adj.)	deaf
sorna (n.f.)	slyness; sarcastic tone
sorprender (v.)	to surprise
sorprenderse (v.)	to be surprised
sosegar (v.)	to calm
sostener (v.)	to sustain
su (pron. sing.)	his, her, your, its, their
suave (adj.)	smooth; gentle; soft
subir (v.)	to go up
suceder (v.)	to happen

suceso (n.m.)	event, happening
sucio (adj.)	dirty
sudor (n.m.)	sweat
sueldo (n.m.)	salary
suelo (n.m.)	floor
suelto (adj.)	loose; free
sueño (n.m.)	dream
suerte (n.f.)	luck
sugerir (v.)	to suggest
suma (n.f.)	addition
suplicar (v.)	to beg, plead
suponer (v.)	to suppose
suspirar (v.)	to sigh
suspiro (n.m.)	sigh
sustituir (v.)	to substitute
susurrar (v.)	to whisper
suyo (pron.)	his; hers; yours

T

taconeo (n.m.)	tapping with one's heels
tal (adj.)	such
talla (n.f.)	size
taller (n.m.)	workshop; repair shop
tamaño (n.m.)	size
también (adv.)	also
tampoco (adv.)	neither, not . . . either
tan (adv.)	so
tanto (adj.)	so much; as much
tardar (v.) **en**	to delay in
tarde (n.f.)	afternoon; late
tarea (n.f.)	homework
tarjeta (n.f.)	card
taza (n.f.)	cup
techo (n.m.)	roof
tela (n.f.)	cloth
tema (n.m.)	theme
temblar (v.)	to tremble
temer (v.)	to fear
temor (n.m.)	fear
templo (n.m.)	temple
temporada (n.f.)	season
temprano (adv.)	early
tenedor (n.m.)	fork
tener (v.)	to have
teñir (v.)	to dye
tercero, tercer (adj.)	third
terciopelo (n.m.)	velvet
terminar (v.)	to end, finish

terraza (n.f.) — terrace
testigo (inv.) — witness
tibio (adj.) — lukewarm
tiempo (n.m.) — time; weather
tienda (n.f.) — store
tierra (n.f.) — earth; world
tijeras (n.f.pl.) — scissors
tío/a (n.m.f.) — uncle/aunt
tipo (n.m.) — type; kind; character; guy
tirar (v.) — to throw
toalla (n.f.) — towel
tocadiscos (n.m.inv.) — record player
tocar (v.) — to touch; to play (music)
tocarle (v.) **a** — to be one's turn
todavía (adv.) — still, yet
todo (adj.) — all
tomar (v.) — to take; to eat; to drink
torcer (v.) — to twist
torcerse (v.) — to sprain
tormenta (n.f.) — storm
toro (n.m.) — bull
torre (n.f.) — tower
tortilla (n.f.) — omelette
tortuga (n.f.) — turtle
tos (n.f.) — cough
toser (v.) — to cough
tostada (n.f.) — toast
trabajador (adj.) — hardworking
trabajar (v.) — to work
trabajo (n.m.) — job
traducir (v.) — to translate
traer (v.) — to bring
tragaluz (n.m.) — skylight
tragar (v.) — to swallow
traje (n.m.) — suit
tranquilizar (v.) — to calm down
tranquilo (adj.) — calm; quiet
transcurrir (v.) — to pass
tranvía (n.m.) — streetcar
tras (prep.) — after; behind
trasladarse (v.) — to go; to move
trasponer (v.) — to transpose; to disappear from view
tratamiento (n.m.) — treatment
tratar (v.) — to treat
tratar de (v.) — to try to

tratarse (v.) **de** — to be concerned with, be about (a question of)
trazar (v.) — to draw; to sketch
tren (n.m.) — train
trepar (v.) — to climb
tricot (n.m.) — heavy knitted sweater
trío (n.m.) — trio
tripulación (n.f.) — crew
triste (adj.) — sad
tristeza (n.f.) — sadness
triunfar (v.) — to triumph; to win
tronar (v.) — to thunder
tropezar (v.) — to trip, stumble
trozo (n.m.) — piece
tumba (n.f.) — tomb, grave
tuyo (adj. pron.) — yours, of yours

U

último (adj.) — last; latest, most recent
único (adj.) — only, sole; unique
uña (n.f.) — nail
usar (v.) — to use; to make use of
utilizar (v.) — to use, make use of

V

vaca (n.f.) — cow
vacilar (v.) — to hesitate
vacío (adj.) — empty
vagón (n.m.) — coach, passenger car
vainilla (n.f.) — vanilla cookies
valer (v.) — to be worth
valor (n.m.) — value, worth
valorar (v.) — to value
vanidoso (adj.) — vain, conceited
vara alta (n.f.) — powerful connections
varios — several
varón (n.m.) — male
vasco (adj.) — Basque
vaso (n.m.) — glass
vecindario (n.m.) — neighborhood
vecino (n.m.) — neighbor; near, nearby
vejete (n.m.) — old boy (fam.)
vela (n.f.) — candle
velador (n.m.) — watchman, caretaker

vencer (v.) — to overcome, conquer

vender (v.) — to sell

venir (v.) — to come

ventaja (n.f.) — advantage

ventana (n.f.) — window

ventanilla (n.f.) — small window

ver (v.) — to see

verano (n.m.) — summer

verdad (n.f.) — true

verdadero (adj.) — true, truthful

verde (adj.) — green

vereda (n.f.) — path, lane

vergüenza (n.f.) — shame

vericueto (n.m.) — rough track

vestido (n.) — dress

vestir (v.) — to dress (someone)

vestirse (v.) — to get dressed

vez (n.f.) — time; occasion

viajar (v.) — to travel, journey

viaje (n.m.) — trip; journey

viajero (n.m.) — traveler

vidrio (n.m.) — glass

viejo (adj.) — old

viento (n.m.) — wind

vientre (n.m.) — belly; womb

vino (n.m.) — wine

visitante (n.m.) — visitor

visitar (v.) — to visit

vista (n.f.) — sight; look, gaze; view

vivienda (n.f.) — housing

vivir (v.) — to live

vivo (adj.) — living, alive; sharp, alert

volar (v.) — to fly

volver (v.) — to return; to go back

voz (n.f.) — voice

vuelta (n.f.) — turn

vuestro (adj.) — your

y (conj.) — and

ya (adv.) — already

yegua (n.f.) — mare

yerno (n.m.) — son-in-law

Z

zaguán (n.m.) — entry, hallway

zapato (n.m.) — shoe

zigzaguear (v.) — to zigzag

zurdo (adj.) — left-handed

INDEX

YOUR KEYS TO SENSATIONAL GRADES IN SPANISH...

WRITE IT IN SPANISH
Christopher Kendris
Forty short chapters of writing exercises review spelling, punctuation, and sentence structure clearly and concisely. Ideal for beginning Spanish students, business people, and anyone else needing to grasp writing fundamentals quickly and easily. 160 pp., $10.95, Can. $14.50 (0-8120-4359-6)

1001 PITFALLS IN SPANISH, 3rd Ed.
Marion P. Holt & Julianne Dueber
The fine points of Spanish grammar, style, and diction are analyzed, with each "pitfall" explained in a way that reinforces the correct form. All parts of speech are covered. 300 pp., $10.95, Can. $14.50 (0-8120-9650-9)

LEARN SPANISH THE FAST AND FUN WAY, 2nd Ed.
Gene Hammitt
Just 15 minutes a day with this book ensures language mastery! Phonetic spellings and fun exercises accompany key phrases. Includes grammar notes, bilingual dictionary, vocabulary flash cards, and more. 128 pp., $16.95, Can. $22.95 (0-7641-0205-2)

SPANISH GRAMMAR (A CARD GUIDE)
All the fundamentals of grammar are condensed on a durable, varnished card that's designed to fit any three-ring binder. Displayed are verb conjugations and tenses, declensions, pronouns, and more. 8½"×11" card, 2 sides, $4.95, Can. $6.75 (0-8120-5081-9)

SPANISH BILINGUAL DICTIONARY, 3rd Ed.
Gladys C. Lipton & Olivia Muñoz
This handy pocket reference book has been specially created for junior high school Spanish students and anyone who's just starting to learn the language. Special features include a high-frequency list of vocabulary words and idioms, a phonetic pronunciation system, and illustrative sentences for word entries. 400 pp., $8.95, Can. $11.95 (0-7641-0281-8)

SPANISH NOW! ¡EL ESPAÑOL ACTUAL! Level 1, 6th Ed.
Ruth J. Silverstein, Allen Pomerantz, Heywood Wald
Edited by Nathan Quiñones
Acclaimed by educators everywhere, this stimulating worktext uses puzzles, dialogues, cartoons, and other fun features to make learning Spanish easy and enjoyable. 526 pp., $16.95, Can. $21.95 (0-8120-9653-3)

SPANISH NOW! Level 2, 2nd Ed.,
Christopher Kendris
Using the same format as Level 1, this Level 2 worktext is geared to intermediate high school and intermediate college courses. 504 pp., $18.95, Can. $26.50 (0-8120-9324-0) Two audiocassettes available: $19.95, Can. $25.95 (0-8120-8465-9)

2001 SPANISH AND ENGLISH IDIOMS/ 2001 MODISMOS ESPAÑOLES E INGLESES, 2nd Ed.
Eugene Savaiano & Lynn W. Winget
Arranged alphabetically according to key words, this quick-reference guide contains two listings of idioms, one in English and the other in Spanish. Common usage is emphasized. 320 pp., $14.95, Can. $21.00 (0-8120-9028-4)

Can. $ = Canadian Dollars
Books may be purchased at your bookstore, or by mail from Barron's. Enclose check or money order for total amount plus sales tax where applicable and 18% for postage (minimum charge $5.95). All books are paperback editions.

Barron's Educational Series, Inc.
250 Wireless Boulevard
Hauppauge, New York 11788
In Canada: Georgetown Book Warehouse
34 Armstrong Ave., Georgetown, Ont. L7G 4R9

Visit us at www.barronseduc.com

(#23) R 10/01

LOOKING FOR STUDY STRATEGIES THAT WORK? HAVE WE GOT SECRETS FOR YOU!

Study Tactics

$8.95, Canada *$11.95*
(0-8120-2590-3)

An easy-to-follow plan for sound study habits. Included are pointers for improving writing skills, increasing reading speed, reviewing for exams and taking them, developing good working habits, and much more.

Student Success Secrets, 4th Edition

$8.95, Canada *$11.95*
(0-8120-9488-3)

These sure-fire strategies can increase every student's test scores and raise their grades. Advice covers methods for forming good study habits, retaining information from reading, and taking useful classroom notes. There are also tips to help students do their best when taking exams.

B's & A's in 30 Days

$9.95, Canada *$13.95*
(0-8120-9582-0)

Here's a sure-fire student success system for better grades, less stress, and greater self confidence. The book is divided into thirty short enter-taining, instructive chapters—one for each day of the program. Students will learn how to set goals they can reach, study better in less time, take better classroom notes, and more. Amusing cartoon illustrations keep the mood appropriately light.

Barron's Educational Series, Inc.
250 Wireless Boulevard
Hauppauge, New York 11788

In Canada:
Georgetown Book Warehouse
34 Armstrong Avenue • Georgetown,
Ontario L7G 4R9

Prices subject to change without notice. Books may be purchased at your bookstore, or by mail from Barron's. Enclose check or money order for total amount plus sales tax where applicable and 18% for postage and handling (minimum charge $5.95). All books are paperback editions.

Visit our website at: barronseduc.com

(#9) R 10/01